KB123549

협동과 포용의 살림공동체

: 이론, 역사, 인천 사례

인천학연구총서 43

협동과 포용의 살림공동체

: 이론, 역사, 인천 사례

정성훈·원재연·남승균

보고사
BOGOSA

21세기 초반 20년 가까운 시간 동안 인천에는 엄청난 규모의 투자가 이루어졌고, 엄청난 규모의 개발사업이 진행되었고, 엄청난 규모의 국제행사가 잇따라 열렸다. 그런데 그 결과로 지금 인천 경제가 눈부시게 성장했다거나 인천의 도시 브랜드 가치가 높아졌다거나 인천 시민들의 삶의 질이 개선되었다는 평가를 내리기는 힘든 상황이다.

이 책의 집필에 참여한 우리는 이런 상황에 대해 매우 비판적이지만 이 책에서 또 하나의 부정적 평가를 보태고 싶지는 않다. 그보다는 거대한 투자나 거대한 개발을 필요로 하지 않는 새로운 성장의 방향을 제시하고자 한다. 시민 스스로의 노력으로 지금보다 조금 더 행복한 삶을 일굴 수 있는 방향을 보여주고자 한다.

이 방향은 사실 새로운 것이 아니라 역사 속에 꾸준히 이어져왔고 이미 인천에서도 많은 사람들이 참여하고 있는 것이다. 다만 그에 대한 이론적 해명, 역사적 교훈, 사례 발굴, 의미 부여 등이 부족했을 뿐이다. 이 책은 인천을 포함하여 이 땅에서 꾸준히 협동과 포용을 위해 일해온 사람들의 노력을 '협동과 포용의 살림공동체'로 이론화하고, 이러한 공동체 형성이 현대 사회에서 얼마나 중요한 기능을 하는지 밝히고자 한다. 그리고 이런 노력이 이미 조선 후기부터 꾸준히 이어져 왔다는 점, 현재에도 여러 인천 시민들의 참여로 이루어지고 있다는 점을 알리고자 한다. 또한 이런 노력을 더욱 북돋는다면 인천은 지금보다 훨씬 살기 좋은 도시로 성장할 것이라는 점을 확신시키고자 한다.

초대형 사업들을 선호하는 이들은 이 책에서 우리가 주목하고 있는 협동과 포용의 노력들이 빠른 시일 안에 인천의 경제 지표를 개선하거나 정치적 효과를 발휘하기 어렵다는 이유로 사소한 것일 뿐이라고 폄하할 것이다. 하지만 지난 20년 동안 그들의 주도로 이루어진 투자와 개발은 과연 그런 지표를 개선하고 효과를 낳았는가? 오히려 그런 난개발의 열풍 속에서도 묵묵히 자기가 사는 동네에서 자신의 살림살이와 이웃의 살림살이를 함께 개선하고자 사회적기업들을 만들고 협동조합들을 만든 사람들이 그런 지표가 최악으로 추락하는 것을 그나마 막아왔다. 우리는 이 책을 통해 그들에게 지금까지 잘 살아오셨다는 인사를 드리고자 하며, 이제 그런 삶의 정당성을 보다 널리 알리고 그 노력에 더 많은 사람들이 참여할 수 있게 하자고 독려하고자 한다.

이 책을 함께 쓴 세 사람은 각각 철학, 역사학, 경제학을 전공하였고 공동작업은 이번이 처음이다. 그래서 세 사람의 연구 방식과 글쓰기 방식이 상당한 차이를 가질 수밖에 없었고, 이번 공동작업을 통해서도 크게 극복되기는 어려웠다. 하지만 '협동'과 '포용'을 키워드로 시작된 각자의 연구는 어느 날 '살림공동체'라는 표현으로 집약되었고, 각자의 전공 영역은 다르지만 앞으로 우리가 나아갈 방향을 '살림인문학'으로 잡게 되었다. 이 책은 이러한 집약과 수렴의 과정 이후에 생산된 본론이라기보다는 이 과정 자체가 그대로 드러나는 시론 혹은 서론이라 할 수 있다. 그래서 제대로 융합된 공동저작이 아니라 각자의 작업들을 묶어낸 공동저작에 머물렀다.

이 책의 1부 '살림공동체의 이론'의 집필은 사회철학을 전공한 정성훈이 맡았다. 1부 1장에서는 공동체는 더 이상 존재가 아니라 그 형성노력 혹은 운동으로 파악되어야 함을 밝힌 후, 현대 사회에서 유의미한 기능을 하는 공동체는 정치공동체가 아니라 필요의 충족을 위해 자발적으로 협동하여 형성되는 살림공동체임을 밝힌다. 그리고 살림공동체 형성에서 중요한 긴장관계 두 가지를 협동과 포용의 긴장과 자립과 제도화의 긴장으로 규정한다. 그리고 이 두 가지 긴장관계를 잘 유지하고 있는 사례인 공동육아 운동에 관해 3부 5장에서 구체적으로 살펴본다.

1부 2장에서는 이러한 살림공동체 형성이 현대 사회에서 갖는 의의를 '맞-기능'으로 규정한 후, 시장 가격 중심의 경제체계에 대한 맞-경제, 상업화 혹은 제도화된 돌봄 및 교육에 대한 맞-돌봄, 맞-교육 등을 고찰한다. 이러한 해명은 협동조합 등 살림공동체 형성 운동이 비록 개별적으로는 작은 규모로 이루어지지만 현대 사회의 병폐를 교정하기 위해 반드시 필요한 노력임을 입증한다.

'살림공동체'는 이 책의 집필 과정에서 처음 개념화가 시도된 것이기에 1부의 이론적 작업만으로는 충분히 해명되지 못했다고 볼 수 있다. 특히 맞-기능 공동체 형성에 대한 해명은 경제, 교육, 정치 등 해당 분야별 후속연구를 필요로 한다. 그런 의미에서 이 책의 이론적 작업은 살림공동체론을 위한 시론 혹은 서론이라 할 수 있다.

이 책의 2부 '한국 천주교 생활공동체의 연원'의 집필은 한국 개항

기 역사를 전공한 원재연이 맡았다. 우리가 협동과 포용의 공동체를
연구하면서 조선 후기 천주교 공동체에 주목하게 된 것은 현대 한국
의 대표적 협동 운동들인 신용협동조합, 한살림 등의 형성 과정에서
여러 천주교인들이 주도적인 역할을 하였고, 지금도 여러 지역의 공
동체 운동에서 천주교회들이 매우 중요한 매개 공간 역할을 한다는
점 때문이었다.

2부의 3장은 18세기 말의 대표적인 협동 구상이라 할 수 있는 다산
정약용의 여전제 구상이 천주교의 영향을 강하게 받은 것이며, 조선
의 자생적 천주교인들이 다산과 비슷한 협동 구상들을 갖고 있었음을
보여준다. 그리고 4장은 19세기 초 천주교 박해가 본격화된 시기에
교인들이 험준한 산곡에 숨어들어 만든 교우촌과 공소가 가진 생산공
동체적 성격을 살펴본 후, 19세기 말 개항기에 오랜 폐쇄성의 역사로
인해 천주교 공동체가 능동적 역할을 하지 못했던 점을 안타깝게 지
적한다.

2부의 연구는 20세기까지 진행되지는 못했기 때문에 18, 19세기
천주교 생활공동체의 유산이 어떻게 20세기 한국의 협동운동에 영향
을 미쳤는지를 규명하지는 못했다. 그런 의미에서 이 연구는 계속 진
행되어야 할 장기 연구의 첫 부분으로서 의의를 갖는다.

이 책의 3부 '살림공동체의 역사와 인천 사례'는 현대 한국과 인천
에서 이루어진 살림공동체 운동들을 살펴본다. 철학자이자 공동육아
사회적협동조합의 조합원이기도 한 정성훈이 집필을 맡은 5장은 포
용을 위한 어린이운동에서 시작해 부모, 교사, 사회의 협동을 통한
육아이라는 새로운 패러다임을 만들어낸 공동육아 운동의 40년 역사

를 살펴본다. 특히 현재 공동육아 운동이 협동의 확산 혹은 더 많은 어린이의 포용을 위해 추진하고 있는 제도화가 협동운동의 자립성과 어떤 긴장관계에 놓일 수 있는지를 고찰하고 있다.

공동육아 운동은 인천에서도 20년 이상의 역사를 갖고 있으며, 5장 뒷부분에 서술되어 있듯이 인천좋은공동육아사회적협동조합은 최근 공동육아 운동에서 위기를 맡고 있는 장애아통합교육의 모범을 보여주고 있다. 공동육아 운동이 한국에서 가장 조합원 참여율이 높은 협동조합 운동의 사례임에도 그간 체계적인 역사 서술이 부족했던 점을 고려하면, 5장에서 이루어진 간략한 기록은 이후의 본격적인 역사 서술을 위한 시론으로 자리매김할 수 있을 것이다.

사회적경제를 전공했으며 인천학연구원 상임연구위원으로 재직하고 있는 남승균이 집필을 맡은 6장은 최근 몇 년간 이루어진 인천 사회적경제의 성장 현황을 자세한 통계자료와 함께 살펴보고 있다. 그리고 미추홀중식협동조합, 협동조합 마중물문화광장, 푸른두레생활협동조합 등의 설립 동기, 창립 과정, 운영 상황 등을 자세히 서술함으로써, 살림공동체 형성이 어떤 필요로부터 생겨나며 그 지속성을 위해서는 어떤 노력이 필요한지를 구체적으로 살펴볼 수 있게 해주고 있다. 지면과 시간의 한계로 인해 대표적인 협동조합들의 사례만 다루어졌을 뿐 인천에는 살림공동체 운동의 풍부한 잠재력이 있다. 이후의 연구를 통해 더 많은 사례들이 발굴되고 이론화될 것이다.

1부, 2부, 3부의 내용들에 대한 소개 과정에서 모두 이 책이 가진 한계 혹은 서론으로서의 성격을 지적하였다. 그럼에도 지금 이 책을 독자들에게 내놓는 이유는 본론의 완성은 매우 오랜 시간을 요구하는 작업일 뿐 아니라 세 사람의 공동작업만으로는 불가능하기 때문이다. 그래서 맺음말은 여러 학자들에게 우리가 생각하는 '살림인문학'의 성격을 밝히고 공동연구를 제안하는 글로 이루어졌다.

2019년 1월 20일
공동집필진을 대표하여 정성훈이 씀

2장. 현대 사회에서 공동체 형성의 맞-기능적 기능

_ 정성훈

3부 _ 살림공동체의 역사와 인천 사례

5장. 협동과 포용의 긴장, 자립과 제도화의 긴장이라는 관점에서 본 공동육아 운동 40년과 인천 사례 _ 정성훈

6장. 인천지역 사회적경제의 현황과 협동조합의 사례

_ 남승균

1부
살림공동체의 이론

1장
협동과 포용의 살림공동체

1. '공동체' 연구가 아닌 '공동체 형성' 연구

'공동체'는 매우 자주 쓰이는 단어이며, 이 단어는 수많은 이질적인 단어들 뒤에 덧붙여진다. 가족, 마을, 도시, 학교, 회사, 국가, 민족, 심지어 세계나 인류 뒤에도 공동체라는 말이 덧붙곤 한다. 하지만 이런 '○○공동체'라는 표현을 쓰는 사람들에게 누군가가 정말 그것들이 공동체인가라고 묻는다면 쉽게 긍정적인 답변이 나오지는 않을 것이다. 대개의 경우 공동체는 자신이 속한 가족, 마을, 도시, 국가 등등이 정말 그 구성원들 공동의 것인지를 고민하지 않은 가운데 쓰는 별 의미 없는 첨가어에 불과하기 때문이다. 이렇듯 가벼운 첨가어로서의 공동체는 그것을 빼고 사용해도 무방한 경우가 많으며, 때에 따라서는 '사회', '집단' 등으로 대체해도 별 무리가 없다.

그럼에도 예를 들어, '마을공동체'라는 말이 갖는 어감은 그냥 '마

을'이라고 말하는 것이나 '마을사회', '마을집단' 등이라고 말하는 것
과는 상당히 다르다. 많은 사람들에게 공동체는 '긍정적'인 함축을 갖
는다. 이 말을 듣는 사람들에게 따스함, 돌봄, 사랑, 우정, 신뢰, 평
화, 화합 등의 느낌을 준다.[1] 그래서 만약 누군가가 이 단어의 무용
함이나 모호함을 지적하면서, 혹은 이 단어가 역사적으로 불러일으
킨 부정적 효과들을 상기시키면서, 더 이상 공동체라는 말을 쓰지 말
자고 주장한다 하더라도 많은 사람들이 계속 이 단어를 사용할 것이다.

그런데 공동체는 그것이 갖는 '긍정적' 함축으로 인해 '부정적' 효
과들도 낳는다. 역사적으로 보면 민족공동체 혹은 국가공동체를 강
조하는 자들에 의해 그 공동체 외부의 사람들에 대한 엄청난 박해와
학살이 이루어졌으며, 그 공동체 내부의 사람들은 다른 견해를 주장
할 자유를 빼앗겼다. 1930-40년대 독일 민족공동체의 이름으로 이루
어졌던 학살과 억압이 대표적인 사례이다. 물론 오늘날에는 공동체
의 이름으로 심각한 박해와 억압이 일어나는 경우가 별로 없다. 그럼
에도 어떤 집단의 공동체성을 강조하는 사람들이 대체로 누구인가를
떠올려보면 공동체가 낳을 수 있는 부정적 효과들은 여전히 무시할
수 없다. 예를 들어, 가족을 공동체라고 강조하는 사람은 대체로 연
로한 가장이고, 학교를 공동체라고 강조하는 사람은 대체로 교장선
생님이고, 회사를 공동체라고 강조하는 사람은 대체로 사장님이나
임원이고, 도시공동체나 지역공동체를 강조하는 사람은 정치인이나
공무원이다.

---

1) 하르트무트 로자 외, 『공동체의 이론들』, 라움, 2017, 10쪽.

이 연구는 이렇듯 공동체란 대상 자체가 불분명한 개념이고 심지
어 위험한 결과를 낳을 수 있는 개념이라는 점, 그럼에도 그것이 가진
긍정적 함축으로 인해 널리 쓰이고 있으며 쉽게 제거하기 힘든 개념
이라는 문제의식에서 출발한다. 나는 오늘날 더 이상 말뜻 그대로의
공동체는 없다고, 즉 공동체라 불릴 수 있는 존재 혹은 대상은 없다고
생각한다. 그리고 여러 학자들의 연구성과들을 참조할 때, 과거에도
오늘날 우리가 긍정적 함의로 떠올리는 공동체는 없었다고 본다. 오
히려 공동체(Gemeinschaft)는 사회(Gesellschaft), 즉 익명적 소통과 느슨
한 결속이 지배적인 현대 사회의 등장으로 인해 생겨난 환상이라고
추론한다. 또한 이러한 공동체 환상이 역사적으로도 그러하고 지금
도 많은 부정적 결과들을 초래한다는 점을 인정한다,

그럼에도 공동체는 '조직', '결사체', '연대' 등 비교적 그 개념 정의
가 분명하거나 정치적으로 덜 위험한 표현들에 의해 대체되지 않고
있다. 이것은 공동체라는 단어가 갖는 매력이 다른 단어들로 대체되
기 어렵다는 것을 뜻한다.

그래서 나는 공동체가 현대 사회라는 조건에서 유토피아, 즉 존재
하지 않는 장소임을 분명히 하면서도 이러한 유토피아를 향한 노력,
즉 '공동체 형성(Vergemeinschaftung)'[2]이 현대 사회에서 가지는 긍정

---

2) 독일어 Vergemeinschaftung은 1990년대에 호네트(Axel Honneth)가 "탈전통적 공동
  체"라는 개념적 제안을 할 때 사용한 용어로 전통적 공동체와 달리 구성원들 간의
  대칭적 가치평가가 가능한 현대적 공동체 형성을 뜻한다. 호네트 논문의 번역자인
  이현재를 비롯한 한국의 여러 번역자들은 그간 이 단어를 '공동체화'로 번역해왔다
  (악셀 호네트, 『정의의 타자』, 2009, 나남; 하르트무트 로자 외, 『공동체의 이론들』,
  2016, 라움 등). 하지만 나는 보다 자연스러운 우리말 표현을 고민하면서 두 단어로

적 기능을 밝히고자 한다. 그리고 이 기능을 밝히는 과정에서 현대 사회와 양립하기 어려운 공동체 관념들과는 분명하게 작별함으로써 공동체 개념이 적용되는 대상이 과도하게 확장되는 것을 가로막고자 한다. 무엇보다도 정치 공동체 관념, 특히 국가공동체 등 거대 단일 지역 공동체 관념이 갖는 위험성을 지적하고자 하며, 그에 대한 대안으로 살림 공동체 형성이 현대 사회에서 갖는 맞-기능적 기능[3]에 주목하고자 한다.

그래서 이 연구는 공동체라는 존재 혹은 대상에 대한 연구가 아니다. 다음 절에서 밝히겠지만 현대 사회에는 그런 존재를 위한 자리가 없다. 이 연구는 공동체 형성, 공동체 운동 등 유토피아에 대한 지향이 현대 사회에서 갖는 기능을 밝히고자 한다.

2. 현대 사회의 유토피아로서의 공동체

오늘날 인간들을 포용(inclusion)하고 있는 가장 포괄적인 집합적 단위를 '사회'라고 부르는 것이 일반적 관습이라는 점을 전제로 한다면, 사회와 구별되는 '개념'으로서의 '공동체'는 존재하지 않는다. 물론 '사회 안의 공동체들'이라는 의미에서 공동체 개념을 사용할 수 있고, 나도 이런 의미에서 '사회 안에서의 공동체 형성'에 관해 탐구할 것이

이루어진 '공동체 형성'을 채택하였다. 더구나 '공동체화'가 저절로 그렇게 될 수 있다는 느낌을 주는 반면, '공동체 형성'은 더욱 능동적인 공동체 운동을 함축한다.

3) 맞-기능에 관한 사회이론적 해명은 2장에서 이루어질 것이다.

다. 하지만 이 때에도 공동체를 어떤 존재론적 범주로 사용하는 것은 적합하지 않다. 이것은 사회 또한 존재하지 않는다고 말하는 사회명목론적 주장이 아니다. 그런 주장에 따르면, 우리는 어떤 사회적 단위들의 실재성에 관해서도 주장할 수 없다. 나의 주장은 사회와 사회의 여러 부분체계들, 예를 들어 정치, 경제, 법, 학문, 교육 등이 현실적으로 재생산되고 있는 체계들인 반면, 공동체 개념에 적합한 현실적 체계가 있다고 말하기 어렵다는 것이다. 공동체를 하나의 단위로 지칭하기는 어렵다는 것이다. 로자 등의 분류에 따르자면[4], 나는 공동체를 '존재론적 범주'가 아니라 '정치적-윤리적 범주'로 다루고자 하며, 후자의 범주로 사용할 경우에도 매우 제한적으로 사용할 것이다.

이 주장을 뒷받침하기 위해 여기서는 우선 퇴니스 이래의 공동체와 사회[5]의 개념적 구별에 따른 공동체의 존재 여부 혹은 존재 필요를 검토한 후, 우리말 '공동체'로 번역되는 전통적 단어들이 과연 오늘날 공동체의 의미에 가까운지 의문을 던지고자 한다.

---

4) 하르트무트 로자 외, 『공동체의 이론들』, 21~29쪽.
5) 퇴니스의 게마인샤프트와 게젤샤프트는 한국에서 흔히 '공동사회'와 '이익사회'로 번역되곤 한다. 퇴니스가 게젤샤프트를 상호 이익 추구를 위해 결속하는 홉스적 계약을 염두에 둔 용어로 사용한다는 점에서 적절한 의역이기는 하다. 하지만 퇴니스를 넘어서 보다 폭넓은 논의와 연결하고자 하면 이 의역은 과도하다. 이미 퇴니스 시절부터 Gesellschaft는 포괄적인 의미의 '사회'를 뜻하는 것이었지, 어떤 특수한 사회를 지칭하는 말은 아니었기 때문이다. 현대 사회 자체가 '이익' 지향이 강하다는 것을 지적하는 것과 아예 사회 자체에 '이익'이라는 수식어를 붙이는 것은 큰 차이가 있다.

1) 퇴니스의 공동체 / 사회 구별에 따른 공동체의 기능 상실

퇴니스는 공동체가 "원천적 혹은 자연적 상태로서의 인간 의지의 완전한 통일체에서 출발"[6]하며, 출생에서 시작해 혈연공동체를 넘어 지역공동체로 발전한 다음 정신공동체로까지 이어진다고 말한다. 반면에 사회란 "공동체와 마찬가지로 평화적인 방식으로 더불어 살고 거주하고 있기는 하지만, 본질적으로 결합되어 있는 것이 아니라 본질적으로 분리되어 있는 여러 인간들"로 이루어지며, "분리되어 있음에도 결합되어 있고, 결합되어 있음에도 분리되어 있다"고 표현한다.[7] 그래서 사회는 "모두가 자기 자신만을 위해서 존재하고 있으며 만인은 만인에 대한 긴장상태"이다.

그렇다면 이 구별에서 핵심은 '본질적 결합'의 여부이다. 여기서 본질적 결합이란 분리될 수 없는 결합을 뜻한다. 그렇다면 오늘날은 물론이고 아마도 이미 퇴니스의 시대에도 유년기의 부모와 자식 사이의 관계를 제외하면 거의 모든 관계들이 이미 분리 가능한 비본질적 결합의 성격을 가질 것이다. 가족을 재구성하는 일, 지역을 옮기는 일, 국적을 바꾸는 일, 개종하는 일 등이 어렵지 않은 오늘날, 퇴니스의 정의에 따른 공동체는 사회에 의해 거의 완전히 대체되었다고 말할 수 있을 것이다.

그런데 퇴니스는 공동체와 사회의 구별이 갖는 유효성을 입증하기

---

6) Ferdinand Tönnies, Gemeinschaft und Gesellschaft -Grundbegriffe der Reinen Soziologie, Darmstadt, 1979, 7쪽; 1권 §7.
7) F. Tönnies, 34쪽; 1권 §19.

위해 잘 알려져 있듯이 두 가지 인간 의지를 구별하며, 이 구별은 공동체에 해당하는 것들의 범위를 확장할 여지를 제공한다. 그는 사회와 관련된 인간 의지인 '선택의지(Kürwille)'를 "생각 자체의 형성물"로서의 의지로 정의하는 반면, 공동체와 관련된 인간 의지인 '본질의지(Wesenwille)'를 유기체가 대뇌 속에 세포들을 포함하고 있듯이 "생각을 포함하고 있는 의지"로 정의한다.[8] 따라서 선택의지는 합리적 선택을 위한 숙고와 계산 등 생각들을 거쳐서야 나오는 의지이고, 본질의지는 자연스레 생각이 베어들어 있는 의지라고 할 수 있을 것이다.

그런데 퇴니스에 따르면, 본능적이고 무의식적인 의지만이 아니라 학습을 통해 형성된 생각들이 녹아들어 있는 의지도 본질의지에 속한다. 그는 본질의지가 동물적 형태의 "습관"임을 지적한 다음, 그 습관이 "경험", "연습", "반복"을 통해 성장할 수 있다고 말한다.[9] 후천적인 학습 과정에서 생긴 습관 역시 본질의지에 포함되는 것이다. 따라서 선택의지에 의해 분리 가능하게 시작된 결합의 경우에도 그것이 오랫동안 반복되어 습관이 된다면, 그 결합은 거의 분리 불가능하다는 의미에서 공동체라 불릴 수 있다는 것이다. 그렇다면 누군가가 태어날 때 속하지 않은 집단이라 하더라도, 예를 들어 그가 재혼한 가정, 이주한 지역, 개종한 종교 등에서도 연습과 반복을 통해 본질의지를 형성한다면 그것들은 그의 공동체가 될 수 있다.

---

8) F. Tönnies, 73쪽; 2권 §1.

9) F. Tönnies, 80쪽; 2권 §7.

원초적이지 않은 공동체 개념, 즉 분리 불가능한 것은 아니지만 오랜 습관으로 인한 본질의지에 기초한 두 번째 공동체 개념은 퇴니스가 협동조합(Genossenschaft)과 법인단체(Verein)를 구별할 때 더욱 뚜렷이 드러난다. 그는 "공동체 결합의 개념"에 해당하는 것이 협동조합이고, "사회 결합의 개념"에 해당하다는 것이 법인단체라고 말한다.[10] 물론 19세기 말 독일의 게노쎈샤프트는 오늘날 우리가 협동조합이라 부르는 것과 달리 부모로부터 그 구성원 자격을 물려받는 동업자조합의 성격을 갖는 경우가 많았을 것이다. 하지만 이미 산업생산이 본격화된 시대였다는 점을 고려한다면, 이 조합에서도 가입과 탈퇴의 선택이 어느 정도 가능했을 것이다. 그럼에도 퇴니스가 협동조합을 공동체로 분류한다는 것은 그가 저서의 초반부에 규정한 공동체 개념보다는 더 넓은 범위로 공동체를 떠올리고 있다는 것을 보여준다.

그렇다면 퇴니스의 공동체/사회 구별에서 공동체의 개념을 보다 확장해서 받아들인다면, 지금도 공동체가 존재한다고 말할 수 있을까? 장기간 강한 결속력을 갖고 있는 지역이나 종교 집단 등이 있다는 점에서는 공동체가 존재한다고 말할 수 있을 것이다. 정확히 말하자면, 사회 속의 공동체들이 있다고 말할 수 있을 것이다. 그런데 그런 공동체들이 과연 오늘날 우리가 필요로 하는 것들이며 현대 사회에서 적합한 기능을 가질 수 있는 것들인가? 스스로의 생각을 통한 선택에 기초하지 않은 공동체들, 오랜 습관에 따라 거의 '자연'이라고

---

10) F. Tönnies, 195쪽; 3권 §28.

느끼게 되는 전통적 공동체들은 퇴니스가 예견하였듯이 현대적 개인
들의 필요에 부응하지 못하고 있다. 이미 그것들을 기능을 상실해가
고 있는 것이다. 또한 규범적 의미에서 지향할 만한 것들도 아니다.

퇴니스도 그러했고 오늘날에도 많은 사람들이 '공동체'를 전통적인
것 혹은 자연적인 것으로 간주한다. 그런데 공동체로 번역되는 과거
의 단어들이 과연 오늘날 우리가 따스함, 돌봄, 사랑, 우정, 신뢰, 평
화, 화합 등 긍정적 함의를 갖는 것으로 떠올리는 공동체와 얼마나
비슷한지는 의문스럽다.

2) 전통적 공동체는 과연 공동체인가?

20세기 후반 공동체주의 논쟁에서 가장 많이 언급되는 아리스토텔
레스의 코이노니아 개념을 한번 살펴보자. 아리스토텔레스는 폴리스
에 관한 연구인 『정치학』에서 폴리스를 "코이노니아 폴리티케(koinōnia
politike)"라고 부르며, 이 말은 오늘날 흔히 '정치 공동체'로 번역된다.
그는 코이노니아 폴리티케를 "모든 코이노니아 중에서도 으뜸가며
다른 코이노니아를 모두 포괄하는 코이노니아"[11]로 규정한다. 으뜸
가는 코이노니아인 폴리스는 그 구성원들이 각자 속해있는 오이코스
(oikos, 가정)을 전제로 하며, 오이코스의 가장들인 남성 시민들이 모여
이성적 토의를 하는 코이노니아, 즉 여성과 노예 등을 배제한 가운데
성립하는 공동체이다. 그들은 나라의 운명을 논하고 전쟁을 준비하
면서 우정을 나누었을지 몰라도 일상생활 혹은 살림살이를 공유한 것

---

11) 아리스토텔레스, 『정치학』, 숲, 2009, 15쪽; 1252a4.

은 아니었다. 그래서 코이노니아 폴리티케는 뒤에서 내가 위험한 발상으로 규정할 정치 공동체 모델, 즉 차이들을 억누르는 지역적 단일 공동체의 모델이 될 수 있을지는 몰라도 일상생활의 필요로부터 출발하는 현대 사회 속의 공동체들을 위한 모델이 되기는 어렵다.

아리스토텔레스는 폴리스가 아닌 코이노니아들을 언급하기도 한다. 오이코스(oikos) 외에도 '마을'로 번역될 수 있는 코메(kōmē)가 있다. 그런데 이것들도 오늘날 지향할만한 긍정적 함축을 갖는 공동체라고 보기는 어렵다. 오이코스와 코메는 친밀성(intimacy) 없는 부부관계를 비롯해 가부장제에 따른 위계적 질서를 기본으로 한 것이다. 따라서 오늘날의 공동체 형성에서 지향하는 구성원들 간의 평등과 대칭적 가치평가가 불가능한 것들이다. 비슷한 이유로 로마의 코무니타스(communitas), 중세 유럽의 코뮌(commune) 등도 오늘날 공동체 형성이 지향하는 모델로 보기는 어려울 것이다.

그래서 공동체를 과거에 있다가 지금은 사라진 존재, 그래서 때로는 그리워하도록 만드는 존재로 간주하는 견해들은 부적절하다. 오히려 공동체가 19세기에 "사회의 발견"과 함께 등장했다고 보는 견해, 즉 사회와 공동체가 서로 다른 의미를 갖기 시작했을 때 등장하여 "현대화의 과정 속에서 상실된 안정감이 투영되는 장소"[12)가 되었다고 보는 견해가 타당하다. 구어 소통을 기초로 한 면대면 상호작용들의 비중보다 문자 소통을 기초로 한 익명적 관계들의 비중이 높아진 시점, 계약을 근거로 한 조직들의 영향력이 커진 시점에 새로운 지배적

---

12) 하르트무르트 로자 외, 『공동체의 이론들』, 33쪽.

경향들에 맞서는 운동들에 의해 생겨난 유토피아적 개념이 공동체이다. 그래서 퇴니스로부터 거리를 두는 사회학 이론들은 "공동체 대신에 오히려 공동체 형성에 대해 언급하는 것이 더 의미있는 일이라고 강조"[13]해왔다. 또한 한국의 마을공동체, 마을만들기, 협동조합, 사회적 경제 등과 관련해 공동체를 연구하는 학자도 공동체의 유토피아적 성격을 부정하지 않는다.[14]

이렇게 공동체를 현대 사회의 유토피아로 규정하는 것은 무엇보다도 현존하는 어떤 조직, 어떤 지역, 어떤 국가 등을 공동체로 규정함으로써 벌어질 수 있는 내부적 억압과 외부적 배제의 효과를 경계하기 위함이다. 공동체를 존재가 아니라 규범적 지향 혹은 운동으로 규정할 때, 공동체 개념의 남발이 낳는 부정적 효과들을 억제할 수 있기 때문이다.

3. 현대 사회에서 지역적 단일 공동체 혹은 정치 공동체의 위험성

여러 종류의 사회적 체계들을 연구하고 포괄적인 사회적 체계로서의 현대 사회가 주로 기능체계들 분화되어 있음을 밝힌 사회학자 루만(Niklas Luhmann)은 현대성이 갖는 의의 중의 하나를 "부락 공동생활이 가하는 공동체 테러로부터의 해방"[15]이라고 말한다. 전통적 공

---

13) 위의 책, 63쪽.
14) 대표적인 예로는 이종수, 『공동체. 유토피아에서 마을만들기까지』, 박영사, 2015.

동체 혹은 퇴니스의 자연공동체[16]는 그 내부의 주변부 구성원들에
대해, 그리고 때로는 외부에 대해 테러를 가해왔다. 그런데 오늘날
정치철학에서 논의되는 자유주의적 공동체 혹은 탈전통적 공동체 개
념이 과연 이러한 공동체 테러로부터 자유로울까?

1) 자유주의와 공동체주의 논쟁의 수렴 지점으로서의
   탈전통적 정치 공동체

20세기 후반 영미 정치철학의 주요한 논쟁이었던 자유주의와 공동
체주의 사이의 논쟁은 그 논쟁에 참여했던 여러 논자들이 평가하듯이
어느 정도 유사한 공동체 개념으로 수렴된다. 예를 들어, 자유주의의
대표자 중 한 사람인 드워킨(Ronald Dworkin)은 롤즈의 '무지의 장막'
이라는 원초적 상황을 전제로 하지 않기 때문에 반사회적 개인주의를
부정한다.[17] 그리고 "정치 공동체는 우리의 개인적 삶들에 대해 윤리
적 우선성을 갖는다"[18]고 주장한다. 누구보다도 개인의 기본권을 강
조하는 자유주의자인 그가 이런 주장을 하는 이유는 그가 염두에 두
고 있는 정치 공동체가 '자유주의적 공동체(liberal community)'이기 때
문이다. 즉 법에 기초해 개인의 자유를 보장하는 공동체, 특정 종교

---

15) 니클라스 루만, 『사회의 사회』, 새물결, 2014, 930쪽.

16) 퇴니스에게 본질의지의 '본질(Wesen)'은 요즘 쓰는 자연스러운 말로는 '자연'에
    가깝다고 보아서 이후의 서술에서 나는 전통적 공동체를 자연공동체라고도 부를
    것이다.

17) 양화식, 「드워킨의 자유주의적 중립성론」, 『법철학연구』 제16권 제1호, 2013, 104~
    105쪽 참조.

18) Ronald Dworkin, "Liberal Community", California Law Review 77, 1989, 504쪽.

나 문화에 우위를 부여하지 않는 윤리적으로 중립적인 공동체이기 때문이다.

이 논쟁에서 공동체주의 진영으로 분류되며 스스로를 공화주의자로 규정하는 샌델(Michael Sandel)은 공동체의 덕(virtue)에 대한 상대주의를 거부한다. 이것은 샌델이 드워킨과 달리 윤리적 중립을 옹호하지는 않는다는 것을 뜻한다. 하지만 그는 공동체의 덕을 규정할 때 '집단적 다수주의'를 거부하고 '형성적 기획(formative project)'을 옹호한다. 형성적 기획이란 모든 시민들이 적극적으로 참여하며 토론을 하는 과정에서야 비로소 덕이 발견된다는 관점이다. 즉 하버마스의 토의민주주의에 가까운 과정을 거쳐 형성되는 것이 덕이다. 그래서 양천수는 이런 과정을 거쳐 합의되는 덕이라고 한다면 자유주의적 성격도 충분히 갖고 있다고 평가한다.[19] 그런데 샌델의 형성적 기획은 공동체의 규모가 클 경우 비현실적이다. 합의에 이르기가 쉽지 않기 때문이다. 그래서 샌델은 오늘날의 거대 국가를 대신에 더 작은 규모의 공동체, 즉 "주권을 분산 소유하는 다수의 공동체들과 정치체들"[20]을 대안으로 제시한다.

공동체의 윤리적 중립에 대해서는 다소의 이견이 있지만, 자유주의자들과 공동체주의자들의 공동체관은 비슷한 방향으로 수렴한다. 양측은 모두 공동체의 덕 혹은 가치에 대한 형성 기획이 보장되지 않는 전통적 공동체를 거부한다. 그리고 개인의 자유와 민주적 의견 형

---

19) 양천수, 「자유주의적 공동체주의의 가능성 -마이클 샌델의 정치철학을 중심으로 하여-」, 『법철학연구』 제17권 제2호, 2014, 224~227쪽.
20) 마이클 샌델, 『민주주의의 불만』, 동녘, 2012, 456쪽.

성 과정을 보장하면서도 어떤 핵심적 가치를 공유하는 공동체를 설정한다.

그래서 드워킨, 샌델뿐 아니라 왈처, 테일러 등의 견해까지 비교 분석한 호네트(Axel Honneth)는 양측의 대표자들이 "포괄적인 가치들에 대한 공통적 결속"이 없이는, 즉 "사회적 가치공동체"가 없이는 민주주의 사회가 기능할 수 없다는 점에서 일치하는 듯 보인다는 평가를 내린다.[21] 그리고 호네트는 이러한 "탈전통적 공동체 형성(post traditonale Vergemeinschaftung)"을 위한 연대가 "개인화된 (자율적인) 주체들 간의 대칭적 평가의 사회적 관계들"에 의해 가능하다고 말한다.[22] 평등한 개인들이 서로 돌아가면서 평가하는 가운데 가치공동체가 형성되고 그러한 가치에 입각해 끊임없이 서로를 평가하고 인정하면서 연대가 유지된다는 것이다.

2) 공동체 이상의 위험성과 도시 생활의 이상

그런데 아무리 자유주의적이라 하더라도, 그리고 아무리 주권이 분산된 작은 규모라 하더라도, 또한 아무리 탈전통적이고 대칭적인 평가의 과정에서 형성된다 하더라도, 이들이 설정하고 있는 공동체는 정치 공동체이다. 정치 공동체는 그것이 '정치적'인 한 특정한 지역 단위에서의 통일적인 권력행사 가능성을 전제할 수밖에 없다.

그런데 오늘날 아무리 작은 지역적 정치 단위라 하더라도 그 단위

---

21) Axel Honneth, "Posttraditionale Gemeinschaften –Ein konzeptueller Vorschlag", Das Andere der Gerechtigkeit, Suhrkamp, 2000, 328쪽.

22) Honneth, 337쪽.

안에서 통일적인 덕을 형성하거나 어느 정도 주요한 가치들에 대한 합의를 이루기는 쉽지 않다. 전통적 자연공동체가 유지되고 있는 곳이 아니라면, 비록 소수라 하더라도 다른 언어나 다른 종교를 가진 주민들이 한 지역에서 살기 마련이다. 또한 이동이 빈번하고 주거지와 근무지가 분리된 삶의 조건에서, 한 지역 내부에서 다수의 개인화된 주체들이 연대를 위해 대칭적 평가를 위한 관계들을 맺는 것 또한 비현실적이다. 현대인들은 자신의 거주 지역에 대해 그런 정도의 관심을 갖기 어려울 뿐 아니라 너무 바쁘게 살기 때문에 관계를 맺기 위한 모임에 나오기도 어렵다.

그래서 우리는 자유주의와 공동체주의의 논쟁이 비슷한 공동체관으로 수렴되어 가던 시기인 1990년에 페미니스트 정치철학자 영(Iris Marian Young)이 '공동체의 이상'에 대해 가한 공격을 주목할 필요가 있다. 영은 양측의 논자들뿐만 아니라 "많은 사회주의자, 무정부주의자, 페미니스트, 또 복지 자본주의 사회에 대해 비판적인 사람들"이 "지배와 억압으로부터 자유로운 사회에 대한 자신들의 비전을 공동체의 이상이라는 측면에서 정식화"함을 지적한 후, 이러한 공동체의 이상이 "동일성 논리의 전형적인 예"이며, "그 염원은 해당 집단과 동일시되지 않는 사람들을 배제하는 쪽으로 실제로는 작동"한다고 말한다.[23] 공동체의 이상은 사회적 차이를 부인하고 억압한다는 것이다.

"공동체의 이상이 사회의 전일성(wholeness), 대칭, 안전, 견고한 동

---

23) 아이리스 매리언 영, 『차이의 정치와 정의』, 모티브북, 2017, 478쪽.

일성을 향한 염원을 표현"[24]할 수밖에 없는 이유를 영은 그 이상이 "면대면 관계에 특별한 위상을 부여"하며 "사회적 과정의 특징인 시간적-공간적 거리두기 형식으로 나타나는 차이를 부인"하기 때문이라고 말한다. 그래서 영이 대안으로 제시하는 이상은 면대면 관계로부터 거리를 둘 수 있는 생활의 이상, 즉 "도시 생활(city life)의 이상"[25]이다. 도시 생활의 이상은 "사회집단(social group) 간 차이를 당연한 것으로, 즉 그와 함께 살아야만 하는 것으로 인정하는 경향"[26]이며, "집단 간 차이에 열려 있으면서 낯선 사람들과 함께 존재하는 것"[27]이다. 이러한 도시생활의 이상은 퇴니스의 공동체/사회 구별에 따르자면 공동체보다는 사회가 갖는 특성이기도 하다.

3) 정치 공동체가 아닌 다른 공동체 형성에 주목하자

나는 영이 공격하는 '공동체의 이상'에서 공동체란 곧 정치 공동체라고 보며, 영이 말하는 도시 생활이란 결국 현대 사회의 삶이라고 본다. 개인들 간에 전인격적 관계를 맺기 어렵고 역할들에 따라 익명적이고 유동적인 관계들만 맺는 사회의 삶인 것이다. 그런데 여기서 내가 던지고 싶은 의문은 이것이다. 도시 생활의 이상을 말할 때 영이 언급하고 있는 '사회집단'은 과연 공동체라 불릴 수 없는 것일까?

영미 정치철학자들의 논의에서 특징적인 것은 그들이 대체로 이런

---

24) 영, 490쪽.
25) 영, 479쪽.
26) 영, 503쪽.
27) 영, 534쪽.

사회집단들을 특정한 인종 집단, 성정체성 집단, 특정 종교 집단이나 문화 집단 등으로만 파악한다는 것, 그리고 이 집단 정체성의 정치적 재현을 염두에 둔다는 것이다. 그런데 사회집단에는 저런 정체성 집단들만 속하는 것은 아니다. 사회집단은 매우 다양한 일상생활의 필요를 통해서도 형성될 수 있다.

나는 어떤 고정적 정체성이나 정치적 재현과 무관하게 살림살이의 필요로 인해 형성되는 집단을 '살림 공동체'라고 부를 것이며, 이러한 비정치적 공동체야말로 현대 사회에서 유의미한 기능을 갖게 된다고 판단한다. 그래서 한편으로는 지역적 단일 공동체 혹은 정치 공동체의 이상에 대한 영의 공격에 공감하면서도, 다른 한편으로는 비정치적 영역에서 생겨나는 공동체 형성에 더욱 주목해야 한다고 본다.

4. 살림 혹은 오이코스 영역에서
   개인들의 필요로 인한 공동체 형성

지역적 단일 공동체 혹은 정치 공동체의 이상이 위험한 것이라면, 차이의 정치와 양립할 수 있는 공동체 형성은 어떤 영역에서 가능할까? 공동체를 강조하는 정치철학자들은 대체로 아리스토텔레스의 코이노니아 중에서 폴리스(코이노니아 폴리티케)를 주목한다. 그런데 오늘날 한국에서 '마을공동체', '생활공동체', '돌봄공동체', '공동육아', '공동체교육' 등등의 이름으로 확산되고 있는 다양한 공동체 운동들은 고대 그리스를 기준으로 볼 때 오이코스의 영역 혹은 여러 오이코스들이 모인 코메의 영역에서 일어나고 있다. 오이코스는 현대 언어로 번역하기 매우 난감한 단어이다. 오이코스는 '가정(household)'으로 번역되곤 하지만 '경제(economy)'의 어원이기도 하다. 그리고 오늘날 국가를 비롯한 여러 공공 영역이 개입하고 있는 아이 돌봄, 교육, 노인 수발 등등을 담당한 것은 폴리스가 아니라 오이코스였다.

오이코스의 번역어로 적합한 우리말은 '살림' 혹은 '살림살이'이다. 살림살이는 주로 개별 가정에서 이루어지는 것으로도 간주되지만, 국가경제를 '나라의 살림살이'로 표현하는 용례에서도 알 수 있듯이 살림 혹은 살림살이는 '경제'를 뜻하는 순우리말이기도 하다. 또한 가정의 살림과 마을의 살림 차원에서는 아이들을 돌보고 가르치는 일, 어르신들이나 몸과 마음이 힘든 사람들을 보살피는 일도 중요하다.

한국에서 '살림' 혹은 '살림살이'라는 단어에 대한 주목은 이미 여러 곳에서 이루어졌다. 그중 대표적인 사례들을 꼽자면, 우선 이 단어를 현대적 공동체 운동과 결합시킨 주역이라 할 수 있는 한살림 운동의 정신, 즉 '모심과 살림'을 꼽을 수 있다. 다음으로는 베블런(Thorstein Bunde Veblen), 폴라니(Karl Polany) 등의 경제학을 재해석하여 흔히 '사회적 경제'라 불리는 영역을 '살림/살이 경제'로 명명한 홍기빈의 연구를 주목할 필요가 있다. 나는 이 두 가지 사례들을 참조하여 현대 사회에 적합한 공동체를 '살림 공동체'로 명명하고자 한다. 그리고 이 살림 공동체 형성의 두 가지 계기를 '필요'와 '가치'로 규정하고자 하며, 살림 공동체 운영의 원칙들 혹은 두 가지 긴장관계를 '협동'과 '포용', 그리고 '자립'과 '제도화'로 규정하고자 한다.

1장_협동과 포용의 살림공동체 37

1) 안전한 먹거리를 위한 필요로부터 형성된 살림 공동체에서
소비자생활협동조합으로의 전개

잘 알려져 있다시피, 한살림의 기원은 1970년대 강원도 원주와 횡
성 일대에서 진행된 민주화운동, 재해대책사업, 지역사회개발운동
등이다. 이를 기반으로 원주에서는 이미 1985년에 신용협동조합을
기반으로 한 소비자협동조합이 창립되었다. 하지만 본격적인 살림
공동체 형성으로서의 한살림 운동이 시작된 시점은 서울 제기동에 쌀
가게 '한살림농산'이 문을 연 1986년으로 보아야 할 것이다. 한살림
스스로도 2006년에 낸 책에서 '스무살 한살림'이라는 표현을 쓰고 있
다. 한살림농산이 시작한 친환경 농산물의 도농 직거래가 한국에서
본격적인 소비자생활협동조합의 출발인 것이다.

한살림농산이 협동조합으로 발전해가는 과정에서 가장 주목할만
한 실험은 배송 비용 절감과 소비자간 협동을 이끌어내기 위해 1987
년에 도입한 '공동체'의 구성이다. 농민들의 건강을 보장하고 소비자
들 자신도 안전하게 먹을 수 있는 친환경 농산물에 대한 도시민들의
관심이 증가하면서 한살림농산은 서울 전역으로 물품을 배달하기 시
작한다. 이 배달이 매우 힘겨운 업무였기 때문에 한살림 운동의 주역
들은 배달 비용과 부담을 줄이기 위한 고민을 시작한다. 그들은 외국
사례들을 공부하는 과정에서 일본의 '생활클럽'에 주목한다.[28] 생활
클럽은 다섯 가구의 소비자들이 모여 정해진 날짜에 공동구입을 해야
만 배달해주는 '반(班)' 제도를 갖고 있었다. 그런데 한살림농산은 그

---

28) 모심과 살림 연구소, 『스무살 한살림 세상을 껴안다』, 그물코, 2006, 30쪽.

다섯 가구의 모임에 '반' 대신 '공동체'라는 명칭을 부여한다. 그저 함께 물품을 배달받는 관계에 머무는 것이 아니라 공동체를 형성할 것을 기대한 것이다. 그리고 공동체라는 명명은 1988년에 협동조합을 창립할 때 그 명칭을 "한살림공동체소비자협동조합"으로 정하는 계기가 된다.

1970년대와 80년대 한국의 민주화 운동 과정에서 공동체는 거대 정치 담론에서 많이 쓰였다. 전인격적 관계 맺기와는 거리가 먼 거대 공동체인 민족, 도시, 운동 조직 등이 공동체로 불리었다. 그런데 한살림에 의해 형성된 다섯 가구의 공동체들 중에는 해당 지역에서 직접적 대면관계를 통해 생명운동 혹은 녹색운동을 확산하는 산파 역할을 한 경우가 많다. 그리고 그런 공동체들의 여러 구성원들이 함께 모여 한살림의 생명사상 교육을 받았으며, 생산자를 위한 도농 직거래의 정신에 따라 물품을 공급하는 생산자들의 생산 현장에 직접 방문했다. 그래서 한살림 초기의 협동조합 운영은 한국에서 살림 공동체 형성의 출발점이 되었다고 할 수 있다.

한살림농산이 문을 연 다음해 정초에 나온 짧은 글에는 '살림'이 무엇을 뜻하는지 잘 표현되어 있다.

> "한살림은 생산자와 소비자가 만나 친한 사이가 되도록 하여, 생산자는 소비자의 생명을 보호하고 소비자는 생산자의 생활을 보장하는 사이가 되는 일을 하고자 합니다. (……) 그래서 땅도 살리고 건강하고 안전한 농산물이 생산되고 서로가 믿고 돕는 관계가 되고 모두의 건강과 생명이 보호될 수 있는 일을 하고자 합니다."[29]

'만남', '친함' 등의 표현에는 공동체 지향이 담겨 있으며, '생명 보호'와 '생활 보장' 등의 표현에는 서로 살림을 통한 살이, 즉 살림살이를 위한 공동체 형성의 의지가 함축되어 있다. 또한 "건강", "안전" 등의 표현에는 살림 공동체 형성의 계기인 생산자들의 절박한 '필요'와 소비자들의 절박한 '필요'가 함축되어 있다.

한살림이 친환경 농산물 유통에 앞장 선 이유는 무엇보다도 농민들의 건강이었다. 한국 농업의 현대화 과정에서 수많은 농민들이 농약을 뿌리다 중독되어 죽거나 앓는 일이 많았다. 그래서 1980년대가 되면 농약을 쓰지 않고 유기농으로 쌀을 생산하는 농민들이 점차 늘어나게 된다. 하지만 유기농 농민들은 별도의 유통망을 갖고 있지 못했기 때문에 농약을 뿌리는 농시보다 두세 배의 노력을 기울어 힘들게 생산한 쌀을 일반미와 똑같은 가격에 팔 수밖에 없었다. 한살림농산이 서울에 쌀가게를 연 이유는 이런 농산물의 판로를 마련함으로써 농민들이 계속 건강한 생산을 할 수 있도록 보장하기 위함이었다.

또한 한살림의 물품을 구입하기 위해 공동체를 형성한 소비자들 역시 농약에 찌든 농산물을 먹지 않겠다는 욕구, 즉 건강과 안전의 필요를 갖고 있었다. 특히 1990년대 이후 소비자생활협동조합이 확산된 이유는 한국에서 아토피 피부염에 걸린 아이들이 급격히 늘어났기 때문이다. 유기농 쌀과 무항생제 유정란 등은 이런 아이들의 질환을 완화하는 데 도움이 되었다. 생산자와 소비자 양측 모두 생활상의 절박한 필요, 그야말로 '살기' 위한 필요로 인해 공동체를 형성하게

---

29) 모심과 살림 연구소, 20쪽.

된 것이다.

이러한 필요는 2000년대 이후에 공동체 형성 없이도 충족되기 시작한다. 대형마트에도 친환경 농산물 코너가 등장했기 때문이다. 그리고 소비자생활협동조합들 또한 어느 순간부터 그것이 가진 원래의 공동체적 성격을 점차 상실한다. 1990년대에 전국 곳곳의 지역에서 형성된 여러 소비자생협들은 2000년대 이후 한살림, 아이쿱, 두레 등의 대형 연합체로 묶이게 돈다. 이들 연합체에 속한 소비자생협들 대부분은 더 이상 초기 한살림이 견지했던 공동구매 원칙, 조합원 교육 필수 원칙, 생산자와의 교류 원칙 등을 채택하지 않고 있다. 매장 구매와 인터넷 주문을 통해 개별 가구별로 물품을 구입하는 방식이 지배적이다. 이제 물품을 생산하는 현장을 방문해 생산자와 교류하는 조합원들은 극히 일부에 불과하다. 심지어 최근에는 소비자들만의 협동에 집중하면서 생산자들을 배제하고 억압하는 일까지 일어나고 있다. 이를 통해 알 수 있는 것은 협동조합이라는 조직 형식 자체가 공동체성을 담보하는 것은 아니라는 것이다. 그래서 더더욱 '공동체'가 아닌 '공동체 형성'을 강조할 필요가 있다..

그런데 한살림 운동의 발전 계기를 오직 개인들의 필요로부터만 설명하기는 어렵다. 한살림은 도농직거래에서 출발한 소비자생활협동조합이기도 하지만 인간들 사이의 살림뿐 아니라 다른 생명들을 살리기 위한 생명운동이라고도 볼 수 있다. 이것은 한살림이 설립한 연구소의 이름이 '모심과 살림'인 것에서도 드러난다. '살림'에도 생명 가치가 들어 있기는 하지만 '모심'은 다소 종교적인 의미에서의 생명 가치를 드러낸다. 이 말은 동학의 '시천(侍天)' 사상을 현대화한 것으로

"사람 안에 모셔진 우주생명"[30]을 모신다는 뜻이다. 그래서 모심과 살림 연구소는 동학의 역사와 사상에 대한 연구 작업도 수행하고 있다.

친환경을 내걸고 있는 여러 소비자생활협동조합들이 최근 경영 논리와 효율성을 강조하는 경향을 보이고 있는 가운데, 한살림이 비교적 그 초기 정신을 고수하고 있는 것은 '필요'라는 계기와 함께 '모심과 살림'의 생명사상 혹은 생명운동이라는 '가치'가 영향을 미치기 때문인 것으로 보인다.

2) 살림 / 살이 경제와 살림 공동체

최근 한국의 지방정부들이 널리 쓰는 용어 중 하나가 '사회적경제'이다. 그런데 이 용어에서 '사회적'의 의미는 많은 추가 설명을 필요로 한다. 19세기 초 사회주의 사상이 등장하고 협동이 강조되던 시기에 '사회적'이 가졌던 의미와 달리, 오늘날 '사회적'은 인간 집단과 관련된 거의 모든 것을 뜻하는 포괄적인 의미를 갖게 되었기 때문이다. 이런 용어상의 문제 때문인지 아니면 잘못된 재정 지원 방식 때문인지, 한국의 사회적경제 혹은 사회적기업은 원래의 취지와는 달리 지역 자영업자들이 관의 지원금을 받기 위한 수단으로 전락하는 경우가 많다. 이러한 상황에서 '살림/살이 경제'는 오늘날 사회적경제라 불리는 것의 실질적 의미를 드러내는 표현으로 적합하다. 무엇보다도 이윤만 추구하는 영리 활동 중심의 형식적 경제에 맞서는 이름으로

---

30) 모심과 살림 연구소, 84쪽.

매우 적합하다.

폴라니는 산업혁명 이후에 등장한 시장경제의 특징을 "자기조정 (self-regualting) 메커니즘"으로 규정하며, 자기조정이 "모든 생산은 시장에서의 판매를 목적으로 한다는 것, 그리고 모든 소득은 그렇게 생산물을 시장에서 판매한 것에서 나온다는 것을 함축"한다고 말한다. 그는 이러한 자기조정 시장의 성립에서 결정적인 것은 재화만이 아니라 "노동, 토지, 화폐가 판매되는 시장"에 포함된 것이라고 말한다.[31]

이러한 자기조정 시장경제는 마르크스의 의미로 말하자면 노동력이 상품이 된 자본의 자기증식 운동으로서의 자본주의 경제와 비슷하다. 또한 루만이 화폐를 매체로 한 지불 소통들의 연관으로 규정한 자기생산적 체계로서의 경제 및 경제의 체계 내 환경으로서의 시장 개념과도 비슷하다고 볼 수 있다. 다만 폴라니는 이것을 '형식적 경제 (formal economy)'로 규정하고, 그에 맞서는 경제 개념을 제시한다. 그는 사회에 묻어들어 있는 경제인 '실체적 경제(substantive economy)'가 인류 역사상 보편적이었다고 주장한다.

홍기빈은 폴라니가 형식적 경제라고 부른 것을 쉬운 우리말로 '돈벌이 경제'라고 표현한다. 그리고 실체적 경제가 갖고 있는 물질주의적인 편향을 교정하기 위해 폴라니의 유저 『인간의 살림살이(The Livelihood of Man)』로부터 착안하여, '실체적' 대신 '살림살이'를 도입한다. 그는 살림살이가 "'(남을) 살린다'와 '(내가) 산다'는 두 뜻을 합쳐 놓은 것"임에 착안하여 '살림/살이'라는 조어를 제시한다.[32] 그는

---

31) 칼 폴라니, 『거대한 전환』, 길, 2009, 238쪽.

이러한 살림/살이 경제를 "사람이 살아가면서 느끼게 되는 정신적–물질적 욕구를 충족하기 위한 유형–무형의 수단을 조달하는 행위"[33]로 정의한다. 이 정의에서 '정신적–물질적 욕구'는 한살림 공동체 형성에서 내가 '필요'라고 표현한 것과 거의 동일한 의미를 갖는다고 볼 수 있을 것이다.

돈벌이 경제에서 살림/살이 경제로의 전환 주장은 경제학의 지형 변화를 위해 매우 중요한 것이다. 하지만 이 주장은 살림 혹은 오이코스의 영역을 경제로 좁혀버릴 수 있다. 돌봄, 교육, 의료 등 경제에 의존하긴 하지만 이미 독자적인 영역으로 자리 잡은 살림 영역들이 살림/살이 경제라는 표현에서 온전하게 다루어지지 못할 수 있다. 그리고 용어 확산의 효율성을 위해서는 두 글자 '살림'으로도 충분히 그 뜻을 전달할 수 있다. 그래서 '살림/살이 경제'보다는 '살림 공동체'가 더 범용성 있는 표현이다. 다양한 영역에서의 '살림 공동체' 형성은 오늘날 돈벌이 경제, 경쟁 교육, 영리 의료 등에 맞서 "인간 존재의 전면적 발전"[34]에 기여할 수 있다.

2장에서 다루게 될 루만의 사회이론에 따르면, 현대 사회는 더 이상 정치, 경제, 사회의 세 가지 영역으로 설명하기 어렵다. 19세기 초 헤겔의 국가와 시민사회 이분법, 20세기 초 베버의 정치와 경제와 사회의 삼분법 등에 따라 현대 사회를 설명하기는 어렵다. 20세기 후반의 루만은 사회를 가장 포괄적인 사회적 체계로 설정하고, 사회의

---

32) 홍기빈, 『살림/살이 경제학을 위하여』, 지식의 날개, 2012, 7쪽.

33) 홍기빈, 25쪽.

34) 홍기빈은 살림/살이 경제의 핵심 원리를 이렇게 표현하고 있다. 홍기빈, 165쪽.

주요 기능체계들로 정치, 경제, 법, 학문, 교육, 예술, 종교 등을 거론한다.[35] 그리고 사회 및 그 기능체계들과는 독자적인 원리로 작동하는 체계들로 조직들, 상호작용들, 그리고 보다 특수한 형식들로 친밀관계, 가족, 저항운동 등을 거론한다. 그래서 루만의 체계이론적 설명틀로 보자면, 살림 공동체들은 특정 기능체계들에만 종속되지 않는 탈위계적인 조직들, 상호작용들, 친밀관계, 가족, 저항운동 등의 연결망이라 할 수 있다. 그리고 이 공동체들은 경제는 물론이고 사회의 다른 기능 영역들에 대한 맞-기능을 할 때 기능적으로 분화된 현대 사회에 대해 유효한 기능을 할 수 있다.

5. 살림 공동체 형성의 계기와 두 가지 긴장관계

1) 계기로서의 '필요'와 '가치'

한살림 공동체 형성의 계기에서 지적한 '필요'와 '가치'는 최근 한국에서 널리 확산되고 있는 '마을공동체' 운동 혹은 사업의 성공적 사례들에서도 드러난다.

공동육아, 대안학교 등의 출발점이자 서울시 마을공동체 사업의 모델이 된 '성미산마을'의 성공 과정을 참여자의 관점에서 분석한 유창복은 마을에서 착수된 수많은 사업들의 성공 비결을 "자발성에 따

---

35) 루만의 기능적 분화 및 기능체계들에 관한 설명은 정성훈, 「루만의 다차원적 체계이론과 현대 사회 진단에 관한 연구」, 서울대학교 철학박사 학위논문, 2009, 171~180쪽 참조.

른 현상"이라고 말한다. 그는 그런 자발성의 필요조건을 "개인의 필요와 욕구"로, 충분조건을 "협동"으로 규정한다. 전자의 인식이 협동의 당위성을 제공하고, 후자의 인식이 협동의 가능성을 제공함으로써 계속 새로운 협동 시도로 이어져 "자발성의 지속적인 선순환의 고리"가 작동하게 되었다는 것이다.[36)]

이것은 1990년대 이후 공동육아를 출발점으로 형성된 마을공동체들의 공통점이다. 육아라는 절실한 필요가 어린이집을 함께 만드는 협동을 가능하게 하고, 어린이집 운영 과정에서 생긴 필요인 친환경 먹거리를 위해 소비자생활협동조합을 만드는 협동을 가능하게 하고, 이러한 협동들의 성공이 그 다음에 생겨나는 필요들을 다시 협동으로 해결하도록 자극하는 선순환의 고리가 형성된 것이다. 그래서 아이들이 학교에 들어간 후 제기된 필요인 살림교육을 위해 협동하여 초등방과후와 대안학교를 만들고, 주택의 필요를 해결하기 위해 협동하여 공동주택을 건설하고 등등으로 이어진 것이다.

그리고 이러한 필요와 협동의 선순환 고리가 잘 작동한 마을공동체들의 공통점은 이 과정에서 '가치'의 정립이 이루어진다는 것이다. 성미산마을에서 태양광 보급, 자원 재활용, 카셰어링 등을 시도한 것은 '필요와 욕구'로만 설명하기는 어렵다. 필요를 넘어서 녹색 가치에 대한 합의가 어느 정도 이루어졌기 때문에 이러한 실천들이 가능했다. 또한 공동체 내부의 필요에 따른 협동에 머물지 않고 노인 돌봄, 장애인 돌봄 등으로 사업이 확장된 것, 그리고 공동육아협동조합들

---

36) 유창복, 「나의 마을살이 10년 ─이제 마을하자!」, 『진보평론』 제43호, 2010, 80~81쪽.

과 대안학교 내부에서 장애아 통합 교육이 이루어지고 부모 성평등 교육 등이 이루어지는 것은 인권 가치에 대한 합의가 어느 정도 이루어졌음을 입증한다.

2) 협동과 포용의 긴장

개인의 자율성을 존중하고 구성원들 간의 대칭적 인정 관계를 갖춘 탈전통적 공동체 형성의 기본 전제는 당연하게도 끊임없는 '협동(co-operation)'이다. 그래서 한살림, 공동육아 등 한국에서 공동체 형성의 붐을 일으킨 운동들은 대부분 협동조합이라는 조직 형식을 취했다. 그런데 조합원 자격이 분명하게 정해져 있는 협동조직들은 흔히 '집단이기주의'라고 말하는 경향으로 치달을 수 있다. 우리는 '조합'이라는 이름을 갖고 있는 폐쇄적인 이익단체들을 쉽게 떠올려 볼 수 있다.

그래서 살림 공동체 형성은 폐쇄성과 집단이기주의의 함정에 빠지기 쉬운 개별 조직의 형식만으로는 순기능을 하기 어렵다. 여러 협동체들 간의 연결망 형성을 통한 교류와 견제, 그리고 외부를 향한 '포용(inclusion)'의 노력이 동반되어야 한다. 이러한 긴장관계를 잘 유지해온 사례인 공동육아 운동 40년 역사에 대해서는 3부 5장에서 살펴볼 것이다.

3) 자립과 제도화의 긴장

살림 공동체 형성에서 포용의 노력은 협동이 잘 제도화되어 관의 지원을 받게 되면 조금 더 쉬워진다. 예를 들어, 협동조합의 경우 정부 지원사업에 성정되면 구성원들이 부담해야 할 조합비를 줄일 수 있다. 그런데 관의 지원은 그만큼의 간섭을 뜻하기도 한다. 그래서 협동과 포용의 긴장과도 관련된 긴장이며, 최근 한국의 공동체 운동에서 부각되고 있는 매우 중요한 긴장관계가 바로 자립과 제도화의 긴장이다.

한살림은 창립 당시 사단법인의 분소 형태를 취하다가 회계상의 문제가 생겨 사단법인으로 전환했다. 그리고 1999년 소비자생활협동조합법이 제정됨으로써 협동조합으로서의 법적 지위를 갖게 되었다. 공동육아 운동의 기원이라 할 수 있는 난곡의 해송유아원은 1980년 미인가 천막시설로 문을 열었다. 또한 1994년부터 설립된 공동육아 협동조합 어린이집들 또한 2005년 영유아보육법 개정 때 '부모협동'이 명기되기 전까지는 민간 어린이집과 구별되지 않는 법적 지위를 갖고 있었다. 그리고 부모협동 어린이집이 공동 소유의 법인 자격을 얻은 것은 2013년 협동조합기본법 시행 이후이다.

이렇듯 살림 공동체의 여러 사례들은 출발 당시에 그 법적 지위가 매우 불안정하였으며, 그로 인해 관으로부터 지원을 받기는커녕 오히려 벌금을 내는 등의 곤란에 빠지기도 했다. 그럼에도 강력한 '필요'와 '협동'의 선순환 고리를 통해 형성된 구성원들의 자발성 덕택에 오랜 세월 동안 '자립'을 유지하였다.

그런데 최근 몇 년간 협동조합, 사회적 기업, 마을기업 등에 대한 정부와 지자체들의 시각이 바뀌면서 살림 공동체들은 제도화의 길을 가고 있다. 또한 정부나 지자체의 재정 지원에 대한 의존도가 높아지

고 있다. 물론 법적 형식을 취하는 것 자체가, 그리고 재정 지원을
받는 것 자체가 문제가 되는 것은 아니다. 그런데 협동조직들의 주요
인물들이 제안서 작성, 회계 처리 등의 실무에 몰두하면서 협동과 포
용의 노력이 약화된다면, 그리고 관의 재정 지원이 중단되는 순간 자
립할 수 없게 된다면, 이런 조직들은 더 이상 '공동체 형성'을 하지
않는 조직이 될 것이다. 즉 단순한 법인단체에 머물고 말 것이다.

살림 공동체 형성이 피할 수 없는 두 가지 긴장관계인 협동과 포용
의 긴장, 자립과 제도화의 긴장에 대한 보다 구체적인 고찰은 공동육
아 운동 40년의 역사를 다룬 3부 5장에서 살펴볼 것이다.

6. 살림 인문학 혹은 살림 공동체의 인문학을 위하여

4절에서 밝혔듯이, 살림의 영역은 경제학의 연구 과제로 제한되지
않는다. 현대 경제학의 주류는 화폐로 표현되는 가치에 집중할 뿐,
살림살이의 필요로부터 나오는 다른 가치들을 무시하는 경향을 갖는
다. 베블런, 폴라니, 홍기빈 등 사회와 살림에 주목하는 예외적인 경
제학자들이 있지만, 그들의 연구는 경제를 다른 사회적 영역들 및 인
간의 삶과 관련시켜 이해하는 것이므로 사회적 경제학 혹은 인문적
경제학으로 규정할 수 있다. 그래서 많은 부분에서 인문학의 연구 영
역과 겹친다. 이러한 중첩성은 폴라니가 경제사 연구에 집중한 것이
나 홍기빈이 아리스토텔레스의 경제사상에 주목한 것[37]에서 드러

---

37) 홍기빈, 『아리스토텔레스 경제를 말하다』, 책세상, 2001.

난다.

그리고 공동체 연구는 사회학의 연구과제나 정치철학의 연구과제로 국한될 수 없다. 퇴니스 이래 사회학은 공동체를 사회와 구별되는 개념으로 다루는 방향과 2장에서 살펴볼 루만의 사례처럼 공동체 개념을 제거하는 방향으로 나아갔다. 현대 사회 속에서의 공동체 형성을 주목하기 위해서는 이 두 방향과는 다른 설정이 필요하다. 그리고 공동체 형성을 주목한 정치철학의 공동체 개념은 앞서 살펴보았듯이 공동체를 정치 공동체로 간주함으로써 영이 비판하였듯이 사회집단들 간의 차이를 억누르기 쉬운 공동체 이상으로 치닫기 쉽다. 사회학자들도 많은 경우 공동체를 곧 국가 등 정치 공동체의 의미로 사용하는 경우가 많다.

그래서 살림 공동체 연구는 살림 혹은 공동체를 연구해온 기존 분과학문들의 관행으로부터 벗어날 필요가 있으며, 그러한 연구에 가장 적합한 분과학문은 인문학이다. 인간의 생활세계에 관한 포괄적인 인식 관심을 갖는 학문인 인문학은 사회적 경제, 협동조합, 마을 공동체, 돌봄 공동체, 대안교육, 평생교육 등의 주제들을 경제학, 사회학, 사회복지학, 교육학 등의 과제로 간주해서는 안 된다. 이 주제들이 크게 보아 '인간의 살림살이'라는 점을 주목한다면, 살림 공동체 연구는 인문학의 과제이다.

지금까지 인문학은 역사학의 영역에서만 어느 정도 협동조합의 역사, 공동체 운동의 역사 등을 다루어왔을 뿐이다. 정치철학으로 제한되지 않는 포괄적인 사회철학이 정치 공동체에 국한되지 않는 공동체 연구를 수행하고, 살림 공동체 운동들을 통해 산출되고 있는 문헌들에 대한 문학적 연구를 수행한다면, '살림 인문학' 혹은 '살림 공동체의 인문학'이라 불릴 수 있는 연구 프로그램이 성립될 수 있을 것이다.

2장
현대 사회에서 공동체 형성의
맞-기능적 기능

1. 공동체 형성의 기능에 대한 사회이론적 해명

1장에서 주장하였듯이 공동체는 오늘날 뚜렷한 지칭 대상이 없는 것, 즉 유토피아이기에 끊임없는 공동체 운동 혹은 공동체 형성의 노력 속에만 의미를 가질 수 있다. 2장에서는 이러한 공동체 형성이 현대 사회에서 갖는 기능을 사회이론적으로 해명하고자 한다.

현대적 개인들은 익명적이고 유동적인 관계들만 맺으면서 살 수 있을지도 모른다. 아이리스 매리언 영이 말한 의미에서 "도시 생활의 이상"[1]만 추구하며 살 수도 있을 것이다. 그리고 1장에서 나는 살림 공동체들이 개인들의 절박한 '필요'를 계기로 형성되었다고 설명했지만, 그러한 필요를 별로 느끼지 않고 살아가는 개인들도 있을 것이다.

---

1) 아이리스 매리언 영, 『차이의 정치와 정의』, 모티브북, 2017, 479쪽.

또한 그러한 필요를 더 많은 비용을 지불함으로써 해결하는 개인들도 있을 것이다. 그렇기 때문에 공동체는 그 형성의 필요와 지향이 강한 개인들의 차원에서만 유의미한 것으로 간주될 수도 있다. 전통적 공동체와 달리 현대 사회 속의 공동체 형성은 개인들의 자발적 참여로 이루어지는 것이므로 개인들의 취향에 따른 선택이라고 말할 수도 있을 것이다.

그런데 공동체 형성을 개인들의 차원에서 바라보지 않고 현대 사회 전체의 차원에서 바라본다면 그 중요성은 더욱 뚜렷해질 수 있다. 공동체 형성이 현대 사회에서 어떤 기능을 하는지를 밝힌다면, 공동체 형성을 위한 개인들의 노력이 갖는 의의는 더욱 부각될 것이다.

2장에서는 우선 공동체 개념이 다른 개념으로 대체 가능한 것인지를 살펴보면서 여전히 이 개념을 사용해야 하는 이유를 밝힐 것이다. 그런 다음 사회이론의 차원에서 공동체 형성이 갖는 기능을 '맞–기능적 기능'이라는 다소 역설적인 표현으로 규정함으로써, 공동체가 그저 개인들의 선택에 머무는 것이 아니라 사회 전체에 기여하는 바를 밝히고자 한다. 이를 위해 현대 사회를 '기능적 분화'의 관점에서 기술한 니클라스 루만의 사회이론을 참조할 것이다.

2. 공동체 개념의 대체 가능성 검토

공동체가 유토피아라면, 즉 현실에 존재하는 대상을 지칭할 수 없는 개념이라면, 이 개념을 다른 개념으로 대체하면 되지 않느냐는 제안이 나올 수 있다. 여기서는 그러한 제안들 몇 가지를 살펴본 후 그런 대체 가능성을 검토하겠다. 그리고 이 검토 과정에서 공동체 형성의 기능을 사회이론으로 해명할 단초를 찾아보겠다.

1) 결사체로의 대체 가능성

사회학자 전병재는 현대 사회의 조직체들이 가진 문제점의 대안을 공동체에서 찾는 견해에 반대한다. 그는 "역사는 되돌릴 수 없는 것이고 우리는 결코 과거로 돌아갈 수 없다"고 말한 후, "현대 사회 이전의 공동체적 전통 사회가 결코 이상적 사회라고 말할 수도 없다"는 점을 지적한다.[2] 1장에서 지적했던 전통적 공동체가 갖는 억압성과 폐쇄성을 그가 뚜렷하게 알고 있는 것이다.

그래서 전병재는 공동체와 소식체의 이분법에 대한 대안으로 공동체, 조직체, 결사체의 삼분법을 제안한다. 그는 공동체의 의미를 사람들이 태어나면서 귀속되는 "숙명 공동체"[3]로 제한한다. 그리고 법규적 성격이 강한 규칙의 지배를 받기에 자유롭지 못하고 자발성도 약한 것을 "조직체"로 규정한다. 그에 반해 그가 이상적 상태로 상정하는 것은 "결사체"이다. 그의 정의에 따르면 결사체는 "수단 합리성에 입각해서 운영되는 조직체와 달리 비판 합리성이 강조되는 집단"[4]이다. 그리고 "가입과 탈퇴가 자유롭고 집단 안에서의 활동도 비교적 자유"[5]롭다.

---

2) 전병재, 「공동체와 결사체」, 『사회와이론』 1, 2002, 63쪽.
3) 위의 책, 65쪽.
4) 위의 책, 65쪽.

그런데 그는 이런 결사체의 사례로 자발적으로 결성된 공부 집단으로서의 대학과 정당 등을 거론한다. 비판 합리성이 강조될 수 있는 집단은 무엇보다도 구성원들 사이의 대칭적인 상호 평가 가능성이 열려있는 것이다. 따라서 주식회사 등 구성원들의 평등이 보장되지 않는 조직체는 물론이고 내부에 분명한 위계질서를 갖고 있는 공식 대학과 공식 정당 또한 전병재가 뜻하는 결사체라고 보기는 어렵다. 오히려 1인 1표의 원칙을 갖고 있으며 가입과 탈퇴가 자유로운 협동조합들, 그리고 대학 자체보다는 대학 주변에서 결성되는 자발적 공부 모임들이 그가 말하는 결사체에 가까울 것이다. 그리고 공직자들에 대한 비판이 제한될 수밖에 없는 공식 정당들보다는 비공식적 정치 결사체들과 여러 시민단체들이 결사체의 적합한 사례일 것이다.

결사체(association)는 19세기에 코뮤니즘과 협동조합이 조직체 중심의 사회 질서에 맞서 부각될 때 널리 쓰였던 말이다. 코뮤니스트인 마르크스도 이 말을 쓰긴 했지만 프루동 등 아나키스트 성향이 강한 사상가들이 이 말을 많이 썼다. 그래서 결사체는 공동체보다 개인의 자발성을 더욱 존중한다는 느낌을 준다. 그리고 공동체가 가질 수 있는 억압성에 맞서는 의미를 함축하고 있다. 일본의 사상가 가라타니 고진이 프루동의 아나키즘과 칸트 철학의 재구성을 통해 "어소시에이션의 어소시에이션"을 대안으로 제시하고 있는 것 또한 결사체가 갖는 이런 의미를 염두에 둔 것일 테다.[6]

---

5) 위의 책, 66쪽.

6) 가라타니 고진, 『트랜스크리틱: 칸트와 맑스』, 도서출판b, 2013.

그런데 가라타니 고진의 저서가 한국어로 번역될 때 association은 '결사체'가 아니라 음차 표현인 '어소시에이션'으로 표현된 데서도 알 수 있듯이 우리말 '결사체'는 너무나 강한 정치적 함의를 갖고 있다. '정치적 결사체'라는 말은 잘 떠오르지만 '생활 결사체', '마을 결사체', '교육 결사체' 등의 표현은 거의 사용되지 않는다. association의 번역어를 '연합'이나 '연합체'로 바꾸자는 제안도 가능하며 가끔 그렇게 번역한 사례들도 만날 수 있다. 하지만 연합 혹은 연합체는 한국에서 주로 조직체들의 연합이라는 의미로 쓰인다. 게다가 영어 association 자체도 앞서 살펴본 공동체가 갖고 있는 긍정적 함의, 즉 공동체의 매력을 대신하기는 어렵다.

전병재의 산분법에 따른 결사체 제안은 전통 공동체로의 회귀를 경계한다는 점에서, 그리고 탈전통적 공동체 형성이 중요하다는 점에서 존중되어야 한다. 하지만 이 제안 자체가 널리 수용되기는 어렵다.

2) 공동체 제거론 혹은 조직으로의 대체론

현실적 대상으로의 사회적 체계들을 다루는 사회학자 루만은 '공동체'라는 모호한 표현을 거의 쓰지 않는다. 루만은 '상호침투(Interpenetration)' 개념을 다루는 과정에서 "모든 공동체 신화들과의 작별" 해야 함을 말하면서 이 신화들이 "사회적 체계들의 자기기술 층위"로 밀려난다고 말한다.[7] 여기서 '자기기술(self-description)'의 층위란 실

---

7) Niklas Luhmann, Soziale Systeme - Grundriß einer allgemeinen Theorie, Suhrkamp,

재적 층위인 '자기생산(autopoiesis)'의 층위와 구별되는 것이다. 흔히 쓰이는 용어로 말하자면, 이데올로기의 층위이다. 그리고 루만은 "개인 체계들과 사회적 체계들의 부분적 융합을 공동체라고 말하려 한다면, 이것은 상호침투의 개념과 직접 모순"된다는 점을 지적한다.[8] 이것은 공동체라는 단어가 인간들과 사회적 체계들 사이의 상호침투를 실재보다 과도하게 표현하기에 부적절하다는 것을 뜻한다.

루만의 체계이론에서 '상호침투'란 인간들과 사회적 체계들 사이에 어떤 '공동의 것'이 형성된다는 의미가 아니다. 루만은 "하나의 체계가 자기 고유의 복잡성(그리고 이를 통한 미규정성, 우연성, 선택 불가피성)을 다른 체계의 구축을 위해 이용할 수 있을 때"[9], '침투'가 일어난다고 말하며 이 침투가 서로 간에 이루어질 때가 '상호침투'이다. 그래서 상호침투는 고유의 복잡성을 가진 별도의 자기생산적 체계들을 전제로 하며, 이 자기생산적 체계들은 작동의 차원에서는 폐쇄되어 있기 때문에 상호침투한다고 해서 공동의 체계를 형성하는 것은 아니다. 상호침투하는 자기생산적 체계들은 서로에게 구조적으로 의존할 뿐이다.

루만은 사회적 체계들을 이루는 요소들을 인간들이 아니라고 본다. 사회적 체계들의 요소들은 소통들(communication)이다. 사회적 체계들은 정보-통지-이해의 세 단계 선택으로 성립하는 단위들인 소통들의 자기지시적 연관이며, 이러한 소통들의 자기생산을 위해 인

1984, 298~299쪽.
8) 위의 책, 299쪽.
9) 위의 책, 290쪽.

간들은 내부의 요소들이 아니라 필수적인 환경의 요소들이다. 우리 몸의 자기생산을 위해 항상 어느 정도의 영양분이 필요하지만 영양분 자체는 우리 몸의 내부 요소들이 아니다. 사회적 체계들의 자기생산을 위해서도 소통을 이루는 세 가지 선택에 관여할 모티브를 갖는 어느 정도의 인간들을 필요로 한다. 하지만 이를 위해 특정한 인간이 반드시 필요한 것은 아니며 모든 인간이 그런 모티브를 가질 필요도 없다.

이러한 이론에 따르면, 인간들은 사회적 체계들에 관여한다 하더라도 결코 그것들을 구성하는 주체들이 될 수 없다. 그들은 언제든지 교체 가능하다. 이 이론이 가진 설명력은 현대 사회의 조직들이 많은 인간들의 관여를 필요로 하지만 그것들이 인간들의 주체적 속성들에 의해 혹은 상호주관적 합의 내용들에 의해 굴러가지 않는다는 점을 떠올려보면 분명해진다.

루만의 사회적 체계이론 및 상호침투 개념을 따르게 되면, 공동체는 결코 인간들 공동의 것일 수 없는 사회적 체계들 중 특정 인간들과의 상호침투가 매우 긴밀하게 이루어지는 것들에 대해 부여되는 다소 환상적인 명칭이다. 그런데 앞에서도 언급하였듯이 우리는 일상적 대화에서 여전히 '공동체'라는 말을 계속 사용한다. 루만의 표현법에 따르면 자기기술의 층위에서 계속 공동체라는 표현을 쓰는 것이다. 그것이 아무리 상호침투에 대한 과도한 환상 혹은 착각을 내포하고 있다 하더라도 말이다. 이렇듯 계속 공동체라는 용어가 쓰일 수밖에 없다면, 우리는 자기생산의 현실 층위에서도 공동체 개념을 규정하기 위한 시도를 해볼 수 있을 것이다.

조직들에 관한 루만의 설명들을 참조하여, 나는 공동체라 불리는 것들을 '인간들 사이의 상호침투에 기초한 탈위계적 조직들과 그것들의 느슨한 연결망' 정도로 규정할 수 있다고 본다. 루만은 사회적 체계의 한 종류로서 '조직'을 "결정들의 소통을 작동의 기초로 해서 성립하는 자기생산적 체계", "결정들로부터 결정들을 생산"10)하는 작동상 닫힌 체계로 규정한다. 이것은 조직들의 구성원 자격이 "결정을 통해 획득되고 결정을 통해 상실"11)된다는 것을 뜻한다. 이러한 조직들의 전형적인 사례는 영리기업, 학교 등의 법인단체들이며, 이 조직들은 주로 특정 기능체계의 영역에 속한다. 예를 들어, 영리기업은 경제체계에 속하고 학교는 교육체계에 속한다.

그런데 루만은 사회의 특정한 기능체계에 소속되지 않는 무수한 조직들이 있음을 지적한 후, 사람들이 그것들을 "'자발적' 협회 혹은 '연합'이라고 잘못 부른다"12)고 평가한다. 그런 협회나 연합에서도 구성원 자격을 위한 결정들(가입, 탈퇴, 제명 등)이 이루어지기 때문이며, 그것들 또한 사안들에 대한 결정들을 통해 재생산되기 때문이다. 이것들도 형식상으로만 보자면 영리기업이나 학교와 마찬가지로 조직들로 분류되어야 한다는 것이다. 그럼에도 루만은 이런 주변부 조직들이 기능체계들 안에서 '기능적 우선성'을 떠맡는 거대 조직들과 형식적으로는 동일하지만 다소 다른 성격을 갖는다는 점을 지적한다. 이런 조직들은 특정 기능체계에 준거한 기능적 우선성을 갖지 않으며

---

10) 니클라스 루만, 『사회의 사회』, 새물결, 2014, 949쪽.

11) 위의 책, 948쪽.

12) 위의 책, 960쪽.

내부의 위계가 약하다는 것이다. 나는 이러한 주변부 조직들 중 구성원들 사이의 상호침투가 강하게 이루어지는 것들과 그런 조직들의 느슨한 연결망을 공동체로 규정할 수 있다고 본다. 이에 관한 더 자세한 논의는 뒤에서 다시 이어갈 것이다.

어쨌거나 오늘날 우리가 '협동조합', '마을기업', '마을공동체' 등으로 부르는 공동체들은 엄격하게 형식적으로 규정하자면, 조직들이거나 조직들의 연합 혹은 느슨한 연결망임이 분명하다. 그럼에도 이런 긴 설명 대신 '공동체'라는 간명한 용어를 사용하는 일은 아마도 계속될 것이다. 이론적 개념 규정이 어렵다 하더라도 현실에서 널리 사용되는 말이 있다면, 우리는 그것을 제거하기보다는 새롭게 개념화하기 위한 노력을 시도해야 할 것이다.

3. 전 인격적 소통 연관으로서의 공동체

1) 구두 소통들의 연관으로서의 공동체

공동체라는 표현을 되도록 피하는 루만의 사회이론을 대폭 수용하면서도 장춘익은 루만의 소통 개념으로부터 출발해 공동체 개념을 새롭게 구상하는 길을 모색한다. 현대 사회에서 소통은 문자 소통, 전자 소통 등 서로 직접 대면하지 않는 사람들 간의 소통들이 지배적으로 되며 상호작용들에서의 구두 소통은 줄어든다. 이런 상황에서 장춘익은 공동체의 기본 형태를 "구두 소통[13]들의 연관"[14]으로 보자고 제안한다. 그렇다고 해서 그가 구두 소통들의 연관이 성립한다고 해서 무조건 공동체라 부를 수 있다고 말하는 것은 아니다. 그는 구두 소통이 전체 인격의 참여와 태도 노출을 강제하고 여러 가지 사회적 규칙들도 함께 작용하도록 이끄는 경향이 있다고 본다. 그래서 "전체 인격이 긍정되고 나아가 화자와 청자가 얽혀있는 사회적 관계들의 재생산"[15]을 낳는 경우를 '공동체'라고 부르자고 제안한다. 따라서 그의 공동체 개념은 '전 인격적 구두 소통 연관'으로 규정될 수 있을 것이다.

장춘익은 현대 사회의 기능체계들이 성립하는 과정에서 성공적인 소통들을 가능하게 한 매체들의 확산, 특히 그 중에서도 화폐의 확산이 더 이상 전통적 공동체가 유지될 수 없게 만들었다는 점을 인정한다. 그래서 그가 공동체를 유지할 수 있는 방안들로 검토하는 것들 중 가장 현실적인 것은 "규모를 축소하는 방식으로 해서 전 인격적 소통 연관으로서의 공동체 관계를 근대 사회의 변화된 소통 조건에 맞추는 것"[16]이다. 그는 이런 방안의 가장 극단적인 경우를 "친밀한 양자관계"로 본다. 이것보다 조금 넓은 범위의 공동체 유지 방안이 가능하다 하더라도, 하버마스의 합리화된 생활세계 개념으로부터의

---

13) 장춘익은 communication을 음차하여 '커뮤니케이션'으로 표현했지만 나는 정확히 대응하지는 않는다 하더라도 큰 무리가 없다면 한국어 단어로 옮기는 것이 좋다고 판단한다. 그래서 하나의 글 속에서 커뮤니케이션과 소통이 함께 쓰임으로써 일어날 수 있는 독자들의 혼란을 막기 위해, 장춘익의 글을 인용할 때 '커뮤니케이션'을 모두 '소통'으로 바꾼다.

14) 장춘익, 「공동체와 커뮤니케이션 -그 역설적 관계에 관하여 -」, 『범한철학』 제82집, 2016, 88쪽.

15) 위의 책, 90쪽.

16) 위의 책, 97쪽.

공동체 재구성을 공동체 개념 정립의 유력한 방향 중 하나로 보는 그에게 국가공동체와 같은 거대 공동체 개념은 유지되기 어렵다.

　장춘익의 논문은 사회 전체를 전 인격적 관계로 재편하려는 코뮌주의에 대한 반박을 비롯해 현대 사회에서 비현실적인 공동체 관념에 대한 비판에 초점을 맞추고 있다. 그래서 앞서 내가 검토했던 루만의 조직이론에 대한 고려 등 보다 적극적인 공동체 개념 정립으로는 나아가지 않고 있다. 나는 전 인격적 구두 소통 연관이 공동체라 불릴 정도로 안정적으로 재생산되기 위해서는 이러한 소통 연관이 중요한 기능을 맡는 조직들, 생활세계의 소통적 합리성이 어느 정도 실현될 수 있는 조직들에 대해서도 주목해야 루만의 사회이론과 어느 정도 양립할 수 있다고 본다. 그리고 이런 공동체 개념이 현대 사회에서 갖는 기능 혹은 의의가 해명되어야만 이러한 공동체 형성이 활발해질 수 있다고 본다.

2) 친밀관계, 가족, 친밀공동체

　장춘익이 전 인격적 소통 연관의 극단적인 경우로 설정했던 '친밀관계'는 루만이 1982년 저작 『열정으로서의 사랑』에서 연구한 사회적 체계들의 유형이다. 루만은 현대 사회에서 개인은 더 이상 출생을 통해 주어지는 정체성에 의지할 수 없으며, 사회화 과정에서 여러 역할 정체성들만 갖게 된다고 말한다. 그런데 이런 역할들 중 어떤 것도 한 개인의 전 인격적 정체성을 대표할 수는 없다. 교사, 학생, 소비자, 학자 등등의 역할들은 언제든 바뀔 수 있는 것들이기 때문이다.

　이렇듯 공식 조직들을 중심으로 한 사회적 삶에서는 고정적 준거

점을 찾기 어려운 개인들은 자신을 '비교 불가능하고 대체 불가능한 유일무이한 세계를 가진 자로 확인해주는 관계'를 추구하게 된다.[17] 자신이 역할이 아니라 '전체 인격'으로 등장하는 사회적 관계에 대한 욕구가 커지는 것이다. 이러한 '친밀관계'는 근대 초기에 열정적 사랑과 우정으로 나타났으며, 19세기 이후 그 중심적인 의미론의 자리를 차지하게 된 것이 결혼 및 섹슈얼리티와 결합된 '낭만적 사랑'이다.[18]

그런데 전체 인격을 소통 연관에 끌어들이는 친밀관계의 대표적 모델인 낭만적 사랑은 장춘익이 지적하듯이 극단적인 경우이기에 '공동체'로 불리기에는 부적절하다. 더구나 루만 자신도 낭만적 사랑이 이제 문제가 되어버렸음을 지적하면서 그 의미론의 지속 가능성에 대해 회의적으로 서술하고 있다.[19]

그렇다면 양자 관계보다는 더 많은 인격들이 관여하며 대개의 경우 낭만적 사랑의 친밀관계가 확장되어 탄생하는 '가족'은 어떠한가? 루만은 가족 역시 전체 인격과 관련된 사회적 체계로 간주한다. 그는 "한 인격과 관련된 모든 것이 가족 안에서 소통으로 접근 가능"[20]하다고 말한다. 그런데 가족은 특정 기능 영역에 한정되지 않는 다기능적 역할을 수행하기 때문에 현대 사회에서 어떤 필수적인 기능도 차

---

17) 니클라스 루만, 『열정으로서의 사랑』, 새물결, 2009, 39쪽 참조.

18) 친밀관계와 낭만적 사랑에 관한 보다 자세한 설명은 정성훈, 「매체와 코드로서의 사랑, 그리고 사랑 이후의 도시」, 『인간·환경·미래』 제12호, 2014, 119~143쪽 참조.

19) 니클라스 루만, 『열정으로서의 사랑』, 229쪽 이하.

20) Niklas Luhmann, "Sozialsystem Familie", Soziologische Aufklärung 5권, 2005(1판은 1990), 193쪽.

지하지 못한다. 경제, 교육 등의 기능을 거의 상실한 것은 물론이고 사회화 기능마저도 독점하지 못한다. 그래서 사회의 기능체계가 아닌 가족의 기능은 "전체 인격의 사회적 포함"[21]이다. 따라서 특정한 역할들에 한정되지 않는 전체 인격과 관련된 소통들이 이루어지지 않는다면, 가족은 그 기능을 하지 못한다고 볼 수 있다.

그런데 이러한 가족의 기능은 낭만적 사랑의 의미론에 따른 친밀 관계가 문제가 되고 있듯이, 오늘날 가족이라 불리는 여러 집단들에서 잘 충족되지 못하는 경우가 많다. 가족이 그 기능을 하도록 하기 위한 노력이 오히려 가족 구성원들 사이의 갈등을 증폭시키는 경우가 많다.

루만이 친밀관계와 가족을 현대 사회의 기능체계로 간주하지 않는 데서 알 수 있듯이, 오늘날 개인들은 이러한 전 인격적 소통 연관 없이도 살 수 있다. 하지만 현대 사회가 점점 더 익명적으로 될수록, 그리고 개인주의가 강화될수록, 자신을 역할로만 간주하지 않는 사회적 관계에 대한 욕구는 커진다. 그래서 친밀관계의 위기 혹은 가족의 위기를 극복할 수 있는 조금 더 느슨한 전 인격적 소통 연관을 대안으로 떠올려볼 수 있다.

나는 예전에 발표한 글을 통해 친밀관계의 위기를 극복하기 위한 대안으로 '친밀공동체'를 제시한 바 있다. 서울 마포구의 성미산마을을 비롯하여 공동육아협동조합을 기초로 확대된 마을공동체들을 친밀공동체로 규정하고, 이를 "기본적인 친밀관계들을 보완하면서 다

---

21) 위의 책, 199쪽.

수의 친밀관계들이 동시에 혹은 순차적으로 형성되고 약화되고 강화
되기를 반복하게 하는 관계망"[22]으로 정의하였다.

그런데 친밀공동체는 '기본적인 친밀관계', 즉 낭만적 사랑에서 출
발한 가족을 전제로 한다는 점에서 비혼을 선택하는 사람들이 늘어나
는 상황에서 확산성이 약한 공동체 모델이다. 그래서 가족을 전제로
하지 않고도 가능한 전 인격적 소통 연관으로서의 공동체 모델이 필
요하다. 비혼 청년층의 공동주거 사례를 분석하여 가족 이후의 대안
적 친밀성을 탐구한 김혜경은 "탈전통적 개념의 공동체 유지의 핵심
적 요건"을 "돌봄 필요의 충족", "수양과 의사소통", "친밀성과 우정"
이라는 세 가지로 꼽는다.[23] 김혜경이 다룬 사례들을 살펴보면 둘째
에 비해 첫째와 셋째가 강조된 공동주거의 지속성이 높다는 것을 알
수 있다. 따라서 살림의 필요 충족이 친밀성(우정)의 추구와 결합되면
상당한 지속성을 갖는 공동체를 형성한다는 점이다.

1장에서 살펴보았듯이, '살림공동체'는 절박한 필요로부터 형성된
다. 그런데 그것이 다른 조직들과 달리 '공동체'로 불릴 수 있으려면
전 인격적 소통의 지향을 함축하고 있어야 한다. 친밀공동체론처럼
기본적인 친밀관계를 전제로 하지는 않는다 하더라도 공동체 내부의
관계들에서 친밀성 혹은 우정이 추구되어야 가족 이후의 시대에 가족
의 가졌던 기능을 어느 정도 넘겨받을 수 있을 것이다. 그래야만 공동
체 내부에서 한 인격이 자신을 역할로만 다루어지는 것이 아니라 온

---

22) 정성훈, 「현대 도시의 삶에서 친밀공동체의 의의」, 『철학사상』 제41호, 2011, 364쪽.
23) 김혜경, 「'가족 이후'의 대안적 친밀성: 비혼 청년층의 공동주거 사례를 통해 본
   돌봄과 우정의 공동체 실험」, 『한국사회학』 제51집 제1호, 2017, 185쪽.

전한 하나의 인격으로 존중받는다는 느낌을 가지게 될 것이며, 이것
이 공동체 형성의 강력한 동인이 될 것이다.

4. 사회의 기능체계들에 대한 맞 – 기능 공동체 형성

1) 사회의 기능체계들

루만은 포괄적인 사회적 체계인 사회가 경제, 정치, 법, 학문, 교
육, 예술, 종교 등의 하위체계들 혹은 기능체계들로 분화되어 있다고
본다. 그는 현대 사회의 주요 기능체계들은 고유한 코드와 프로그램
을 갖춘 자기생산적 체계라고 말한다. 자기생산적 체계는 에너지의
차원에서는 외부에 의존하지만 그 요소들의 차원에서는 외부와의 직
접 접촉 없이 자신의 요소들을 스스로 생산하는 체계이다.

그래서 루만은 이런 체계가 작동상 닫혀 있다고(operational closed)
말한다. 이러한 작동상의 폐쇄가 하나의 자기생산적 체계가 다른 체
계들에 의존하지 않는다는 것을 뜻하지는 않는다. 루만은 한 체계의
'작동상의 폐쇄'와 그 체계들 간의 '구조적 결합(structural coupling)'을
뚜렷이 구별해야만 현대 사회의 기능체계들이 갖는 자율성과 의존성
을 동시에 파악할 수 있다고 본다.24)

예를 들어, 법체계는 합법/불법을 코드로 한 법적 소통들의 폐쇄적
연관이다. 이 연관은 정치적 소통들(예: 행정 집행)이나 경제적 소통들

---

24) 더 자세한 이론적 설명은 정성훈, 「루만의 법이론의 위상과 법의 역설 전개 고찰」,
『법과 사회』 제48호, 2015, 40~42쪽.

(법원의 비용 지급)에 의존하기는 하지만, 권력이나 화폐가 코드값의
변경(합법이 불법이 되거나 불법이 합법이 되는 변경)에 개입하는 것은
차단한다. 이렇게 작동상 닫힌 한 기능체계가 다른 기능체계들에 대
해 의존하는 방식은 '구조적 결합'을 통해서이다. 예를 들어, 법과 정
치의 구조적 결합은 "헌법을 통해 규제"[25]되며, 법과 경제의 구조적
결합은 "소유와 계약"[26]으로 이루어진다. 이러한 구조적 결합은 결합
된 각 기능체계들의 고유한 기능과 코드는 침해하지 않되 환경에서
교란 효과를 낳는다. 예를 들어, 경제의 성장은 민사소송의 증가로
법을 교란시키지만[27] 경제가 합법과 불법을 결정하지는 못한다.

루만이 이런 하위체계들의 명칭을 '기능'체계라고 부르는 것은 이
체계들이 사회의 문제들 중 특정 문제들의 해결을 전담하고 있기 때
문이다. 수학에서 여러 함수(function)들이 주어진 x값에 대해 다른 해
답을 내놓듯이, 정치, 경제, 법, 과학, 교육, 예술, 종교 등등은 모두
사회의 문제들에 대해 어떤 특정한 값을 내놓는 기능을 한다.

루만은 경제의 기능을 "희소성 조건에서 미래의 공급 보장", 정치
의 기능을 "집단적 구속력을 갖는 결정의 수용력 마련", 법의 기능을
"규범적 기대의 안정화", 교육의 기능을 "사회화를 넘어선 교육을 통
한 경력의 산출" 등으로 규정한다. 그런데 기능은 본질이나 이념과는
다르다. 예를 들어, 누군가 교육이란 무엇인가라고 물으면 흔히 '지
덕체를 갖춘 인간의 양성' 같은 교육의 이념을 말할 것이다. 하지만

---

25) 니클라스 루만, 『사회의 사회』, 새물결, 2014, 896쪽.
26) 위의 책, 897쪽.
27) 위의 책, 898쪽.

그런 훌륭한 인간의 양성은 현대 사회에서 교육만 전담하고 있는 기능이 아니다. 학교를 다녀야만 인간이 훌륭해지는 것도 아니고 인간을 훌륭하게 만드는 것이 교육을 통해서만 가능한 것도 아니기 때문이다. 그리고 정치의 본질에 관해 어떤 사람은 '국민의 안전과 권리를 보장하는 것'이라고 말할 수 있다. 하지만 우리의 안전과 권리를 정치만 보장하는 것은 아니며, 때로는 정치가 안전과 권리를 침해한다.

 따라서 정치, 경제, 교육 등을 기능체계로 규정하는 것은 그 영역들만이 전담하고 있는 문제들에 초점을 맞춘다는 것을 뜻한다. 그리고 이러한 특화 혹은 전문화 덕택에 현대 사회의 기능체계들은 뚜렷이 분화된 자기생산적 체계들로 성립된다.

 루만은 각 기능체계가 두 가지 값으로 코드화되어 있다고 말한다. 이 체계들은 권력, 화폐, 진리 등의 매체를 통해 긍정적인 값(positive value)과 부정적인 값(negative value)으로 코드화되어 있으며, 전자에 해당하는 소통들의 수용 가능성을 높인다. 각 기능체계는 이 코드를 고수함으로써 작동상 닫힌 자기생산적 체계가 된다. 예를 들어 경제의 1차적 코드화는 가짐/갖지 않음이며, 화폐를 매체로 한 가격의 성립 이후에는 지불/비지불에 의해 2차적 코드화가 이루어진다. "지불들이 지불들을 가능하게"[28] 함으로써 자기생산적 체계로서의 경제가 성립한다. 정치는 권력우세/권력열세 혹은 여당/야당으로 코드화되어 있으며[29], 교육은 우수한 성적/열등한 성적으로, 과학은 진리/비

---

28) Niklas Luhmann, Die Wirtschaft der Gesellschaft, Suhrkamp, 1988, 65쪽.

29) 정치권력의 코드화에 관해서는 정성훈, 「비개연적 민주주의를 위한 비개연적 평화 -박근혜 대통령 퇴진 운동의 의미론」, 『사회와 철학』 제33집, 2017, 33~36쪽 참조.

진리로, 예술은 아름다움/추함과 혁신/진부 등으로 코드화되어 있다.

기능체계들은 이러한 코드화를 통해 닫혀 있지만, 코드값을 할당하는 프로그램들을 통해 환경의 변화에 반응한다. 예를 들어, 경제체계에서 지불 소통의 여부를 결정하는 프로그램은 '가격'이다. 경제는 사회내재적 환경, 즉 비경제적 소통들과 사회의 환경, 즉 소통 자체가 아닌 것, 이 두 가지 환경에 관한 정보를 처리해야 한다. 그래서 지불/비지불의 코드화를 통해 작동상 닫혀 있는 경제체계가 "자신의 환경에 미치는 영향을 자신의 소통 속에 재도입하는 것"의 근거는 "가격의 불안정성"을 통해서이다.[30] 지불 소통들의 연관으로서의 경제 자체는 소비자의 마음을 읽을 수도 없고 화석연료의 잔존량을 파악할 수도 없지만, 가격의 상승과 하락을 통해 지불 여부를 조절함으로써 환경을 자신 안에 끌어들인다. 그래서 루만은 '시장'을 "경제체계의 내적 환경"[31]으로 규정한다. 이것은 경제체계가 그로 인해 영향을 받는 환경, 예를 들어 인간의 살림살이에 대해 내적 환경인 시장을 관찰하는 방식으로만, 즉 소비시장에서의 가격 변화 등을 통해 간접적으로만 파악할 수 있다는 것을 뜻한다.

기능체계로서의 경제에 대한 이러한 설명은 현대 사회의 경제가 원활한 공급 보장 기능을 하면서 지불들이 계속 이어지기만 하면 굴러간다는 것, 그리고 그런 성공을 맹목적으로 추구하는 경향이 있다는 것을 뜻한다. 그래서 이런 맹목적 자기생산 과정에서 공급받지 못

---

30) Niklas Luhmann, Die Wirtschaft der Gesellschaft, Suhrkamp, 1988, 39쪽.
31) 위의 책, 43쪽.

하는 사람들, 소유하고 지불하지 못하는 사람들을 배제하기 쉽다는 것을 뜻한다. 또한 경제의 중심부에서 경제의 수행성만을 고려하는 조직들(영리기업들)은 시장만 관찰할 뿐이며 가격 프로그램에 따라서만 지불 여부를 결정한다는 것을 뜻한다. 그런 조직들은 자신들의 지불 혹은 비지불이 경제의 환경에 있는 인간들에게 어떤 효과를 미치는지에 대해 무관심하기 쉽다.

기능체계로서의 교육 또한 마찬가지이다. 교육의 중심부에 있는 조직들(학교들)은 성적 우수자에게 졸업장과 성적표(경력)를 제공하고 낙제자를 걸러내는 것에 집중한다. 그 선별 과정에서 실질적으로 각 개인들의 인성이 도야되고 있는지, 열등한 성적을 받은 자들이 소외되고 있지는 않는지 등의 문제는 부차적인 것이 되어버린다. 여당/야당의 코드화되어 있고 선거 프로그램을 통해 코드값이 할당되며, 내적 환경으로서의 여론만 관찰하는 정치 또한 그러하다. 민심을 대변하여 모든 국민을 위해 노력하겠다는 공약으로 당선된 통치자가 실제로 그렇게 하는 경우는 결코 없다. 다수의 표를 획득하여 여당의 지위를 유지하는 것을 더 우선적인 과제로 삼는다.

그런데 이렇게 고유한 기능과 코드화를 통해 다소 맹목적으로 굴러가는 기능체계들이 마냥 해악만 끼치는 것은 아니다. 지불만 하면 신분이나 인종과 무관하게 누구에게나 공급하는 경제 덕분에 우리는 근대 이전의 어떤 사회에서보다 풍요로운 물질적 삶을 누리고 있다. 너무 심하게 제멋대로 통치하면 다음 선거에서 교체되는 대의 민주주의 정치 덕택에 우리는 매일 정치에 직접 참여하지 않고도 어느 정도 통치자들을 견제할 수 있다. 출신 가문이나 지역, 성별 등과 무관하게 능력을 선별하여 경력을 제공하는 교육 덕택에 우리는 비교적 공정한 취업 기회를 보장받을 수 있다. 그래서 우리는 '기능적 분화'라는 진화적 성취를 쉽게 포기하기 어렵다. 이 성취가 이룬 문명을 뒤로 되돌리는 걸 상상하기는 어렵다.

2) 맞 - 기능(counter - function) 경제

　기능적으로 분화된 현대 사회에 대한 총체적 부정 혹은 전면적 전복을 쉽게 상상하기 어렵다는 점을 전제로 한다면, 우리는 뚜렷한 기능적 분화 및 기능체계별 자율성으로 인해 생기는 문제들에 맞서는 동시에 보완하는 방향을 모색해야 할 것이다. 이 '대항'과 '보완'을 표현하기에 가장 적합한 영어 표현을 나는 counter-function이라고 본다. counter는 맞선다는 느낌과 counter-part의 느낌, 즉 보완의 느낌을 동시에 갖기 때문이다. 그리고 counter의 우리말 번역 표현들로 '대항', '반(反)' 등 여러 가지가 있을 수 있지만, 가장 적합한 것은 '맞'이라고 본다. 그래서 나는 '맞-기능'이라는 표현을 쓰고자 하며, 각 기능 영역과 관련해서는 '맞-경제', '맞-교육', '맞-정치' 등의 표현을 쓰고자 한다.

　현대 경제는 그것이 확립한 명확한 소유권, 그리고 원활한 지불 소통들의 연관 및 강력한 유통 능력 덕분에 과거의 자연공동체 기반 경제에 비해 수많은 사람들에게 훨씬 풍요로운 생활을 가능하게 해주었다. 하지만 현대 사회에서는 전통적 자연공동체들이 갖고 있던 나눔, 포용, 환대 등의 역량이 상실되었다. 옛날에는 흉년이나 자연재해로 인해 수많은 사람들이 굶어 죽기도 했지만 마을 전체의 소출량이 어느 정도 되는 해에는 누군가를 굶어 죽도록 내버려두지 않았다. 낯선 나그네라 하더라도 그가 마을에 해를 끼치지 않는 한 환대했다. 또한 아무리 능력이 부족하다 하더라도 농사를 비롯한 마을노동에서 철저히 배제하지는 않았다.

그런데 현대 사회는 호황기에도 집에서 굶어주는 청년들이나 가난을 비관해 자살하는 가족들을 방치한다. 장애가 있거나 근면하지 못한 자는 어떤 일도 하지 못하고 사는 경우가 많다. 여러 가지 이유로 자기가 살던 땅에서 쫓겨난 난민들은 다른 나라들에서 환대받기는커녕 입국조차 허용되지 않는 경우가 많다.

잘 기능하는 경제로 인해 일어난 이러한 상실 혹은 문제에 대처하는 것이 '맞-경제(counter-economy)'이다. 그래서 맞-경제는 이렇게 현대 경제체계의 환경에서 소외 혹은 배제되는 사람들을 포용(inclusion)하기 위한 노력이다. 또한 소유권 제도가 낳는 과도한 개인주의와 비효율적 작업 조건을 개선하기 위한 협동(cooperation)의 노력이다.

이러한 노력의 과정은 공동체를 형성하지만, 그 공동체는 전통적인 자연공동체와는 전혀 다른 성격을 갖는다. 전통적 자연공동체는 그것에 속한 구성원들의 모든 사회생활이 이루어지는 공간이었다. 그들은 그 공동체에 자유롭게 가입하거나 자유롭게 탈퇴할 수 없었다. 반면에 맞-경제 혹은 살림공동체 형성은 구성원들의 경제생활의 일부만 포괄할 뿐이다. 그들은 언제든지 탈퇴할 수 있다. 예를 들어, 소비자생협 조합원은 아무리 자신이 속한 조합을 공동체로 여기면서 열심히 참여한다 하더라도 다른 곳에서도 어느 정도의 소비생활을 한다. 그리고 탈퇴한다 해도 다른 방식의 소비생활이 가능하다.

  자유로운 가입과 탈퇴를 보장하기에 맞-경제 살림공동체 형성은
구성원들 간의 갈등에 의해 위기에 처할 수 있다. 협동조합이 나아갈
방향에 대해 수많은 이견들이 생길 수 있고, 그 이견들 간의 협상은
큰 갈등으로 치달아 조합의 해체로 마무리될 수 있다. 이런 의미에서
도 현대적 공동체는 존재가 아니라 유토피아이고 운동이다. 형식상
으로만 보자면, 협동조합이든 사회적 기업이든 모두 일반 기업과 크
게 다르지 않은 '조직'일 뿐이다. 다만 모든 구성원이 평등하게 1인
1표를 행사하는 독특한 조직이기에 협동을 이끌어내기가 쉽다. 그런
데 이 평등은 이 특수한 조직이 더욱 심하게 내부 갈등에 시달릴 가능
성도 열어준다.

3) 맞-기능 돌봄, 교육, 정치 등등

  맞-돌봄(counter-care)과 맞-교육(counter-education)도 맞-경제의 원
리와 비슷하게 맞-기능 공동체를 형성한다. 공동육아 운동은 가족-
마을 육아가 불가능해진 조건에서 사회적 육아의 문제의식, 즉 아이
들을 사회가 함께 키워야 한다 혹은 한 아이를 키우기 위해서는 하나
의 마을이 필요하다는 문제의식에서 출발했다. 이 문제의식의 일부
는 제도화된 공공 보육 및 민간 보육 서비스에 의해 수용되었다. 그럼
에도 경영자, 교사, 부모(소비자)가 전혀 다른 권한을 갖고 있기 때문
에 서로를 신뢰하고 협동하기 어려운 돌봄 시스템에서는 진정한 사회
적 육아가 불가능하다는 문제의식을 갖고 있기 때문에 공동육아 협동
조합들은 지속되고 있다.

그런데 부모의 직접 참여가 요구되는 이러한 돌봄이 전 사회의 모든 아이들을 포괄하기 어렵다는 점을 알고 있기에 공동육아 운동은 최근 대안이 되려고 하기 보다는 국공립 어린이집들을 공동육아와 비슷한 방식으로 운영하는 걸 돕기 위한 노력을 병행하고 있다. 이에 관해서는 3부 5장에서 더 자세하게 다룰 것이다.

공동체 형성과 관련해 '대안(alternative)'이라는 표현을 사용하는 경우들이 많다. 예를 들어, 대안학교는 아예 그 이름 자체에서 '대안'을 표방학고 있다. 하지만 어떤 대안학교도 스스로를 공교육의 총체적 대안이 될 수 있다고 주장하기는 어려울 것이다. 여기서 대안의 실질적 의미는 공교육에 맞서면서 공교육을 변화시키고 공교육의 폐해를 보완한다는 것일 테다. 대안학교들 중에는 선별과 경력을 중시하는 공교육 시스템을 완전히 배척하는 경우도 있다. 하지만 공교육의 혁신학교들이 대안학교의 프로그램들을 부분적으로 도입한 것을 대안교육의 성과로 평가하기도 한다. 대안(alternative)임을 표방하지만 어느 정도 맞-기능의 짝(counter-part) 역할도 한다는 걸 인정하는 것이다.

맞-교육의 방식 중에는 공교육을 보완하는 것도 있다. 초등방과후 협동조합들이 그러하다. 최근에는 초등학교에 방과후 프로그램들이 생겨서 용어상 혼란을 주고 있는데, 원래 '방과후'는 오후 시간을 사교육 대신 놀이와 체험으로 보내도록 하기 위한 공동육아협동조합 부모들에 의해 시작되었다. 그래서 혼란을 줄이기 위해 최근에는 '공동체교육'이라는 이름을 쓰기도 한다. 초등방과후 혹은 공동체교육사회적협동조합들은 대안학교를 보낼 정도로 공교육을 전면 거부하지는 않지만 적어도 아이들이 방과후 시간에는 경쟁에서 우위를 차지하기 위한 노력을 시키지는 않겠다고 다짐한 부모들이 모여 운영하는 맞-교육 공동체 형성이라고 볼 수 있다.

앞서 정치 공동체의 위험성에 대해 말했지만, 맞-정치 공동체는 그것 자체로 현실 정치권력이 되지 않는다는 점을 전제로 하면 살림공동체 형성의 일부라 할 수 있다. 기능체계로서의 정치가 여당의 자리를 차지하는 것에 집중하는 반면, 오늘날 한국의 여러 지역에서 벌어지고 있는 '풀뿌리자치운동'은 당선 자체를 목적으로 삼지 않는다. 풀뿌리자치운동은 여당과 야당으로 코드화된 대의제 민주주의 정치의 폐해를 교정하기 위해 시민들의 직접 참여와 시정 감시 활동을 벌인다. 또한 소비자생협, 공동육아협동조합 등 여러 살림공동체 형성 흐름들의 요구 사항을 시정에 반영하고자 한다.

풀뿌리자치운동이 직접 지자체 선거에 무소속 후보를 출마시키기도 하고 간혹 의원들을 당선시키기도 한다. 하지만 맞-정치로서의 풀뿌리자치운동은 그 운동이 배출한 의원들의 의정활동과 동일시될 수 없다. 의원 개인들은 재선을 노리면서 맞-정치를 어느 정도 유보할 수 있을지 몰라도, 이런 의원들을 견제하는 자치운동은 당선 자체보다는 정치에 대항하고 정치를 보완하는 활동 방향을 견지해야 한다.

4) 맞-기능 공동체 형성

루만은 "가장 중요하고 가장 규모가 큰 조직들은 기능체계들 안에서 형성되며 그렇게 해서 기능적 우선성을 떠맡는다"[32]고 말한다. 경제에서 대기업들, 정치에서 정당들, 교육에서 공식 학교 등이 그러하다. 하지만 루만은 "단 하나의 기능체계도 자신의 고유한 통일성을 조직으로서 획득할 수 없다"[33]고 말하며, "교육은 항상 학교와 대학 밖에도 있다. 의료적 치료는 병원에서만 일어나는 것이 아니다. 사람들이 '국가'라고 부르는 정치체계에서의 거대조직은 바로 국가와 관련된, 그러나 국가의 결정으로 기능하지는 않는 정치적 활동들이 성립하게 한다."고 말한다.

그렇다면 맞-기능 공동체는 기능체계들의 주변부 조직들에서 형성되는 것이고, 그런 주변부 조직들의 특징은 특정 기능체계에 기능을 위해서만 기여하지는 않을 것이다. 소비자생협들 중에는 경제적 기능만 하는 것이 아니라 교육을 매우 중요한 과제로 삼는 경우가 많으며, 지역에서 생명운동, 환경운동, 인권운동 등 여러 저항운동들을 이끄는 경우도 많다. 공동육아 협동조합들 또한 아이들의 돌봄뿐만 아니라 부모 교육 사업, 일종의 살림 경제라 할 수 있는 장터 운영 등 돌봄 외의 기능을 하기도 한다. 그래서 맞-기능 공동체는 특정 기능체계에 대한 대항과 보완을 하기도 하지만 보다 포괄적인 영역, 즉 살림 혹은 오이코스 혹은 생활세계라는 다소 모호한 영역에서 활동한다고 규정할 수 있다.

---

32) 니클라스 루만, 『사회의 사회』, 960~961쪽.
33) 위의 책, 961쪽.

5. 살림공동체의 맞-기능적 기능

결론적으로 말하자면, 현대 사회의 기능체계들에 대한 대항과 보완을 하는 맞-기능은 살림 공동체 형성을 통해 활발하게 이루어질 수 있다. 물론 맞-기능 혹은 맞-기능보다 더 저항적인 기능은 항의운동들을 비롯해 다른 종류의 사회적 체계들을 통해서도 이루어질 수 있다.

그럼에도 살림살이의 절박한 '필요'로부터 형성되는 살림 공동체들은 항의운동 등 다른 사회적 체계들에 비해 지속성과 확장성이 크다. 특히 협동과 포용의 긴장 및 자립과 제도화의 긴장을 잘 유지하는 살림 공동체 운동은 현대 사회의 기능체계들이 잘 기능함으로써 일으키는 역효과들에 '대항'하고 '보완'하는 데서도 큰 맞-기능을 할 수 있다.

2부
한국 천주교 생활공동체의 연원

3장
지주전호제의 확대와
다산의 여전제 구상

1. 혼란한 세상과 상생의 공동체

1) '상생(相生, 서로 살림)의 공동체'를 찾아서

앞에서 우리는 한국 현대의 대표적인 소비자협동조합의 한 형태인 '한살림 공동체'의 운영 원리와 실태를 포함하여, 다양한 철학적, 종교적, 사상적 기원에서 비롯된 세계 각지의 다양한 형태의 협동조합의 조직 이론 및 그 운영의 원리에 대하여 고찰해보았다. 필자가 이 책의 제3장과 4장에 걸쳐서 서술하고자 하는 것은 천주교 생활공동체 내지 대안공동체의 전통에 대한 것이다. 이러한 천주교 공동체는 1980년대 중반 이후부터 '모심'과 '살림'이라는 원칙에 입각하여 그 활동을 전개해오고 있는 '한살림 공동체'와 그 상생(相生)의 정신에서 대강의 취지를 같이 하지만, 동시에 그 사상적 기원을 달리하는 것이다.

21세기 초 세계적 금융위기로 고조된 신자본주의 폐해를 극복하기 위해 최근 우리사회에서는 대안적 경제질서, 사회조직으로서 협동조합, 마을기업, 사회적 기업 등이 활발하게 거론되고 있다. 본고는 이러한 대안 공동체의 사상사적 맥락의 한 줄기를 18~20세기에 걸친 한국사의 전개과정에서 나타난 천주교 신앙공동체의 특성에서 찾아보고자 한다.

필자는 제3장에서 조선 후기 향촌사회의 피폐와 혼란을 초래한 근본적 원인을 토지소유의 불균형에서 비롯된 전제(田制)의 문란으로 보고, 이를 근본적으로 대체할 '혁신적 대안'으로 제시된 다산 정약용의 여전제(閭田制) 토지제도 개혁안의 서학적(西學的) 요소 내지 천주교 생활공동체의 운영원리에 대해서 먼저 검토해본다.

이어서 제4장에서는 여전제에 나타난 생활공동체의 운영원리가 박해시대 천주교 신자들만의 고립된 신앙공동체인 교우촌, 공소에서 실제로 어떻게 운영되고 있었는가에 대해서 살펴본다. 그리고 그 결론으로 20세기 후반부터 세계적 신자유주의 경제질서로 편입되면서 한국사회가 직면하게 된 재화와 소득의 극단적 불균형과 이로 인해 발생한 다양한 사회 문제들을 치유할 보완적 대안에 대해 약간의 소견을 피력하고자 한다. 이를 위해서 현대에 와서 한국과 전 세계의 가톨릭교회가 제시하여 실천해가고 있는 생산, 소비, 금융 등 각 분야에서의 협동조합 운동이 나아가고 있는 방향과 문제점들을 체계적으로 점검해야 할 것이지만 이는 본서의 제5장과 6장에서 구체적으로 서술되고 있으므로 여기서는 생략한다.

필자는 박해시대부터 한국의 교우촌, 공소를 통해 이어 내려온 천

주교 생활공동체의 전통을 어떻게 계승, 활용하여 한국의 협동조합
운동이 당면한 난제들을 풀어갈 것인가에 대해서만 약간의 의견을 제
시할 것이다. 본고의 제3장과 4장에서 활용된 주된 자료는 조선 후기
의 관찬 연대기에 속하는 실록, 일성록, 승정원일기 등과 여유당전서
등 문집과, 교회 측의 시복재판자료로 활용된 증언록, 선교사보고서
등이다.

2) 200년전 다산이 살던 시대의 잦은 재해와 기근, 그리고 백성의 유랑

조선시대에는 잦은 가뭄과 홍수 및 이에 따른 기근과 전염병 등으
로 백성의 삶은 매우 피폐해져서 종종 목불인견(目不忍見)의 극단적
인 경우에 몰리는 경우도 있었다. 다산은 다음과 같이 기술했다.

다북쑥 캐고 또 캐지만	采蒿采蒿
다북쑥이 아니라 제비쑥이라네	匪蒿伊菣
명아주도 비름도 다 시들고	藜莧其萎
자귀나물은 떡잎도 안 생겨	慈姑不孕
풀도 나무도 다 타고	芻楢其焦
샘물까지도 다 말라	水泉其盡
논에는 우렁이도 없고	田無田靑
바다에는 조개 종류도 없다네	海無蠯蜄
......	
남편 유랑길 떠났거니	夫壻旣流
나 죽으면 누가 묻을까	誰其殣兮
오 하늘이여	嗚呼蒼天

왜 그리도 봐주지 않으십니까	曷其不懲
......	
돌아와 죽을 쑤니	歸焉鬻之
아귀다툼 벌어지고	爲饔爲饕
형제간에 서로 채뜨리고	兄弟相攫
온 집안이 떠들썩하게	滿室其囂
서로 원망하고 욕하는 꼴들이	胥怨胥詈
마치 올빼미들 모양이라네	如鴟如梟1)

위 시는 다산이 강진의 초당에 있을 때 쓴 시로서, 심한 가뭄으로
들판에 푸른 채소나 나물 종류가 거의 다 말라서 비틀어지고, 다만
땅속에 뿌리박은 다북쑥을 캐서 그것으로 죽을 끓여 간신히 연명하던
슬프고 괴롭고 답답한 일상을 표현한 것이다. 이런 때는 모내기도 못
하고 이미 파종하여 싹이 난 모를 뽑아버리고 가뭄에도 견디는 메밀
과 같은 작물을 심어야 한다. 그 마저도 종자가 없어서 발만 동동 구
르게 되는데, 뿌릴 씨를 구해주겠다고 장담하던 관가에서는 백성들
을 으르고 다그치기만 할 뿐 아무런 대안도 마련해주지 못하는 경우
가 허다했다.2)

넓고 넓은 논이	漠漠水田
먼지만 풀풀 날려	堀堁其飄
어린 모 뽑아버리고	言拔其穮

---

1) 다산시문집 제5권 「채호(采蒿)」.
2) 다산시문집 제5권 「교맥(蕎麥)」.

메밀씨 뿌리라네　　　　　　　　　　言播其蕎
집안에 없는 메밀　　　　　　　　　　蕎不家儲
시장에 가도 살 수 없어　　　　　　　亦罔市貿
......
메밀씨는 주지 않고　　　　　　　　　蕎不我予
우리들만 독촉하면서　　　　　　　　而督我尤
메밀씨 뿌리지 않으면　　　　　　　　汝不播蕎
나는 벌을 내리리니　　　　　　　　　我則有罰
흰 몽둥이 붉은 곤장에　　　　　　　　白棓朱杖
네 살점 떨어지리라 하네　　　　　　　汝膚其割
아 하늘이시여　　　　　　　　　　　嗚呼蒼天
우리를 왜 이대로 둡니까　　　　　　　胡不予察
메밀이나마 심지 않으면　　　　　　　蕎之不播
우리는 살 길이 없는데　　　　　　　我則罔活
그래도 우리 탓만 하며　　　　　　　而以咎我
호령이 벽력 같네　　　　　　　　　如雷如霆
고기죽 안 먹는다고　　　　　　　　肉糜不食
그 벌도 줄 것인가　　　　　　　　將亦有刑
메밀종자 대주라고　　　　　　　　蕎之授種
조정 명령 내렸건만　　　　　　　　令出朝廷
그 명령은 안 따르고　　　　　　　曾莫欽遵
우리 임금을 속이다니　　　　　　　欺我聖明

　이처럼 당시 백성의 어려운 삶을 곤궁한 지경으로 몰고 간 것은 유능한 목민관이 없었던 때문이다. 이럴 경우 백성은 관장과 임금까지 원망하게 된다. 굶주린 백성들은 자신들을 구제해주는 곳을 향해 정처 없는 유랑에 나서게 된다.

짝지어 다니는 두 아이	有兒雙行
한 애는 쌍상투 한 애는 묶은 머리	一角一羈
쌍상투 아이는 이제 겨우 말 배우고	角者學語
묶은머리 아이는 머리만 더벅더벅	羈者髫垂
어미 잃고 울면서	失母而號
저 갈림길에 있네	于彼叉岐
……	
애는 깊이 잠이 들고	兒旣睡熟
나도 죽은 듯 잠들었다가	我亦如尸
잠을 깨고 살펴보니	旣覺而視
엄마가 거기 없었다오	母不在斯
이렇게 말하다 또 울다가	且言且哭
눈물 콧물 범벅이네	涕泗漣洏
해가 지고 어두워지면	日暮天黑
뭇 새들도 집 찾아드는데	栖鳥群蜚
떠도는 이 두 아이들	二兒伶俜
찾아들 집이 없네	無門可闚
불쌍한 이 백성들이	哀此下民
천륜마저 다 잃었는지	喪其天彝
부부 사이도 사랑을 못하고	伉儷不愛
어미도 제 자식 사랑 않고	慈母不慈3)

---

3) 다산시문집 제5권 「유아(有兒)」.

농업을 기반으로 한 조선왕조의 사회질서가 가뭄과 이에 따른 기근 및 관리들의 무사안일주의(無事安逸主義)란 악재 등으로 크게 흔들리고 있었던 것이다. 다산 정약용이 살던 시절의 농촌사회는 이처럼 거듭되는 자연재해에 속수무책일 경우가 많았고, 민본주의(民本主義) 이념으로 백성을 살리기 위해 최선을 다해야 할 국가와 관아에서는 백성들을 다그치고 혼낼 뿐 제대로 된 대책을 마련하지 못하여, 마침내 백성들을 길거리에 나서게 하곤 했던 것이다. 굶주린 백성들에겐 효제충신(孝弟忠信)의 윤리도덕이 아무런 힘을 쓰지 못하는 장식물처럼 여겨지고, 가족들은 이산하여 제각기 여러 곳을 떠돌아다니는 극단적인 상황이 연출되곤 했다.

이런 광경을 목도한 양심적인 지식인들은 조야(朝野)를 막론하고 조선왕조의 경국제민(經國濟民)의 기본적인 토대를 새삼 점검하게 되고, 무엇이 잘못되어 이런 극단적인 지경에 몰리게 되었는지, 그리고 무슨 대책으로 이런 혼란한 사회와 백성을 안집(安楫)할 것인지 다각적으로 그 방도를 찾기 마련이었다. 젊은 시절 성균관을 통해서 유교적 왕도정치의 이상을 배우고, 충군위민(忠君爲民)의 각오를 다졌던 다산 정약용도 마찬가지였다.

2. 여전제 개혁안

1) 여전제를 구상한 시대적 배경과 다산의 현실 체험
   : 1790년대 경기도 암행어사와 곡산도호부사의 경험

　다산은 33세 때인 1794년 경기도 암행어사로 연천지방에 나가 탐관오리들의 가렴주구(苛斂誅求)에 시달리는 굶주린 백성들의 실상을 직접 목도하고서는, 백성이 도탄에 빠지고 향촌사회가 피폐하게 된 원인을 양반계급의 사욕과 탐관오리들의 이기심 때문이라고 생각했다. 그리하여 암행어사로서 탐관오리들을 적발하여 처벌하고 수령의 본분을 일깨워 주는 등 국가사회의 기강을 바로잡고자 노력했다.

　다산은 36세 때인 1797년 곡산 도호부사(谷山都護府使)로 부임하여 그가 펼쳐보려 했던 올바른 목민관(牧民官)의 역할을 다하고자 노력했다. 그는 백성들 간의 의옥(疑獄)을 공정하게 심리 판결하고, 민간의 말을 징발하던 고마전(雇馬錢)을 필요 이상으로 받아들이지 않게 했으며, 영농기금을 관리하던 보민고(補民庫)에 대한 백성의 부담을 대폭 감해주었다. 또한 호적을 자세하고 정확하게 기록하여 간사한 이서나 백성들이 농간을 부려 백성들에 대한 부담이 늘지 않도록 했고 그 자신이 근검절용(勤儉節用)을 실천함으로써 사대부 관리들의 모범이 되었다.[4]

　다산이 곡산부사로 재임하고 있던 때에 삼남지방에는 심한 흉년이 들어서 농업공황에 직면하게 되었다. 그러자 국왕 정조는 조야를 막

---

[4] 원재연, 「다산 여전제의 사회사상적 배경에 관한 일고찰」, 『교회사연구』 제10집, 한국교회사연구소, 1995.

론하고 전국의 지식인들에게 '구농서윤음(求農書綸音)'을 내리면서 각
지방관들에게도 구황에 필요한 농법과 농사기술을 기록한 농서들을
지어서 올리고 백성들을 안집할 좋은 대책을 개진하도록 했다. 이에
면천군수 박지원, 순창군수 서유구, 영평현령 박제가가 농서를 지어
올렸으며5) 곡산도호부사이던 다산도 「응지논농정소(應旨論農政疏)」
를 국왕에게 제출했다.6)

　이 농정소에서 다산은 이미 놀고먹는 유식계층(遊食階層)을 없애기
위한 방안과 정전제(井田制)의 실행 등을 위한 조건에 대해 언급하면
서 상공업보다는 농업을 장려하기 위한 대책을 개진했다. 1798년에
올린 이 농정소에서 다산은 그가 생각해오던 바, 당시 조선사회의 피
폐된 농촌을 구제하고 농정(農政)의 혁신을 위한 방안들을 골고루 기
술하였는데, 이보다 1년쯤 후에 기술한 「전론」의 여전제에서 언급할
주요한 내용들이 이미 부분적으로 등장하고 있었다. 그것은 양반계
층의 유휴노동력을 억제하여 만민개로(萬民皆勞)의 근면한 기풍을 형
성하는 가운데, 특히 백성들이 농업에 종사하도록 권면하여 농업생
산력을 향상시키는데 주력하는 것이었다. 농업생산력을 향상시켜 어
떠한 자연재해가 닥쳐와도 매년 일정한 생산량을 안정적으로 확보함
으로써, 전국의 백성들이 굶주리지 않도록 안집(安戢)하는 것이 그의
주된 목적이었던 것이다.

---

5) 김용섭, 『조선후기농업사연구Ⅰ』, 일조각, 1990, 1~15쪽.
6) 『여유당전서』 제1집 시문집 제9권 문집 「應旨論農政疏」.

2) 토지제도의 문란과 백성의 유랑에 대한 대안

다산 정약용은 그의 여전제 구상을 펼친 전론(田論)에서, 당시의 문란한 토지제도로 인한 빈부의 격차가 대단히 심각하여 굶주려서 유랑하고 있는 백성들이 부지기수인데도, 군주와 목민관이 팔짱을 끼고 수수방관(袖手傍觀)하는 상황에 대해 다음과 같이 비판했다.

어떤 사람이 있어 그의 전지(田地)는 10경(頃: 100이랑, 즉 백묘(百畝)의 지적(地積)을 말함)[7]이었고, 그의 아들은 10인(人)이었다. 그의 아들

---

7) 근대 이전 한국에서는 토지의 면적을 나타내는 단위로서 경무법(삼국~고려)과 결부법(조선)을 사용하였다. 경무법은 1경(頃)=100무(畝)=10,000보(步)이며, 1보는 성인 남자의 보폭에 해당되는 가로, 세로 각 1.2m의 크기에 해당하는 0.44평에 해당된다. 따라서 1무는 44평이고, 1경은 4,400평 정도에 해당된다. 그러나 고려후기 이후 시비법(施肥法)의 개선에 따른 연작상경(連作常耕)이 가능해지면서 생산력의 증대와 지역에 따른 토지 비옥도의 차이가 크게 나면서 이러한 경무법 대신에 수등이척(隨等異尺, 토지비옥도에 따라서 척도를 달리하는 방식)의 결부법(結負法)을 사용했는데, 이는 객관적인 토지 면적을 기준으로 하지 않고 토지에서 생산되는 수확물(곡식단 또는 낱알)의 량을 기준으로 한 단위로서 조선왕조의 과전법(科田法) 체제 하에서 확정되었다. 1결(結)=100부(負, 卜)=1,000속(束)=10,000파(把, 握)였는데, 1파는 글자 뜻대로 풀이하면 한 손으로 움켜쥐는 양(=한 웅큼)에 해당되고, 토지 등급을 상, 중, 하로 나눌 때 하등전 1결의 면적이 대략 4,184평 정도에 해당된다고 한다. 따라서 결부법에 따른 하등전 1결의 면적과 경무법에 따른 1경의 면적은 대략 엇비슷하게 된다. 결부법은 백성들에게 세금을 공평하게 부과하면서 국가의 조세수입을 증대시키려는 의도에서 창안된 제도였다. 그러나 훗날로 오면서 이 제도는 답험(踏驗)을 통해 세금 징수를 담당한 아전들, 관리들의 농간과 갖가지 부정이 개입되어 여러 가지 부작용이 많았으므로, 조선 후기의 실학자 반계 유형원과 다산 정약용 등은 다시 경무법 체제로 환원할 것을 강력히 주장했으나 조선 후기까지 결부법은 명백한 한계와 문제점을 안고 있었으나 뚜렷한 대안 없이 지속되었다. 조선 후기 이래 현재까지도 사용하고 있는 면적 단위로 논의 경우 곡식 1말(斗)을 떨어뜨려(=파종해서) 농사를 짓는 땅을 1마지기(=1斗落只)라고 하는데, 지역에 따라 토지비옥도가 다르지만 대략 150~200평 정도에 이르는 것으로 알려진다. 1마지기를 200평으로 계산한다

1인은 전지 3경을 얻고, 2인은 2경을 얻고, 3인은 1경을 얻고 나니 나머지 4인은 전지를 얻지 못하였다. 그래서 그들이 부르짖어 울고 이리저리 굴러다니다가 길바닥에서 굶어 죽는다면 그들의 부모 된 사람이 부모 노릇을 잘한 것일까? 하늘이 이 백성을 내어 그들을 위해 먼저 전지(田地)를 두어서 그들로 하여금 먹고 살게 하고, 또 그들을 위해 군주(君主)를 세우고 목민관(牧民官)을 세워서 군주와 목민관으로 하여금 백성의 부모가 되게 하여, 그 산업(産業)을 골고루 마련해서 다 함께 살도록 하였다. 그런데도 군주와 목민관이 된 사람은 그 여러 자식들이 서로 치고 빼앗아 남의 것을 강탈해서 제 것으로 만들곤 하는 것을, 팔짱을 낀 채 눈여겨보고서도 이를 금지시키지 못하여, 강한 자는 더 차지하고 약한 자는 떠밀려서 땅에 넘어져 죽도록 한다면, 그 군주와 목민관이 된 사람은 과연 군주와 목민관 노릇을 잘한 것일까? 그러므로 그 산업(産業)을 골고루 마련하여 다 함께 잘 살도록 한 사람은 참다운 군주와 목민관이고, 그 산업을 골고루 마련하여 다 함께 잘 살도록 하지 못하는 사람은 군주와 목민관의 책임을 저버린 사람이다.8)

이처럼 다산은 당시 농촌의 토지소유가 불균등하여 곤궁에 처한 백성들을 기근에서 구하고 최소한의 의식주를 마련해주는 일이 참된 목민관과 군주가 해야 할 일임을 강조하였다. 당시 전국의 전지(田地)는 대략 80만결이었고, 인구는 800만에 달했으므로, 1호당 10명의 인구가 대략 1결씩 나누어 가져야 굶주리는 사람이 없게 될 것이라고

면 1경 또는 1결은 대략 20마지기 정도에 해당된다고 할 수 있을 것이다. 조선 후기 다산 정약용이 백성들의 토지소유를 균등하게 하고 그들의 생계를 최소한도로 보장하기 위한 가이드라인으로 제시했던 1가호당 평균 1결씩의 토지는 오늘날 농촌에서 말하는 대략 20마지기 정도에 해당된다고 할 수 있다.

8) 『다산시문집』 제11권 논, 「전론」1.

다산은 생각했다.9) 그러나 당시의 현실은 극심한 토지 소유의 불균형으로 소수의 대지주가 대다수 가난한 이들의 토지마저 차지하고 있는 매우 불평등한 상황이었다.

　　지금 문관(文官)·무관(武官) 등의 귀신(貴臣)들과 여항(閭巷)의 부호(富豪) 가운데는 1호당 곡식 수천 석(石)을 거두는 자가 매우 많은데, 그 전지를 계산해 보면 1백 결(結) 이하는 되지 않을 것이니, 이는 바로 9백 90명의 생명을 해쳐서 1호를 살찌게 하는 것이다. 국중(國中)의 부호(富豪)로서 영남(嶺南)의 최씨(崔氏)와 호남(湖南)의 왕씨(王氏) 같은 경우는 곡식 1만 석(石)을 거두는 자도 있는데, 그 전지를 계산해 보면 4백 결 이하는 되지 않을 것이니, 이는 바로 3천 9백 90인의 생명을 해쳐서 1호만을 살찌게 한 것이다. 그런데도 불구하고 조정(朝廷)에서 벼슬하는 관리들이 부지런히 시급하게 서둘러서 오직 부자의 것을 덜어내어 가난한 사람에게 보태주어서 그 재산을 골고루 제정하기를 힘쓰지 않고 있으니, 그들은 군주와 목민관의 도리로써 그 임금을 섬기는 사람이 아니다.10)

당시 국왕 정조는 농촌의 피폐한 현실을 목도하고, 이를 개선하기 위한 방안을 다각도로 모색하여 전국의 관리와 재야의 선비들에게도

---

9) 지금 국중(國中)의 전지(田地)는 대략 80만 결(結)[영종(英宗) 기축년(1769)에 팔도(八道)의 현재 기간(起墾)된 수전(水田)은 34만 3천 결이고, 한전(旱田)은 45만 7천 8백 결 남짓인데, 간악(奸惡)한 관리가 빠뜨린 전결(田結) 및 산전(山田)·화전(火田)은 이 안에 들지 않는다.]이고, 백성이 대략 8백만 인구(人口)[영종(英宗) 계유년(1753)에 서울과 지방의 총 인구가 7백 30만이 조금 부족하였는데, 그 당시 숫자에 빠진 인구 및 그 사이에 나서 불어난 인구가 의당 70만을 넘지 않을 것이다.]인데, 시험 삼아 10구(口)를 1호(戶)로 쳐본다면 매양 1호마다 전지 1결(結)씩을 얻은 다음에야 그 재산이 똑 고르게 된다.

10)『다산시문집』제11권 논,「전론」1.

이 같은 토지소유의 불균등을 해소할 의견을 개진하도록 하였다. 그
리하여 조야(朝野)의 사대부는 물론이고 평민들까지 갖가지 토지제도
개혁안을 제시했는데, 그것은 대체적으로 정전법(井田法), 한전법(限
田法), 균전법(均田法) 등을 시행하자는 의견이었다. 그러나 이러한
대안들은 현실적으로 올바른 해결책이 될 수 없었다. 다산은 그의
「전론」에서 이렇게 말했다.

　　장차 정전(井田)을 할 것인가? 아니다. 정전은 시행할 수가 없다. 정전
　이란 한전(旱田)으로 하는 것인데, 수리(水利) 사업이 잘 되어서 갱도(秔
　稌 메벼와 찰벼)가 이미 맛이 있으니, 수전(水田)을 버릴 수 있겠는가? 정
　전이란 평전(平田)으로 하는 것인데, 이미 힘써 벌목(伐木)하여 산골짜기
　가 개척되었으니, 그 비탈진 나머지 전지를 버릴 수 있겠는가?
　　장차 균전(均田)을 할 것인가? 아니다. 균전은 시행할 수가 없다. 균전
　이란 전지와 인구(人口)를 계산하여 똑 고르게 나누는 것인데, 호구(戶口)
　의 늘고 줄고 하는 것이 달마다 달라지고 해마다 달라지므로, 금년에는
　갑률(甲率)로 나누고 명년(明年)에는 을률(乙率)로 나누게 됨으로써, 아
　무리 계산이 밝다 해도 그 털끝만한 차이점을 살필 수 없을 것이며, 전지
　의 비옥하고 척박한 구별은 경(頃)·묘(畝)에 제한이 없을 것이니, 이를 고
　르게 할 수 있겠는가?
　　장차 한전(限田)을 할 것인가? 아니다. 한전은 시행할 수가 없다. 한전
　이란 전지를 사되 몇 이랑까지에 이르면 더 이상 살 수 없으며, 전지를
　팔되 몇 이랑까지에 이르면 더 이상 줄일 수 없는 것이다. 그런데 내가
　남의 이름을 빌려 더 사서 보탠다면 그 누가 알겠으며, 남이 나의 이름을
　빌려 더 팔아 줄인들 그 누가 이를 알겠는가? 그러므로 한전은 시행할 수
　가 없다.
　　비록 그러나 사람들이 모두 정전(井田)은 회복할 수 없음을 알면서도

유독 균전(均田)과 한전(限田)에 대해서만은 사리(事理)에 밝고 시무(時務)를 아는 사람들도 또한 즐겨 말하니, 나는 그윽이 의혹(疑惑)이 생긴다. 그리고 대저 온 천하 사람에게 모두 농사를 짓도록 하는 일은 본디 내가 하고자 한 바이지만, 그 온 천하 사람이 모두 다 농사만을 짓지 않는다 해도 또한 이를 허가할 뿐이다. 농사를 짓는 사람에게는 전지를 얻도록 하고 농사를 짓지 않는 사람에게는 전지를 얻지 못하도록 한다면 이는 옳은 일이다. 그러나 균전(均田)과 한전(限田)은 장차 농사를 짓는 사람에게도 전지를 얻도록 하고, 농사를 짓지 않는 사람에게도 또한 전지를 얻도록 하고, 공업(工業)과 상업(商業)을 하지 않는 사람에게도 또한 전지를 얻도록 하니, 대저 공업과 상업을 하지 않는 사람에게도 또한 전지를 얻도록 한다면, 이는 바로 온 천하 사람을 거느리고 놀기를 가르치는 일이다. 진정 온 천하 사람을 거느리고 놀기를 가르치고 있다면 그 법은 진실로 진선진미하지 못한 것이다.[11]

이처럼 정전제, 균전제, 한전제 등은 대다수의 사대부들이 국왕의 구농윤음(求農綸音)이 있을 때마다 수시로 제기한 방안이었지만, 당시 조선의 현실에서 실현 불가능한 일이었음을 조정의 관리들은 물론 국왕도 이미 잘 알고 있었다. 영조는 한전법의 시행을 위해서 선행되어야 할 부자의 토지매입에 드는 막대한 재원을 조달하기가 현실적으로 불가능하다는 이유로, 정조는 균전제를 시행하게 될 경우 부딪히게 될 각 지역 세력가들의 반발이 만만치 않을 것임을 고려하여 쉽사리 사대부들이 제기한 전제개혁안에 동의하지 못하고 있었다.[12] 이

---

11) 『다산시문집』 제11권 논, 「전론」2.
12) 『영조실록』 권51, 영조16년 2월 갑신; 『정조실록』 권8, 정조3년 11월 병오.

러한 현실적 제약을 극복하면서 백성들의 생계를 안정적으로 꾸려나
갈 현실적인 대안이 제시되어야만 했다. 다산이 생각한 토지제도 개
혁안은 '경자유전'(耕者有田)의 자영농(自營農, 自作農) 육성대책이었
고, 일하지 않고 먹고 한가하게 노는 유식자(遊息者)가 없도록 하는
'만민개로'(萬民皆勞)의 대책이었다.

<u>이제 농사를 짓는 사람에게는 전지를 얻도록 하고, 농사를 짓지 않는
사람에게는 전지를 얻지 못하도록 한다면, 여전(閭田)의 법(法)을 시행하
여야만 나의 뜻을 이룰 수 있을 것이다.</u> 무엇을 여전(閭田)이라 하는가?
산골짜기와 천원(川原)의 형세를 가지고 경계[界]를 그어 만들고는, 그 경
계의 안을 여(閭, 마을, 마을의 문)라 이름하고 주(周) 나라 제도(制度)에
25가(家)를 1려(閭)라 하는데, 이제 그 이름을 빌려 대략 30(家)에서 약간
나가고 들어감이 있게 하고, 또한 반드시 그 율(率)을 일정하게 하지는 않
는다. 여(閭) 셋을 이(里)라 하며, [『풍속통(風俗通)』에 의하면, 50가(家)
를 1리(里)라 하는데, 이제 그 이름을 빌렸으나, 반드시 50가(家)로만 하
지는 않는다.] 이(里) 다섯을 방(坊) [방(坊)은 읍리(邑里)의 이름으로, 한
(漢) 나라 때에 구자방(九子坊)이 있었는데, 지금 우리나라 풍속에도 또한
이것이 있다.]이라 하고, 방 다섯을 읍(邑)[주(周) 나라 제도에 4정(井)을
읍(邑)이라 하였는데, 지금은 군(郡)·현(縣)의 소재지(所在地)를 읍이라
한다.]이라고 한다. <u>여(閭)에는 여장(閭長)을 두고 무릇 1려(閭)의 전지(田
地)는 1려의 사람들로 하여금 다 함께 그 전지의 일에 종사하되, 피차(彼
此)의 강계(疆界)가 없이 하고 오직 여장(閭長)의 명령만을 따르도록 한
다. 매양 하루하루 역사(役事)할 때마다 여장(閭長)은 그 일수(日數)를 장
부(帳簿)에 기록하여 둔다. 그래서 추수(秋收) 때에는 그 오곡(五穀)의 곡
물(穀物)을 모두 여장의 당(堂)[여(閭) 안의 도당(都堂)이다.]에 운반하여
그 양곡(糧穀)을 나누는데, 먼저 공가(公家, 조정)의 세(稅)를 바치고, 그</u>

다음은 여장(閭長)의 녹(祿 봉급)을 제하고, 그 나머지를 가지고 날마다 역사(役事)한 내용대로 장부(帳簿)에 의해 분배(分配)한다. … 노력(努力)을 많이 한 사람은 양곡을 많이 얻게 되고 노력이 많지 않은 사람은 양곡을 적게 얻게 되니, 그 힘을 다하여 많은 양곡을 타려고 하지 않을 사람이 있겠는가? 사람들이 모두 그 힘을 다함으로써 토지에서도 그 이익을 다 얻게 될 것이다. 토지의 이익이 일어나면 백성의 재산이 풍부해지고, 백성의 재산이 풍부해지면 풍속(風俗)이 순후해지고 효(孝)·제(悌)가 행해지게 될 것이니, 이것이 전지(田地)를 다스리는 가장 좋은 방법이다.[13]

다산의 이 같은 여전제 토지제도 개혁안[14]은 오순삼대(堯舜三代)를

---

13) 『다산시문집』 제11권 논, 「전론」3
14) 다산 여전제에 대한 그간의 연구성과는 상당하다. 윤용균, 「다산의 井田考」, 『윤문학사유저』, 1933; 홍이섭, 『정약용의 정치경제사상연구』, 한국연구원, 1959; 朴宗根, 「다산 정약용 토지개혁사상 고찰 -경작능력에 응하는 토지분배를 중심으로 -」, 『조선학보』 28, 1963; 정석종, 「다산 정약용의 경제사상 -그의 전제개혁안을 중심으로-」, 『이해남박사화갑기념사학논총』, 1970; 유원동, 「다산의 田政論考」, 『유홍렬박사회갑기념논총』, 1971; 김용섭, 「18~9세기 농업실정과 새로운 농업경영론」, 『한국근대농업사연구』, 일조각, 1975; 신용하, 「조선후기 실학파의 토지개혁사상」, 『한국사상대계 Ⅱ』, 성균관대학교 대동문화연구원, 1976; 신용하, 「다산 정약용의 여전제 토지개혁사상」, 『정다산연구의 현황』, 민음사, 1986; 강재언, 「정다산의 서학관」, 『다산학의 탐구』, 민음사, 1990; 한영우, 「정약용의 여유당전서」, 『우리 역사와의 대화』, 을유문화사, 1991; 고승제, 『다산을 찾아서』, 중앙일보사, 1995; 高橋亨, 「조선학자의 土地平分說과 共産說」, 『服部선생고희축하기념논문집』, 1936; 최익한, 『실학파와 정다산』, 1955; 김영수, 「북한의 다산연구시각」, 『동아연구』 19, 서강대 동아연구소, 1989; 원재연, 「다산 여전제의 사회사상적 배경에 대한 일고찰」, 『교회사연구』 10, 한국교회사연구소, 1995; 원재연, 「18세기 후반 정약용의 서학연구와 사회개혁사상」, 『교회사학』 9, 수원교회사연구소, 2012. 이 중에서 거의 대다수의 논문들이 다산 여전제의 기원을 원시 유학과 관련짓고 있으며, 강재언(1990), 원재연(1995, 2012) 등은 서학과의 상관성을 논하고 있다. 또 高橋亨(1936), 최익한(1955), 김영수(1989) 등은 공상적 사회주의 사상과 관련하여 언급한다. 신용하(1986)는 다산 여전제가 특히 독창적임을 강조한다.

그 이상으로 하는 원시유학적(原始儒學的, 洙泗學的) 사고에서 나온
발상으로 해석할 수도 있지만, 그가 중앙과 지방의 관직생활을 하던
40대 이전의 젊은 시절에 즐겨 읽었던 서학서(西學書, 천주교서)에서
습득한 '평등'과 '균분'의 이념을 발췌하여15), 불평등하고 불균등한
당시 조선사회를 개혁하는 데 적용함으로써 '억강부약(抑强扶弱)'의

---

15) 다산의 서학사상과 관련된 그간의 연구성과는 다대하다.『다산 정약용의 서학사상』
(다섯수레, 1993)은 다산 서학과 관련된 여러 학자들의 연구성과를 묶어놓은 대표적
인 단행본(공저)이다. 이외에도 서학을 비롯한 다산의 학문을 포괄적으로 다룬『정다
산과 그 시대』(열음사, 1986),『다산학의 탐구』(민음사, 1990) 등 단행본 공저가 있다.
한편 단독 단행본으로는 홍이섭,『정약용의 정치경제사상연구』, 한국연구도서관,
1959; 김옥희,『한국천주교사상사Ⅱ-다산 정약용의 서학사상연구-』, 순교의맥, 1991;
고승제,『다산을 찾아서』, 중앙일보사, 1995; 정병련,『다산 四書學 연구』, 경인문화사,
1994; 금장태,『다산실학탐구』, 태학사, 2001; 금장태,『정약용』, 성균대학교출판부,
2002; 장승구,『정약용과 실천의 철학』, 서광사, 2001; 김영일,『정약용의 상제사상』,
경인문화사, 2003 등이 있다. 다산의 서학과 관련된 연구논문으로는 강재언,「정다산
의 서학관」,『조선의 서학사』, 민음사,1990; 차기진,「다산의 서학 인식배경과 서학관」,
한국정신문화연구원 한국학대학원논문집 8집, 1993; 김정상,「다산 정약용의 서학수
용에 관한 일연구:「천주실의」에 대한 이해를 중심으로」, 인하대 교육대학원 석사학위
논문, 1998; 금장태,「다산의 사상에 있어서 서학의 영향과 그 의의」,『서원 방용구박
사 화갑기념논총』, 동 발간위원회, 1975; 김상일,「정다산의 자연관과 서학의 창조신
앙」,『기독교사상』19권, 대한기독교서회, 1975; 하우봉,「정다산의 서학 관계에 대한
일고찰」,『교회사연구』1집, 한국교회사연구소, 1977; 박동옥,「목민심서에 나타난
다산의 서학사상」,『성심논문집』26집, 성심여대, 1994; 한형조,「다산과 서학 : 조선주
자학의 연속과 단절」,『다산학』3집, 다산학술문화재단, 2001; 나일수,「다산 실학의
서학적 배경」,『다산학』3집, 다산학술문화재단, 2002; 정인재,「서학과 정다산의 성기
호설」,『다산학』7호, 다산학술문화재단, 2005; 손흥철,「조선후기 천주교 수용의 학술
사적 의미 고찰 - 다산 정약용과 신서파, 공서파를 중심으로-」,『다산학』9호, 다산학
술문화재단, 2006; 조 광,「다산 정약용의 사상」,『조선후기 사상계의 전환기적 특징』,
경인문화사, 2010; 조 광,「정약용의 민권의식 연구」,『조선후기 사상계의 전환기적
특징』, 경인문화사, 2010; 원재연,「다산 여전제의 사회사상적 배경에 대한 일고찰」,
『교회사연구』제10집 등이 있다.

공정한 사회를 이루고자 하는 독특한 제안이었다.

3. 억강부약의 사상과 정의로운 세상

1) 억강부약(抑强扶弱, 강한 자를 절제하고 약한 자를 부양함)의 개혁사상과 서학의 가르침

이 같은 다산의 「여전제」는 그가 1801년 신유박해를 당하여 전라도 강진으로 유배 간 이후에 편찬한 『경세유표』에서는 「정전제」로 변화하게 되는데[16], 이는 그의 개혁적 사고의 변화라는 측면에서 보면 다소 원론적이고 보수적인 쪽으로 후퇴한 것으로 평가된다.[17]

---

16) 이와 관련하여 조 광 교수는 다산의 토지제도 개혁사상은 전론(1798년)이 작성되던 여전제 단계와 『경세유표』에서 정전제를 주장하던 두 단계로 구분된다고 했다. 조광, 위 단행본(2010), 467쪽.

17) 다산은 1817년에 저술한 『경세유표』 제1권 「지관 호조」에서 "경전사(經田司)"를 설치할 것을 주자하면서 정전제의 실시를 건의했는데, 그 주요 내용을 간추리면 다음과 같다. "… 위로는 나라를 가난하게 하고 아래로는 백성을 벗겨내어 그 중간에서 살찌는 자는 탐학한 관원과 간활(奸猾)한 아전들이니 어찌 원통하지 않은가? 옛날 성인은 그렇게 될 것을 알고, 정전(井田)하는 법을 마련해서 그 간사함을 미리 막았던 것이다. … 다만 옛적에는 밭뿐이었는데 지금은 논[水田]이 많으며, 또 우리나라 지세는 산림이 많고 원야(原野)가 적으니 정전은 진실로 할 수가 없다. 그러나 한 가지 방법이 있어, 정전 모양은 없으면서 정전 같은 실효는 거둘 수 있게 되니 어찌 좋지 않겠는가? 전지 10결마다 그 중 한 결은 공전(公田)으로 만들고 나머지 아홉 결은 사전(私田)으로 만든 다음, 아홉 결을 받은 농부에게 공전 한 결을 함께 가꾸어서 국세(國稅)에 충당하도록 하고, 사전 아홉 결에는 부세를 없애서 죄다 자기 집에 들이도록 하면, 이것이 바로 정전이다. 바삐 한 관청을 세우고 경전사(經田司)라 명칭하여, 공전을 관리하도록 하는 법은 늦출 수 없다고 생각한다." … 이상의 내용을 통해서 보면 정전제는 여전제와 달리, 여전제에서 '여(마을)' 단위의 토지 공동소유라는 측면은

다산의 여전제 토지제도 개혁안에서 서학 또는 천주교와 관련된
사상을 추려서 정리해보면 다음 표 1과 같다.[18]

표 1. 다산 여전제와 서학서의 관련 내용 비교

	다산의 「전론」 여전제	서학서(天主實義, 眞道自證)
재산공유	「전론」 3 : 一閭之人 咸治厥事 無此疆爾界(*한 '여'안의 백성들은 그 일을 함께 도모하며 자신의 농토를 구분하지 않는다.)	「천주실의」 제8편 : 尊敎之在會者 無私財 而各友之財 共焉(*당신들의 천주교 수도회에서는 개인의 재산이 따로 없으며 교우들이 함께 재물을 공유한다고 합니다.)
만민개로 (萬民皆勞)	「전론」 5 : 士何爲游手游足(*선비라고 해서 어찌 손과 발을 놀릴 수 있겠는가?)	「천주실의」 제3편 : 壯則各有所役 無不苦勞 … 士人晝夜 劇神殫思焉(장정들은 각각 맡은 바 노역이 있어서 괴롭고 수고로움이 없지 않다. … 선비도 밤낮으로 정신노동에 힘쓴다.)

배제되었고, 여장의 지휘 아래 노동을 계획관리하는 것도 9분의 1일로 축소된 공전
(公田)에서만 적용되는 등의 차이점이 있음을 알 수 있다. 그러나 각자가 노력한
만큼 수확물을 얻게 한다는 여전제의 원칙은 정전제를 통해서도 그대로 실현될 수
있게 된다. 각자의 사전은 각자가 경작하여 각자가 소유하는 것이기 때문이며, 공전
의 수확은 그대로 국가에 세금과 관장의 봉급으로 납부할 수 있기 때문이다. 다시
말하면 정전제는 여전제의 토지의 공동소유 방식을 토지사유제로 바꾸고, 노동의
계획관리를 크게 축소하여 개별 농민들의 자율적 경영에 맡기는 방식이었다고 할
수 있다. 따라서 토지소유의 불평등을 어느 정도 개선할 수는 있겠으나, 토지 등
주요 생산기재의 사유가 초래할 각자 최대 이윤의 추구 및 이로 인한 상호경쟁과
예의염치(禮義廉恥)의 상실 등이 초래되면 또다시 토지소유의 불균등이 오게 될 가
능성이 다분하다는 점에서 그 혁신적 사고가 여전제보다 다소 후퇴했다는 평가를
면치 못하게 되는 것이다. 그러나 정전제 역시 여전제와 마찬가지로 농민 간의 협동
과 연대의 원칙이 그 실시의 기본 전제조건이 된다는 점에서 여전히 공통점을 지니고
있으며, 상당한 기간 동안 우호적이지 않는 보수적 여론에 맞서 그들을 합리적으로
설득하고, 체계적으로 여러 가지를 준비하는 국가적 노력이 필요하다는 점에서 개혁
적인 조건을 갖추고 있다고 할 수 있다.

18) 원재연 앞의 글(1995)의 표 1, 2 및 원재연(2012)의 표 2의 내용을 종합하여 재작성
했다.

백성의 직업	「전론」 5 : 農…工…商…士 (*농업, 공업, 상업, 선비의 순서로 서술)	「천주실의」 제3편 : 農夫…客旅…百工…士人(농부, 상인, 장인, 선비의 순서로 서술)
노동계획관리	「전론」 3 : <u>事無自專 每聽長者之命焉</u> (*무슨 일이든 백성이 마음대로 하는 것이 아니라 매번 관장의 지시에 따릅니다.)	「천주실의」 제8편 : <u>事無自專 每聽長者之命焉</u>(*무슨 일이든 개인이 마음대로 하는 것이 아니라 매번 장상의 지시에 따릅니다.)
평등의 원칙	「전론」 1 : 能均制其産而竝活之者 君牧者也(*능히 그 재산을 균등하게 제어하여 모두가 함께 살도록 하는 자가 임금과 목민관이다.)	「진도자증」 권3 : 無論大小遠近富貴貧賤之不同 皆當以愛體之(대소, 원근, 부귀, 빈천의 같지 않음을 따지지 않고 모두가 마땅히 사랑으로 내몸처럼 대해야 한다.)

위의 표 1에서 보면 다산이 구상한 '여전제' 토지개혁안은 재산의 공동소유, 모든 사람의 노동, 균등분배의 원칙, 백성의 직업 순서 등에서 『천주실의』, 『진도자증』 등 서학서의 해당 내용과 유사한 점이 많으며, 노동의 계획관리는 양쪽 문헌의 글자(한문)까지 완전히 일치한다.

다산은 1784년부터 1791년까지 대략 8~9년간 당시 조선의 사대부들 간에 풍조(風潮, 시대의 유행)로 여겨지던 서학서를 읽었는데, 그의 기록을 통해서 살펴보면 『천주실의(天主實義)』, 『칠극(七克)』, 『진도자증(眞道自證)』, 『만물진원(萬物眞源)』, 『성세추요(盛世芻蕘)』 등의 서적을 탐독한 것으로 나타난다.[19] 특히 4~5년간 천주교에 전심(專心)하여 학습하던[20] 중에 읽었던 『진도자증』에는 「전론」과 같은 시기에 지었던 「탕론(蕩論)」, 「원목(原牧)」 등에서도 언급된 바 있는, 백

---

19) 원재연 앞의 글(2012) 199쪽.
20) 『여유당전서』 제1집 시문집 제9권 문집 소(疏); 「辨謗辭同副承旨疏(丁巳)」.

성들이 추대하여 최고 지도자를 뽑는 일종의 '상향식 민주주의' 선거
방식에 대해서 언급하고 있음이 주목된다. 다산이 지은 「원목」과 「탕
론」에는 "태고 적에는 백성만이 있었을 뿐 목민관이 없었는데, 나중
에 백성들이 필요에 의해 목민관 또는 천자를 공동으로 추대했다"고
기술되어 있다.[21] 이 부분은 다산이 서양의 천주교회가 교황(敎皇)을
선출하는 방식이 기록된 『진도자증』의 내용을 보고, 이와 유사한 사
례로, 중국 고대의 요순(堯舜) 임금이 백성들에 의해서 추대되었던 사
실을 기억하여 이처럼 기록한 것으로 보인다.

　1780~1790년대에 다산은 정조 임금의 탕평정국에 참여하여 중앙
과 지방의 관리로서 민본주의 정치이념을 실현하고자 노력했다. 그
당시 다산은 평등, 균분이념에 입각한 여전제를 구상했는데, 여기에
는 그가 진사가 되어 성균관 재학시절 탐독했던 서학 관련 서적의 영
향이 일정하게 작용하고 있었던 것이다.

2) 여전제 개혁안은 천주교 신앙공동체의 운영원리와 같았다.

　다산의 여전제 개혁방안은 그가 이 글을 쓸 당시(1798~1799년)에 천
주교회를 떠나 냉담하던 중이었으므로[22], 당대의 천주교 신자들에게

---

21) 원재연, 앞의 글(2012) 203~204쪽.

22) 최석우 몬시뇰은 앞의 글 「다산서학에 관한 논의」(1993)에서 다산의 서학적 생애를,
　 활동기(1784~1795년), 배교기(1795~1811년), 회심기(1811~1836년)로 3분했으며, 조
　 광 교수는 앞의 글 「다산 정약용의 사상」(2010)에서, 다산의 생애를 출생이후 과거를
　 준비하던 시기(1762~1783년), 진사시에 합격한 후 1801년 신유박해로 체포되던 시기
　 (1783~1801년), 강진 유배기(1801~1818년), 유배에서 풀려나 생을 마감할 때까지의
　 시기(1818~1836년) 등 모두 4단계로 구분했다.

어떤 영향을 끼칠 수 없었던 것으로 보인다. 다만 다산과 같은 시기에 조선에 들어온 수많은 천주교회 서적을 읽고 학습했던 천주교 신자들은 뒤에서 후술하는 바와 같이, 그들만의 고립된 생활공동체 내에서 공동노동, 신분의 평등, 재산의 나눔 등을 원리로 하는 천주교 신앙공동체를 형성하여 살아감으로써, 삶의 원리나 사회개혁의 측면에서 볼 때, 다산이 구상한 여전제의 운영원리와 거의 대부분 일치하는 모습들을 보여준다.

그런데 천주교 신앙공동체의 이러한 평등과 공유의 원리들은 박해가 전면적으로 일어나기 전 천주교 신자들이 일반 향촌사회에 함께 섞여서 살고 있을 때부터, 이미 향촌사회에서 그대로 실천되고 있었다. 1791년 충청도 감사로 재직하던 박종악(朴宗岳, 1735~1795)은 당시 충청도 내포 일대에서 천주교가 성행하던 모습을 다음과 같이 보고하였다.

> 사학(邪學, 천주교)의 일은 대명천하에 반드시 숨길 수 없을 것이지만 구구하고 얕은 소견으로는 끝내 여러 가지 우환이 될 것이라 생각합니다. 이에 따로 믿을 만한 사람을 보내어 다방면으로 (충청도) 도내의 사학이 있는 곳을 정탐하게 하였는데, 이제야 돌아왔습니다. 면천, 당진, 천안, 아산, 예산, 대흥 등의 고을은 감영(監營)과 고을에서 누차 엄하게 신칙하여 거의 잦아들었습니다. … 다만 홍주(洪州)와 덕산(德山)의 두 고을에서 (천주교를) 호법(護法)하는 무리들은 여전히 그대로입니다. 덕산 별라산(別羅山)에 사는 홍지영(洪芝英, 洪芝榮), 홍주 응정리(鷹井里)에 사는 원백돌(元白乭, 원시장 베드로), 현내(縣內)에 사는 양재(梁才)와 김만득(金晩得) 등이 그들입니다. 홍가는 원래 양반의 명색이 있는데, 함께 배우는 사람은 상천(常賤)과 친소(親疏)를 따지지 않고 번번이 내외가 상통하여

안방으로 맞아들입니다. ···23)

홍낙교(洪樂敎)와 홍낙민(洪樂敏)은 6~7년 이래로 사학에 빠져 앞장서서 와주(窩主, 소굴의 주인)가 되었습니다. ··· 자신을 본받는 노비들은 문서를 불태우고 대가 없이 양인으로 풀어주었으며 따라서 배우는 이웃 사람들은 가난한 처지를 도와주고 의식(衣食)을 돌보아 주었습니다. 이 때문에 원근에서 이야기를 들은 사람마다 기뻐했습니다. ··· 대저 이 술법(術法, 천주교)을 하는 사람은 서로 '교중(交中)'이라 부르고 노비와 주인이 존비(尊卑)의 구분도 없으며, 멀고 가까운 사람이 친소(親疏)의 구별도 없습니다. ··· 가령 길을 가는 사람이 제 입으로 그 학문을 하는 자라고 말하면 그의 성명과 거주지를 묻지 않고, 그가 양반(兩班)인지 상한(常漢)인지 따지지 않고 모두 안방에서 만나보기를 허락하며 중요한 손님처럼 공경하고 가까운 친척처럼 아낍니다. 거처와 음식도 닫거나 쓰거나 함께하며, 떠날 대는 반드시 노자를 줍니다. 덕산 홍지영 집안의 일입니다. ···24)

비록 천주교 신자들끼리 이루어지는 일이기는 하지만 서로 신분의 고하를 따지지 않고, 때로는 노비를 해방하며, 가진 음식을 아낌없이 잘 대접하는 이러한 광경을 목격한 일부 외교인들과 위정자들은 이러한 생활모습이 당시 향촌사회의 엄격한 반상차별적(班常差別的) 신분질서를 파괴하고 현실에 엄존하는 빈부 간 격차를 수용하지 못하는 저항적이고 도전적인 세력을 만들어 낼 것이라고 심각한 우려를 표명했다.

23)「수기(隨記)」(박종악, 1791~1795년 기록, 한국학중앙연구원 장서각 소장본) 1791년 12월 2일.
24) 위의 책, 「수기」 1792년 1월 3일.

관학(館學) 유생 박영원(朴盈源) 등이 상소하기를, "아조(我朝)의 예악(禮樂) 문물(文物)은 중화(中華)와 같다고 불리워져 왔습니다. 그런데 하나의 음험하고 사특한 무리가 서양(西洋)의 서적을 구입해 와 스스로 교주(敎主)가 된 뒤 이단(異端)의 학설을 주창하고 있습니다. 그리하여 부자유친(父子有親)과 군신유의(君臣有義)의 의리를 끊어버리고 무시하는가 하면 남녀의 구별을 없애 부부의 윤리를 어지럽게 하고 있으며 상례(喪禮)와 제례(祭禮)도 모두 없애 귀신과 사람의 이치가 끊어지게 하고 말았습니다. … 위와 아래를 뒤섞어 귀천(貴賤)을 구분하지 않는가 하면 … 재물과 이성(異性)이야말로 사람에게 있어 커다란 욕망의 대상이라 할 것인데 돈과 곡식을 서로 나누어 주어 빈한한 자와 구걸하는 자들이 생활할 수 있게 합니다. … 그 무리들이 쉽게 불어날 수밖에 없습니다. 조금 재주와 지식이 있는 사부(士夫)가 이 교설을 빌려다가 우매한 대중을 현혹시키자 멍청하게 아무 식견도 없는 무리들이 그 도를 좋아해 신명(神明)처럼 떠받들면서 서로들 유혹해 백 명 천 명의 집단을 이루게 되었습니다. 황건적(黃巾賊)이나 백련교도(白蓮敎徒)가 일으킨 그런 변란이야 필시 없으리라는 것은 신이 알고 있습니다만, 그들이 어버이를 버리고 벗을 중히 여기는 마음으로 패거리를 불러 모아 결탁한 다음 살기 싫은 세상을 떠나 빨리 저 세상으로 가자면서 유혹하고 선동한다면 어떤 변인들 일으키지 못하겠습니까?[25]

성균관 유생이었던 박영원 등이 집단으로 정조에게 상소한 이 같은 상황은 조선 후기 사대부 지식인 사회에 상당한 정도로 유행했던 서학서 탐독의 풍조를 통해서 가능했던 것이다. 또한 토지제도를 비롯한 삼정(전정, 군정, 환정)의 문란으로 야기된 당대의 피폐하고 혼란

---

[25] 『정조실록』 정조19년 을묘(1795) 7월 24일(계유).

스런 사회의 구조적 모순을 극복하고 새로운 이상사회를 개척해 나감에 있어서, 평등, 균분, 공유, 노동과 같은 단어에서 압축적으로 표현되는 서학적 사고 내지 천주교의 가르침이 당대의 일부 지식인과 민인들에게 하나의 시대적 지침과 대안의 역할을 하고 있었음을 말해주는 것이다.

4장
천주교 박해의 본격화와
교우촌, 공소의 확산

1. 소수자(小數者)들의 낙원을 찾아서

1) 신유박해와 천주교 신자집단의 이산

1801년 신유박해로 탕평정국은 종결되었고 세도정치가 시작되었다. 그것은 정조에 의해 주도된 온건한 천주교 억제정책이 종말을 고하고, 정치세력의 전면적 교체와 함께 본격적인 천주교 탄압을 예고하는 강경한 박해 정책의 시작이었다. 신유박해로 인해 약 1만 명 가까이에 이르렀던 18세기 후반의 천주교회는 풍비박산의 지경에 처했다. 당시 천주교회의 지도자 황사영은 북경주교를 거쳐 로마 교황에게 보내고자 했던 비밀 편지, 곧 「백서」에서 다음과 같이 말했다.

저희 죄인들은 죄악이 깊고 무거워서 위로 주님의 진노하심을 범하고, 재주와 지혜가 옅고 짧아서 아래로 타인과의 의논을 잃어 박해가 크게 일어났습니다. … 엎드려 생각건대 거룩한 교회가 뒤집혀 엎어질 위험에 처해 있고, 백성이 익사할 고통에 걸렸습니다. 자애로운 아버지는 이미 사라져서 붙들고 부르짖을 길이 없어지고, 어진 형제는 사방으로 흩어져서 상의하고 일할 사람이 없습니다. … 저희들은 마치 양떼가 달아나 흩어진 것처럼 혹은 산골짜기로 도망쳐 숨고, 혹은 몸 둘 곳이 없어 길에서 헤매면서 소리도 제대로 내지 못하고 흐느껴 웁니다. … 금년의 참혹한 박해는 더욱 꿈에도 생각할 수 없는 일이었습니다. 참으로 가엽습니다. 인간이 어찌 이처럼 극단에 이를 수 있습니까? … 예수 그리스도의 거룩한 이름이 장차 이 나라에서 아주 끊어져 버리려고 합니다. … 교회 밖의 사람들이 전하는 말에 의하면 정식으로 처형된 사람과 옥중에서 죽은 사람이 모두 300여 명인데, 여기에는 지방의 순교자들은 포함되지 않았다고 합니다. … 현재 교우 중에 식견이 높고 의지가 굳센 사람은 몇 안 되고 어리석고 무식한 사람과 부녀와 아이들은 대강 헤아려도 수 천 명 이하로 내려가지는 않습니다. 그러나 그들을 지도할 사람이 없어서 떨치고 일어날 힘이 없습니다.[1]

1801년 신유박해 당시 전국적으로 약 1만 명에 이르렀던 천주교 신자들에게 본격적인 정부의 탄압이 닥쳐와서, 교회를 이끌고 지도할 사람들은 모두 형장의 이슬로 사라지고, 살아남은 자들은 산골짜기로 숨거나 거리를 헤매고 다닌다는 사실을 기록하고 있다. 이렇게 전국적인 박해가 닥치자 천주교 신자들은 하나 둘씩 심산유곡(深山幽谷)으로 모여들어 따로 그들만의 고립된 은둔의 공동체를 만들기 시작했다. 향촌사회에서 유리된 천주교 신앙공동체가 만들어질 당시의

---

1) 황사영 『백서(帛書)』 제2~5행, 74~75행, 88행.

상황에 대해 교회사가 달레는 다음과 같이 서술했다.

　박해를 치르고 난 직후의 조선 천주교회가 얼마나 어수선하고 비참하고 붕괴된 상태에 있었는지를 이루 다 말하기는 어렵다. … 천주교를 광적으로 증오하는 사람들이 애써 잡으려고 하지 않았던 가난한 자와 천민들은 서로 연락도 없이 뿔뿔이 헤어져 적개심으로 가득 찬 외교인들 틈에 끼어 살게 되니, 박해자들은 법과 일반의 여론으로 큰 힘을 얻어 신자들을 천만가지로 괴롭히고 그들을 종과 같이 마구 다루었다. 입으로만 신앙을 배반하고 마음속으로는 아직도 신앙을 보존하고 있던 수많은 배교자들은 다시 신자의 본분을 지키기가 무서워서 그저 몰래 몇 가지 기도나 그럭저럭 바치는 형편이었다. 성물과 교회서적이 거의 모두 파괴되었고 조금 남아있는 것도 땅 속에 파묻히거나 담 구멍 속에 감추어졌다. 아직 신덕(信德)이 굳지 못한 신입교우들은 아무 교훈도 아무 정신적 도움도 받지 못하게 되니 실망한 나머지 그들에게 그렇게도 많은 고통을 가져다주는 천주교를 그만 버리고 마는 일(냉담)이 허다했다. 관가에서 귀양을 보낸 천주교 신자들이나 아주 멀고 궁벽한 지방으로 이사하여 간 사람들의 처지는 훨씬 더 비참한 것이었다.[2]

2) 본격적인 교우촌의 형성
: 신태보와 용인 출신의 신자들로 구성된 심산유곡의 교우촌

1801년 신유박해 직후 용인에 살고 있던 순교자 신태보(베드로)는 경기도와 강원도의 경계 지역인 오늘날 풍수원 일대의 험준한 산곡에서 교우촌을 만들게 된 당시 상황을 기록했다.

---

2) 달레 저, 최석우·안응렬 역주, 『한국천주교회사』 중권 10쪽, 한국교회사연구소, 1980.

우리는 교회서적을 다시 읽기 시작했고 주일과 축일의 의무를 지키기 시작했다. … 나는 외교인들의 눈을 피하기 위해 40리 길을 밤에 몰래 걸어야 했다. 얼마 지나지 않아서 외교인들은 내 성명과 사는 곳과 누구와 상종하는지 알려고 했다. 이런 것들이 마음에 걸려 우리는 함께 이사를 하여 다른 곳에 가서 외딴 조그마한 마을을 이루어 살 생각을 하게 되었다. … 우리 다섯 집을 합치면 40명 이상의 식구가 되었고 각기 재산이라고는 빚 밖에 없었으므로 집들을 팔아도 빚을 갚고 나면 여행에 필요한 노자도 채 되지 못할 것이었다. 내가 생각하고 있는 곳은 강원도 산골이었기 때문이었다. … 두 집은 아무 것도 가진 것이 없어서 아침저녁 끼니가 걱정인 상황이었다. … 떠나는 날짜를 정하려 할 때 다섯 집안이 저마다 먼저 가겠다고 하였다. 그들은 이 지옥에서 하루바삐 벗어나 낙원을 찾아가겠다는 일념 밖에는 없었기 때문이었다. … 우리는 가마 다섯 채를 버리고 여인들은 치마를 장옷 모양으로 뒤집어쓰고 말을 타고 가야 했다. 우리의 차림새가 그럭저럭 그 지방의 보통 길손들, 아니 그보다도 산골 사람들의 차림새 같이 되었다. 그런데도 행인들이나 주막 주인들은 언제나 우리가 서울에서 온다고 말했다. 어떤 자들은 입가에 조롱하는 듯한 미소를 띠며 "저건 틀림없이 천주학쟁이 집안이다." 하는 말을 내뱉었다. 우리는 우리의 정체가 드러나서 붙잡히지나 않을까 늘 걱정이었다.[3)]

이렇게 해서 외딴 산곡에 천주교 신자들만의 공동체를 이루게 되었는데, 이런 공동체들이 조선 각지의 산골짜기에 건립되었다. 신자들은 다시 교리서를 읽고 기도를 바치기 시작했으며, 서로 가진 것을 나누며 형제애로 단합하게 되었다.

---

3) 위의 책, 12~13쪽.

우리에게 남아있던 말 한 필은 굉장히 큰 나무 구유를 갉아서 거의 다 먹어버렸다. 아이들은 먹을 것을 달라고 끊임없이 울고 어른들조차 불안하고 초조해졌다. 양식이 거의 다 떨어져가는 날 … 우리는 원망스러운 유혹, 이렇게 무서운 고통의 원인이 된 우리의 신앙을 증오하고 천주를 왜 믿었나 하며 우리 자신을 저주하는 유혹에 빠지곤 하였다. … 산과 숲을 찾아 피난하여 갔던 신자들은 거의가 이러한 처지에 놓여 있었고 나라의 동북쪽으로 간 사람들은 특히 고생이 더 심했다. … 그런데 하느님의 섭리는 이 귀양살이 하는 신자들과 피난 간 신자들을 자기들도 알지 못하는 사이에 전교자(傳敎者)가 되게 했다. 그들의 집들이 한 마을을 이루고 그들의 가족이 많고 활발한 신자집단을 이루어 조선의 가장 궁벽한 구석에까지 복음을 알렸던 것이다. … 모든 이가 그 가난한 가운데서도 아주 아무 것도 없는 형제들에게 무슨 도움을 베풀어줄 줄 알았고 과부와 고아들을 거두어 주게 되니 이 불행한 시절보다 우애가 더 깊었던 일은 일찍이 없었다고 할 수 있다. 이 일을 목격한 노인들은 그때에는 모든 재산이 정말 공동으로 사용되었다고 말한다.[4]

이처럼 천주교 신자들만의 가난한 공동체, 나눔과 친교가 일상화된 공동체, 네 것 내 것의 구분이 없는 재산공동체(財産共同體)로서 천주교 생활공동체가 형성되었다. 이를 교회사가들은 일반적으로 교우촌(敎友村)이라고 부른다. 외교인들의 경우 '천주학쟁이 마을', '성교촌(聖敎村)' 등으로도 불렀으며, '신앙촌(信仰村)', '신자촌(信者村)', '교촌(敎村)' 등으로도 불렀는데, 연구자들은 대개 '천주교 신앙공동체'라는 이름으로 부른다.

---

4) 위의 책, 16~17쪽.

　당시의 천주교 신앙공동체는 일반적인 '교우촌'과 '공소(公所)'로 구
분된다. 교우촌은 1850년대의 경우 전국에 185개나 산재해 있었는데,
이들 교우촌 중에는 조정의 눈을 피해 잠입하여 활동하던 선교사들
이, 밤중에 인근에 산재한 몇 개 교우촌의 신자들을 한 자리에 모아놓
고 고해성사(告解聖事)와 성체성사(聖體聖事) 등을 집행하던 장소인
'공소(公所)'들도 포함되어 있었다.5) 이런 교우촌과 공소들에 모인 천
주교 신자들은 그들의 출신지역, 신분과 직업을 물론하고 서로를 온
전한 인격체로 대우하고 존경하였다.

---

5) 교회법상으로 이들을 정식 '공소'라고 할 수는 없다고 하는 주장도 있다. 왜냐하면
　1882년 한국 최초의 정주 본당인 서울 명동본당이 설정되기 전에는 전국에 선교사가
　정주(定住)하는 본당이 없었기 때문에, 비록 1831년 조선대목구가 설정되었지만 박해
　때문에 신부가 일정한 곳에 정주하지 못하여 본당사목구나 준사목구가 설정될 수
　없었다는 것이다. 정진석,『교회법 해설』, 한국천주교중앙협의회, 1993, 340쪽. 그러나
　한국교회의 경우 본당이 설정되기 이전이라도 신부가 1년에 1~2차례 공식적으로
　방문하여 판공성사를 치른 곳을 공소로 불러왔다.(*김진소,『천주교 전주교구사』Ⅰ,
　천주교 전주교구, 1998, 474쪽에서 재인용). 필자의 소견으로도 박해시기에 이미 공소
　가 설정되어 있었다고 보아야 할 것 같다. 왜냐하면 조선대목구가 설정되어 일단
　대목구장 주교 또는 그의 대리인 사제가 조선에 정주하고 있는 기간(1831~1866)
　중에는 주교가 휘하의 선교사제들이 담당할 지역을 분담하여 주고 있었고(예를 들면
　1857년 당시 조선 제4대 대목구장 베르뇌 주교가 전국을 성모 마리아의 축일 이름을
　딴 8개의 본당사목구로 나누어 관할하게 한 것), 사제들은 각기 담당하는 지역(일종
　의 본당사목구) 내의 특정 교우촌에 주된 거처를 두고 그곳에서 1년 중 2개월 내외의
　정기적인 휴식을 취하면서, 나머지 기간 동안 자신의 관할구역내 공소를 차례로
　순방하면서 사목활동을 실시하고 있었기 때문이다.

2. 무언가 다른 그들만의 공동체

1) 천주교 가르침에 따라 평등을 실천하던 인격공동체

교회사가 달레는 천주교 신자들이 당시 사회의 엄격한 신분의 차별과 제약을 초월하여 하나의 평등한 공동체가 되었던 사실에 대해 다음과 같은 예를 들어 설명하였다.

내포(內浦) 지방의 홍주(洪州)에서 난 황일광(黃日光, 알렉시오)는 백정의 집안에서 태어났는데 이 계급은 조선에서 얼마나 멸시를 당했는지 거기 속하는 사람들은 종들보다도 더 낮게 취급되는 지경이었다.[6] 그들은 사람의 범주 밖에 존재하는 품위를 잃은 자들로 간주되었다. 그들은 읍내나 동네에서 멀리 떨어져 따로 살아야 했으며 아무와도 일상생활의 교제를 할 수가 없었다. 황일광은 어린시절과 젊은 시절 자기 집안에서 모든 사람의 멸시를 받아 쓰레기 취급을 당했다. 그것은 그와 같은 백정 신분의 사람들이 대대로 물려받은 슬픈 유산이었다. … 천주교를 배우자마자 그는 기꺼이 받아들였고 천주교를 더 자유롭게 신봉(信奉)하기 위하여 동생과 함께 고향을 떠나 멀리 경상도로 가서 살았다. 거기서 그는 주변의 외교인들에게 그들의 신분을 숨기고 교우들과 연락하기가 더 쉬웠다. 교우들은 그의 신분을 잘 알고 있었다. 그러나 그것 때문에 그를 나무라기는 고사하고 애덕(愛德, 사랑의 마음)으로 형제 대우하기를 게을리하

---

6) 달레, 『한국천주교회사』 「서설」 "사회신분" 179쪽. 이에 의하면 "소는 농사일과 짐나르기에 절대로 필요한 짐승이므로 매우 오래된 법률로 정부의 허가 없이 소 잡는 것을 금하고 있으며, 일번 여론도 법률과 일치하여 소 잡는 행위를 모든 것 중에 가장 천한 것으로 여긴다. 그러므로 쇄백정은 누가 보아도 노비들보다도 더 낮은 별개의 한 계급을 이루고 있다. 그들은 마을 안에서는 살 수 없고, 그들을 몹시 싫어하며 멀리하는 주민들과 떨어져 살며 자기들끼리만 혼인한다"고 한다.

지 않았다. 어디를 가나 양반 집에서도 그는 다른 교우들과 똑같이 집안에 받아들여졌다. 이 때문에 그는 농담 삼아 자기에게는 … "이 세상에 하나, 또 후세에 하나, 이렇게 두 개의 천국(天國)이 있다고 말하였다." … 그 비천한 출생과 그렇게도 감격스런 대조를 이루던 탁월했던 덕행은 교우들 중에 그의 이름을 유명하게 하였고, 교우들은 지금까지도 그를 가장 훌륭한 증거자들 중의 하나로 경의와 감탄의 자세로 입에 올린다. 그러나 이 나라의 외교인들, 특히 양반들은 이러한 비천한 신분의 사람이 천주교의 영광이라는 말을 듣고는 경멸하며 비웃곤 한다.[7]

조선 후기 천주교 신앙공동체가 이처럼 평등하게 서로를 대우한 것은 당시 조선에 널리 유포된 천주교 서적들에서 흔히 볼 수 있는 '교회의 가르침'에 따른 것이었다. 앞서 다산 여전제의 운영원리를 당시의 천주교회 서적들의 가르침과 비교하여 살펴본 바와 같이, 『천주실의』와 『진도자증』을 비롯한 다수의 천주교회 서적에서는 하느님의 모상으로 창조된 인간은 하느님 앞에서 서로 평등할 수밖에 없으며, 동등한 하느님의 형제로서 서로에게 차별 없이 대해야 한다고 가르쳤

---

7) 달레 앞의 책, 중권, 473~475쪽. 극히 일부 양반 출신 천주교 신자들에게 제한된 일이기는 하나, 가끔 신앙공동체 내에서도 양반의 특권의식을 드러내는 경우가 있다고 한다. 달레는 이에 대해서 다음과 같이 기술한다. 박해 때에 천주교인들은 박해를 모면하기 위해서 흔히 (양반을 참칭하는) 그런 수단을 썼다. 그렇게 하는 것이 괜찮다는 사실을 알고 계속 양반 행세를 한다. 다블뤼 주교의 편지에, "나는 때때로 이런 가짜 양반들을 좀 놀려 줍니다. 그러나 진짜 양반인 어떤 교우들은 이 일을 더 중대하게 여깁니다. 그들은 자기들 눈에는 커다란 죄로 보이고 이런 폐습에 대해 심한 불평을 토로합니다. 그들은 자기들을 감히 대등하게 대하는 그 상사람(평민)들에 대하여 관용하는 잘못을 저지른다고 나를 탓하므로 그들을 진정시키는데 힘이 들 때가 가끔 있습니다."라고 한다. 달레, 『한국천주교회사』, 「서설」 "사회신분" 176~177쪽.

다. 특히 학식이 적은 일반 대중들을 위해 1860년대에 한글로 번역된 천주교회 서적에서는 다음과 같이 말하고 있다.

▷ 모든 사람을 천주의 모상으로 보아 자기와 같이 사랑하고 성실히 돌아볼 지니라 … 천주께서 사람을 내시고 본래의 당신 모상을 띠게 하고 자식으로 삼으신 것은 모든 이로 하여금 천주를 위하여 형제같이 공번되이 서로 사랑하게 하심이니, … 모든 사람을 사랑함은 천주의 본뜻이요 … 예수께서 강생하여 세상에 은총의 가르침을 세우시면서 … 말씀하시되, "너희에게 새 계명을 주노니 내가 너희를 사랑한 것처럼 너희도 서로 사랑하여라"고 하셨다. … 사도 요한도 말하되, "제 형제를 사랑하지 아니하면서 하느님을 사랑한다고 하면 거짓말이다."라고 하였다.[8]

▷ 사람을 의논하면 온 천하의 모든 사람을 모두 포함하는 것이니 혹 친하거나 혹 소원하거나 같은 지방이거나 다른 지방이거나 다 천주의 자식이라. … 세상 사람은 다 천주의 자식이요 같은 인간이니, 성경에 항상 사람을 형제라고 일컫은 까닭이니라. 성경에 또 서로 해치는 자를 깊이 꾸짖어 말하되, "모든 사람의 공번된 아버지는 한 분이시니 천주시라, 그런데도 네가 오히려 감히 형제를 업신여기느냐?"라고 하셨다.[9]

이처럼 천주교의 가르침이 적용되고 실천되는 천주교 신앙공동체 내에서는 모든 신자가 대군대부(大君大父)이신 천주의 다 같은 자녀로서 세상의 모든 사람을 그 출신 지역이나 학력, 재물, 신분 등에

---

8) 다블뤼 주교, 『신명초행』, 1864. *제목과 원문의 한글 고어체는 현대문으로 바꾸었다. 이하 동일.

9) 리델 주교, 『성경직해』 강림후 12주일.

상관없이 동일한 인격체로 사랑해야 한다고 가르쳤다. 그리하여 박
해시기 신자들은 관가의 심문을 받을 때, 이 같은 천주교의 가르침을
서슴없이 고백하곤 했다. 경기도 용인지역의 신자들 다섯 가구를 모
아 강원도 산곡(풍수원 일대)으로 이주하여 교우촌을 건설했던 신태보
베드로는 "**일단 천주교에 들어오게 되면 양반과 상놈의 차이는 아무
런 소용이 없게 된다.**"라고 하였고,[10] 그의 친구 이여진 요한은 "**천주
교는 크게 평등한 종교다. 거기에는 대인도 소인도 없고 양반도 상놈
도 없다. 그것은 부드럽고 탄력이 있어서 큰 발에나 작은 발에나 다
맞는 이 버선과 비슷한 것이다**"라고 말했다.[11]

2) 친교와 자선의 생활공동체

서로가 인격적으로 존중하고 차별 없이 평등하게 대해주는 신앙공
동체는 그 결속력이 남달랐다. 그리고 이러한 분위기 속에서 서로가
가진 물질과 지식을 아낌없이 나누면서 친교(親交)를 강화할 수 있었
고, 혹시라도 어려움에 처하거나 소외되는 사람이 생길까봐 서로를
알뜰하게 챙겼다. 이러한 소문을 듣고 찾아오는 외부인들에게도 자
신들이 가진 얼마 안 되는 것을 아낌없이 나누어주는 자선(慈善)을 실
천하곤 하였다. 그리하여 당시 위정자들은 천주교인들의 공동체를
"신분의 상하를 따지지 않고, 가난한 자와 거지도 재물을 얻는" 이상
한 집단이라고 여겼다.[12]

---

10) 달레, 앞의 책, 상권 388쪽.
11) 같은 책, 중권, 127쪽.

　천주학쟁이들의 이러한 자선에 대한 소문은 향촌사회의 일반 백성
들뿐 아니라 천주학쟁이들을 잡아서 가두고 문초하는 포도청의 포교
와 포졸들도 잘 알고 있었다. 그래서 혹 유랑하는 이들이 향촌사회에
들러서 구걸을 하게 되면, "우리는 줄 것이 없지만 천주학쟁이 마을
로 가보시오. 그 사람들이 밥 한 공기하고 반찬을 좀 줄거요"13)라든
가, 포교가 "천주학쟁이들은 착하고 거짓말을 할 줄 모른다"14)고 하
거나, 개항 직후 관리들이 "천주교 신자들은 좋은 사람들이고, 일을
잘하고, 빚을 잘 갚는다."고 하면서 천주교 신자들의 정직함과 성실
함을 인정했다. 이처럼 천주교 신자들은 선량하고 친절한 사람, 법
없이도 베풀고 신용을 지키며 정직하게 사는 사람들로 널리 인식되었
다. 이러한 신앙공동체 신자들의 생활에 대해 한 프랑스 선교사는 다
음과 같이 증언했다.

　신입교우들의 협동심은 감탄이 절로 나옵니다. 그 중에서도 뛰어난 미
덕은 그들 서로가 사랑과 정성을 베푸는 일입니다. 현세의 재물이 궁핍하

---

12) 『조선왕조실록』 정조19년 7월 24일 박영원 상소 : 한편 1801년 천주교 박해와 관련된
　　기록을 포함하고 있는 『눌암기략(訥庵記略)』에서도 "邪學徒(천주학쟁이)들은 … 비
　　록 노비나 천인이라 하더라도 일단 그 무리에 들어가면 그를 보기를 형제처럼 하여
　　신분의 차등이 있음을 알지 못하니, 이것이 어리석은 백성들을 미친 듯이 유혹하는
　　술책인 것이다"라고 비판하였다. 조 광, 『조선후기 사회의 이해』, 경인문화사, 2010,
　　179쪽에서 재인용.
13) 『서울교구연보 I (1878~1903)』, 1891년도 보고서, 한국교회사연구소, 1984, 108쪽; 원
　　재연, 「천주교도 옹기장이의 유랑과 은둔」, 『한국사연구』 164집, 한국사연구회, 2014. 3,
　　9쪽. 이에 의하면 이 일은 황해도 장연 고을에서 동냥을 하며 살아가던 과부에게
　　향촌 주민들이 한 말이라고 한다.
14) 달레 저, 앞의 책, 하권 430~431쪽.

지만 사람이나 신분의 차별 없이 조금 있는 재물을 가지고도 서로 나누며 살아갑니다. 이 공소를 보노라면 마치 제가 초대 그리스도 교회에 와 있는 것 같습니다. 사도행전을 보면 그 때의 신도들은 자기의 전 재산을 사도들에게 바치고, 예수 그리스도의 청빈과 형제적인 애찬(愛餐, 사랑의 식사)을 함께 나누는 것 외에는 이 세상에서 아무것도 바라지 않았습니다.[15]

신약성경 사도행전(4:32)에는 "신자들의 공동체는 한마음 한뜻이 되어 아무도 자기 소유를 자기 것이라 하지 않고 모든 것을 공동으로 소유하였다"라고 되어 있는데, 한국의 천주교 신앙공동체가 박해시기 이래 이러한 사도행전의 전통을 그대로 재현하고 있었음을 프랑스 선교사가 감탄하며 증언한 것이다. 박해시기 전라도 교우촌의 신자들에게서 불려지던 천주가사(天主歌辭) 중에는 화목과 형제애를 강조하면서 당시 천주교 신앙공동체 내에는 정신 및 물질의 나눔과 함께 생업의 터전도 마련되어 있다고 하는 다음과 같은 구절이 나온다.

전후좌우 모든 교우 일심(一心) 삼아 화목하세
세속에 없던 부모 여기 오니 새로 있고
세속에 없던 형제 여기 오니 무수하고
세속에 적던 친구 여기 오니 허다하고
세속에 드문 물건 여기 오니 무진하다.
가사농업(家事農業) 구처(區處) 후에 농업인들 없을 소냐?[16]

---

15) 『뮈텔문서』 보두네 신부의 보고서(1889.4.22.).
16) 『피악수선가(避惡修善歌)』; 김진소, 앞의 책, 『전주교구사』 I , 365쪽에서 재인용.

  천주교 공동체는 같은 하느님 신앙 안에서 함께 기도하고 교리를
공부하는 신앙공동체이면서, 동시에 일상의 의식주(衣食住)를 함께
하고 생계(生計, 직업)를 같이 할 수 있는 생활공동체였다. 박해시기
전라도 교우촌, 공소의 상황에 대해 1970년대를 전후한 시기부터 현
지답사를 통해서 일일이 신자들을 만나 인터뷰를 진행하고 전반적인
현황을 조사 연구한 김진소 전 호남교회사연구소장 신부에 의하면,
신앙의 자유가 허락되지 않았던 시기(박해기~개항초기) 전라북도에만
도 모두 450개 이상의 공소가 있었으며, 이 공소들은 비록 생겼다가
없어졌다가 생성소멸을 반복했지만 모두 교우촌의 일반적인 원칙이
었던 공존공생(共存共生)의 특징을 갖고 있었으며, 교우들은 모두 공
동으로 기도하고, 가진 것을 서로 나누고, 생계유지 방법도 모두가
더불어 살 수 있는 일거리를 찾아서 함께 수행했다고 하였다.[17]

  그리하여 신자들 중에 한두 사람이 먼저 두메산골로 들어가서 생
활터전을 닦게 되면 자기들만 풍족하게 살려고 하지 아니하고, 유랑
하는 수많은 교우들을 불러들여 양식과 농토를 나누어주며 함께 일하
고 살았다. 먹거리가 해결된 교우들이 유랑하는 교우들을 불러들여
함께 일하며 생활공동체를 이루었던 대표적인 예로서 김진소 신부는
김대건 성인의 동생 김난식(金蘭植)과 그의 당질 김현채(金顯采)가 개
척했던 먹구니 교우촌의 예를 들었다. 그들은 전북 임실군 덕치면 회
문산 먹구니에서 화전을 일구고 조를 심어서 풍년이 들자, 생계를 찾
아 유랑하는 교우들을 불러들여 곡식을 나누어주며 함께 살아갔다고

17) 김진소, 같은 책, 734~735쪽.

한다.18)

이렇게 박해시기 천주교 신자들이 삶을 영위해간 교우촌은 유랑하는 교우들이나, 일반 향촌사회에서 외교인들의 감시와 통제 속에서 제대로 된 신앙생활을 못하고 전전긍긍하면서 살아가거나, 심지어 냉담했던 교우들까지도 불러들여 제대로 된 신앙생활을 착실히 영위할 수 있도록 모든 것이 준비된 이상적인 신앙공동체였다. 1901년 강경 나바위 성당의 사목을 담당했던 베르모렐 신부는 제8대 조선대목구장 뮈텔 주교에게 올린 보고서에서 다음과 같이 말했다.

> 저에게 누구보다도 많은 근심을 안겨주고 있는 교우들은 바로 외교인들 한가운데 홀로 살아가고 있는 가엾은 신문교우들입니다. 그들을 한데 모아 공동체를 이루어 살게 하고 또 그들에게 좋은 지도자를 보내어 그들을 좀 보살피게 해야 할 것입니다. … 제게 만약 돈이 있다면 논을 많이 사겠습니다. 그리고 대대적으로 교우들을 그곳에 옮겨 살도록 하겠습니다.19)

3) 천주교 신자들의 전라도 구빈활동(救貧活動)

보두네와 베르모렐 신부 등이 전라도 일대의 교우촌을 순회 사목하던 1880년대 후반에 이곳에서는 혹심한 기근이 들었다. 당시 배재에 거주하며 전교하던 베르모렐 신부는 서울의 뮈텔 주교에게 파발꾼을 보내 도내의 기근 상황을 자세하게 보고했다. 여산, 김제, 만경,

---

18) 위와 같은 곳.
19) 『뮈텔문서』 베르모렐 신부의 서한(1901.4.10.).

고부, 부안, 용안, 함열, 임피, 옥구, 전주, 익산, 정읍, 고창, 흥덕, 무장, 함양, 광주, 나주, 장성, 담양 등 지역에서 기근이 혹심하다는 것이었다. 이러한 사실은 서울에도 알려져서 당시 서울의 주한 외교관들도 이 기근에 굶주리는 전라도 백성을 위해서 구호활동에 나서게 되었고, 구호금을 전달하는 주체로 천주교회가 지목되었다. 당시 천주교인들은 교회 밖의 사람들에게서 정직하고 성실하다는 평가를 받고 있었기 때문이다. 이와 관련된 블랑 주교의 기록은 다음과 같다.

> 올해 초에 처음 몇 달 동안 전라도의 전 지역이 심한 기근을 겪었다. 기근의 소식은 아주 빨리 퍼져서 서울에 있는 서양인들도 기근에 대한 이야기를 하고 있었다. 하루는 독일상사 마이어(Meyer) 양행 대표가 나를 찾아왔다. 그는 남쪽 지방의 기근자들을 위해서 독일로부터 받은 1,100달러(=약 6,800프랑)를 내놓으면서 내 배려에 맡기러 왔다고 말하면서 그 돈을 주교가 맡아서 남족 지방의 기근자들에게 분배해주기를 요청하였다. … 내가 요구하는 것은 다만 이 돈이 여러 가정의 필요에 따라 천주교인과 천주교인이 아닌 사람들에게 골고루 분배되도록 하는 것뿐입니다.[20]

이처럼 천주교회가 주동이 되어 마이어를 비롯한 서울의 주한 외교관들이 참여한 전라도 기민 돕기운동은 자존심이 상한 조선 정부가 이곳으로 구빈금을 모아가지고 갈 선교사들에게 호조(통행증)를 발급하기를 거부함으로써 공식적인 행사로는 진행되지 못했다. 그래서 극비리에 선교사들은 교회에서 한두 푼씩 모은 돈과 주한 외교관들이 기탁한 물품과 돈 등을 전라도 지역으로 가져가서 종교를 따지지 않

---

20) 『서울교구연보』 I, 「1889년도 보고서」, 77~78쪽(천주교 명동교회, 1984).

고 주민들에게 골고루 배분하였다. 전라도 천주교 신자들은 교우촌
이 화재를 당해 어려움이 처했을 때 서로 도움을 주고 베풀었다.
1906년 10월 왕정래 공소에서 화재가 발생했을 때 보두네 신부는 10
월 12일 공소회장 박군명(요한)에게 다음과 같이 지시했다.

> 당신네 동네에서 화재를 당했다는 말을 들으니 정말 놀랍네요. 이 엄동
> 설한에 남녀노유 교우들이 살아갈 딱한 처지를 생각하매 불쌍하고 측은한
> 마음 어찌 다 말할 수 있겠습니까? … 도리대로 교우들을 많이 권면하여
> 실망치 말고 인내하는 덕을 세우게 하고 언덕의 도조(賭租)를 받았거든
> 벼 두 섬을 각기 분간하여 나누어주게 하되 도조를 받지 못하였거든 공소
> 전으로 벼 두 섬을 팔아서 분배하십시오.[21]

1910년 4월에는 진안 어은동에서 화재가 일어나서 13호가 불에 탔
고 피해액은 수천 원에 달하며 식량과 세간 의복 등이 전소했다. 이에
진안읍에 살던 천주교 신자 최찬서가 금화 10원을 희사하는 등 한국
인과 외국인 관민이 하나 되어 어은동 신자들에게 구호활동을 전개하
기도 했다.[22]

---

21) 김진소, 『천주교 전주교구사 I』, 732쪽. 이 편지는 전주본당 보두네 신부가 왕정래
   공소회장 박군명에게 보낸 것으로 복사 이춘열(토마스)이 쓴 것이다. 박 회장의 손자
   박노연이 소장해오다가 1983년 김진소 신부에게 기증한 것이다.
22) 위의 책, 732쪽.

3. 다양한 삶과 다양한 상황들

1) 다양한 직업을 가진 천주교 신자들의 존재

박해시기부터 천주교 신자들이 생계를 해결해간 방법은 다양했다. 교우들의 생계수단은 일반적으로 화전(火田), 옹기점(甕器店), 옹기장사, 담배농사, 지필묵(紙筆墨) 장사, 양잠(養蠶, 누에치기), 한봉(韓蜂, 벌치기), 사냥, 한의사(韓醫師), 필경(筆耕, 代書人), 등짐장사[23], 봇짐장사 등의 행상(行商) 외에도 도시의 변두리에서 영세수공업이나 영세상인으로 살아가는 사람들도 있었고, 농촌에서 무토무전지민(無土無佃之民)으로 일반적으로 살아가는 방법이었던 농업노동자[雇工, 머슴] 등이 다수 있었다. 또 드물지만 관리나 아전으로서 살아가는 이들도 있었고, 포교나 포졸을 비롯한 군인 출신 신자들도 있었다.[24]

2) 천주교 신자들에 대한 박해와 극심한 가난

천주교 신자들은 매우 가난했다. 특히 1801년 신유박해를 계기로 해서 천주교 신자들은 대다수가 유랑하는 신세가 되었고 흔히 무일푼이었던 경우가 많았다. 이에 대해서 1801년에 황사영은 북경주교를 통해 로마 교황에게 보내고자 했던 「백서」에서 다음과 같이 천주교 신자들의 극심한 가난에 대해 언급하면서 박해로 말미암은 것이라고 했다.

---

23) 위의 책, 735쪽에서 인용.

24) 조 광, 『조선후기 천주교사 연구』, 고려대 민족문화연구소, 1988; 원재연, 「천주교도 옹기장이의 유랑과 은둔」, 『한국사연구』 164집, 한국사연구회, 2014.3, 3~5쪽.

모든 나라 중에서 조선이 가장 가난하고, 이 나라 중에서도 교우들이
더욱 가난하여 겨우 굶주림과 추위를 면하는 사람은 십여 명에 지나지 아
니합니다. … 마땅히 해야 할 일을 처리하지 못하고 합당치 않은 사람을
이끌어 들여서 화난(禍難)이 이처럼 혹독한 지경에 이르게 한 것은 그 태
반이 재정의 곤란함에 말미암은 것입니다. 금년 박해 후에는 화를 입은
사람들은 전 재산이 다 없어졌고, 살기를 도모한 사람은 홀몸으로 도망하
여 가난한 형편이 도리어 갑인년(갑인년, 1794년) 이전보다 심하므로 설
혹 무슨 계획이 있다고 하여도 시행할 길이 없습니다. … 현재의 형세가
이러하더라도 가만히 앉아서 죽기를 기다릴 것이 아니지만 그것도 다 재
물이 있은 후에야 이야기할 수 있는 일입니다. 한 지역 성교(聖敎)의 존망
과 생령(生靈)의 생사가 악한 맘몬(재물)에 달려 있음을 미처 헤아리지 못
한 것입니다.[25]

1801년 신유박해 이후 다소간 박해의 소강상태는 있었지만, 심산
유곡에 따로 떨어져 살던 천주교 교우촌의 신자들의 경우는 대단히
궁핍한 생활을 하지 않을 수 없었다. 이는 기본적으로 교우촌 공동체
그 자체도 1~2년 단위로 자주 이동했기 때문에, 당시 교우촌 신자들
은 유랑민으로서 기본속성을 지니고 있었던 것이다.

금년(1801년)의 박해에 이름이 알려진 교우로서 화를 면한 사람은 아주
적은데, 남아있는 사람은 숨을 죽이고 엎드려 아주 멸망하여 없어진 듯이
보여야만 성교(聖敎)가 보존되겠으므로, 교우들은 혹은 장사꾼이 되어 돌
아다니고 혹은 살던 곳을 피하여 다른 데로 이사를 가고 하여 길에서 헤매
는 사람이 수없이 많습니다. … 무릇 오늘날 이 나라 교우로서 유랑하는

---

25) 황사영 「백서」 제91~92, 96행.

사람은 대소재(大小齋, 단식과 금육)를 막론하고 일체 너그러이 면제시켜
주셔서 남의 눈에 띄지 않도록 숨겨 생명을 보존하게 하심이 어떠할른지
요? … 박해가 일어난 뒤에 그 신자는 집을 버리고 몸을 피하여 두메를
헤매 돌아다녔는데, 산골 음식이 말이 아니고 또 객지의 형편이 몹시 불편
하여 하는 수 없이 재계(齋戒, 대소재)를 지키지 못하였습니다.[26]

3) 도시 주변이나 향촌사회 가까이에 거주하는 천주교 신자들의 상황

이처럼 유랑하는 천주교 신자들과는 달리, 병인박해 초기 향촌사
회에 혼거하거나 향촌사회 인근의 산곡에 따로이 산재하던 천주교 신
자들의 경우는 유랑민들보다는 비교적 안정된 생활을 하고 있었음이
드러난다.

표 1. 「사학한가사즙물방매성책」을 통해 본
병인박해기 천주교 신자들의 신분 및 직업분포[27]

	儒業	藥局	농 업			기 타		미상	소계(%)	
			自作兼地主	小作	雇工	手工業	旅店			
양반	4		1					1	6	(18.8)
중인		1							1	(3.1)
평민			1	8	3	3	2	8	25	(78.1)
소계 (%)	4	1	2	8	3	3	2	9	32	
	(12.5)	(3.1)	(6.3)	(25)	(9.4)	(9.4)	(6.3)	(28)		(100)

---

26) 황사영 「백서」 제120~121행.

27) 원재연, 「박해시대 천주교 신자들의 사회적 경제적 생활」, 『민족사와 교회사』, 한국
교회사연구소, 2000, 375쪽 참고.

위 표는 필자가 병인박해 초기인 1866년 3월, 포도청에서 개성(開
城) 일대의 교우들을 체포하여 그들의 재산을 관가에서 적몰(籍沒)한
기록을 분석하여, 재산을 관가에 빼앗긴 신자들의 신분과 직업을 유
추해본 것이다. 모집단의 숫자가 좀 작은 흠이 있고 전국에 걸친 통계
가 아니라 개성유수부(開城留守府)라는 한정된 지역에 그친다는 점에
서 위 표를 곧 전국적인 천주교 신자들의 표본으로 삼기는 어려울 것
이다. 그러나 개성유수부 내에서도 산곡과 평지에 흩어져 있는 15개
정도의 동리(洞里 : 두미동, 덕암리, 경방리, 며조정리, 팔자동리, 노전리, 곡
령리, 여릉리, 광천리, 예빈리, 신리, 연하동리, 태묘리, 이정리, 후석리)에 산
재하던 32가호(家戶)의 신자들을 체포하고 그들의 재산을 압수한 내
역이므로 나름대로 개성이란 지역의 특징을 잘 반영해주는 통계로 보
아도 좋을 것이다.[28]

이들은 이른바 심산유곡에 숨어살던 신자들과는 구별이 되는 대도
시 부근의 향촌사회 정착민들이므로, 이들의 재산 내역은 박해시대
전형적인 교우촌 신자들의 재산보다는 월등히 많은 수준이라고 할 수
있다. 구체적으로 들여다보면 약 16%(5가호) 신자들은 기와집과 논밭
등 부동산과 그들의 의식주 가재도구 등을 합쳐서 모두 150냥 이상에
달하며 각종 농기구와 상당한 전답을 갖고 있던 어떤 신자는 총 재산
이 600냥에 이른다. 그러나 전 재산이 10냥 미만인 신자들도 상당수
(10가호, 31%) 있었고 절대 다수(24가호, 75%)의 신자들이 평균에 미치

28) 이하 1866년 개성부 일대 신자들의 신분 재산분석은 원재연(2000) 위 논문에
따른다.

지 못하는 재산을 보유하고 있었다.

의식주 생활면에서 보면 당시 대부분의 신자들이 단출한 초가집에서 살았고 삼베, 무명 등 실용적이고 값싼 옷감으로 치마, 바지 등 활동복을 주로 입었던 것으로 드러난다. 또한 적몰된 재산 목록 중에는 각 가호마다 상당수의 옹기가 발견되었으며 그 크기나 모양이 다양한 것으로 보아서 일부는 직접 옹기를 제작했을 가능성이 있고, 만약 옹기를 제작하지 않았다면 적어도 옹기장수들과 잦은 거래를 했음을 알 수 있다.

위 통계표를 보면 농업에 종사한 인구와 비농업 인구가 대략 56:44 정도로 당시 조선사회 일반 향촌에 비해 비농업 인구가 월등하게 많은 편에 속하는데, 이는 이 신자들이 개성이란 대도시, 상업으로 유명한 도시에 살고 있었던 때문으로 보인다. 농업 인구 중에서 85%에 달하는 신자들이 자기 소유 토지가 없는 소작인이나 농업노동자(고공, 머슴)인 것으로 드러나 다산 정약용이 19세기 초반 전라도 강진에서 파악한 자영농의 비율(25%)에도 미치지 못하고 있으며[29], 북학파 박지원이 말한 바, "자기 토지를 갖고 경작하는 자가 열에 한둘도 안 된다"[30]는 말과 부합된다고 할 수 있다.

따라서 이처럼 농촌 토지소유의 극심한 불균형은 다산이 여전제를 저술한 때로부터 60여 년이 흘렀으나 여전히 진행 중인 현상임을 알 수 있다. 또한 소수의 지주와 대다수의 소작인(전호)으로 이루어지는

---

29) 『여유당전서』 제1집 권9 「시문집」 문 「擬嚴禁湖南諸邑佃夫輪租之俗箚子」.

30) 『연암집』 「限民名田議」.

생산관계의 불균형이 갈수록 더욱 심화되고 있음을 볼 때 19세기 중
반 당시 조선사회는 지주전호제의 지속적인 확대 현상에 따라 농촌
인구의 상당수가 도시나 광산 등 외지로 유랑하고 있음도 추정할 수
있게 된다.

한편 위 통계표를 통해서 당시 개성 일대 천주교 신자들의 신분구
성을 살펴보면 약 12.5%의 양반을 제외하면 나머지 87.5%는 평민들
로 여겨진다. 특이하게도 노비신분이나 백정 등 천인 신분이 보이지
않는 것은 첫째, 아마도 박애와 평등을 중시하는 천주교 신자들이었
으므로 원래 노비를 소유하고 있었다고 하더라도 곧 이들을 노비 신
분에서 해방시켜주었을 가능성이 크며, 둘째로 노비가 있었다고 하
더라도 양인처럼 대해주었기 때문에 노비 내지 천인신분이 발견되지
않는 것으로 보인다.

4) 포도청에 체포된 천주교 신자들의 직업과 신분

필자의 분석과는 달리 병인박해기 포도청등록에 나오는 천주교 신
자들의 직업을 분석한 결과를 도표로 나타내면 다음과 같다.[31]

---

31) 石井壽夫, 「李太王朝의 천주교와 그 박해 –특히 포도청등록을 소재로 하여」, 『사학잡
    지』 52권5호, 1941.
32) 원재연, 앞의 논저(2000) 참고, 일부분 수정.

표 2. 石井壽夫가 병인박해기 "捕盜廳謄錄"을 통해 분석한 천주교신자들의 직업 분포[32)]

	儒	醫藥	吏校軍卒	農業	商賈	工匠	雇工	기타	소계
신자수	18	7	19	32	15	12	13	5	121명
비율(%)	14.9	5.8	15.7	26.5	12.4	9.9	10.7	4.1	100%

石井의 위 표에 의하면 필자가 분석한 수치와 대체로 비슷하지만 조금씩 차이가 난다. 일단 필자보다 분석 대상자 숫자가 월등하게 많다. 그리고 포도청에 잡힌 신자들은 서울을 비롯하여 전국에서 체포되어온 천주교 신자들의 우두머리에 해당된다고 할 수 있다. 따라서 유업(儒業)을 직업으로 갖는 양반 신자의 비율이 필자가 분석한 것 (12.5%)보다 조금 높은 14.9%에 이르는데 이는 당연한 현상으로 보인다.[33)]

한편 신자들의 직업에서 농업이 차지하는 비율이 26.5%에 불과한 점은 앞서 필자가 분석한 과반수의 비율과는 크게 차이가 난다. 그 이유는 서울의 포도청에 잡힌 천주교 신자들의 경우 19세기 초반부터 박해를 피해 전국 심산유곡을 유랑하고 있던 천주교 신자의 비율이 월등히 많았음을 입증해주는 것이다. 유랑하는 천주교 신자들은 농업보다는 옹기를 비롯한 수공업이나 봇짐장수나 박물장수 등 영세 규모의 상업 등에 종사하는 비율이 훨씬 높았기 때문이다.

---

33) 서종태, 「병인박해기 신자들의 사회적 배경과 신앙 -양반 신자들을 중심으로-」, 『민족사와 교회사』, 한국교회사연구소, 2000. 이에 의하면 병인박해 당시 신자들의 지도자는 대부분 양반들이었다고 한다. 따라서 전국에서 잡혀온 신자들의 우두머리에 양반들이 많이 포함되어 있음은 당연한 현상이라 할 수 있다. 서종태 교수는 위 논문에서 병인박해기 양반 신자의 비율을 14.4% 정도로 보았다.

4. 농사꾼과 옹기장이

1) 여전제식 교우촌을 이루고 살았던 농민 교우들

앞서 살펴본 바와 같이 다산 정약용이 구상한 여전제는 비록 일반 향촌사회에서는 실시되지 못했지만, 박해로 인해 향촌사회에서 농토를 잃고 산곡으로 쫓겨난 천주교 신자들에게는 자연스럽게 적용될 수 있는 생활의 모델이었다. 교회사가 달레는 다음과 같이 조선의 천주교 신자들이 화전을 일구고 생계를 꾸려간 사실에 대해 언급했다.

조선에서 처음으로 화전(火田)을 한 것은 천주교인들이었다.[34] 박해 때문에 아주 외딴 곳으로 밀려난 그들은 굶어죽지 않기 위하여 땅을 개간하였고, 몇 해 동안에 얻은 경험으로 이런 종류의 땅에 가장 알맞은 경작법을 배우게 된 것이다. 이들의 시도가 성공하는 것을 본 외교인들이 그들을 본받아 지금은 많은 산에 밭이 일구어졌다. 담배(煙草)가 이런 높은 곳에서 나는 주요한 농산물이며, 조도 곧잘 자라고 대마(大麻)나 몇 가지 채소도 꽤 잘 되지만 목화는 아직 길들지 않았다. 들판의 농사보다 훨씬 더한 노력이 드는 이런 종류의 농사지만, 그대신 가난한 농부들에게는 크나큰 이익이 된다. 세금이 덜하고 나무와 풀과 야생과일이 사방에 얼마든지 널려 있다. 굉장히 많이 소비되는 순무가 담배포기 사이에서 썩 잘 자라서 귀중한 식료품을 공급해 준다. 불행히도 땅이 꽤 빨리 토박해져서 (향촌 마을의) 골짜기에서는 쉬는 밭을 결코 보는 일이 없는데, 산에서는 얼마가 지나면 여러 해 동안 땅을 놀려야 한다.[35]

---

34) 이 부분은 달레가 잘못 인식한 것으로 여겨진다. 천주교가 조선사회에 들어오기 오래 전부터 화전은 있어왔다.

35) 달레, 앞의 책, 상권 31쪽.

신자들이 산간에서 화전을 한 곳은 가장 가파른 지형에서였고, 조금 덜 가파른 곳은 다랑논을 쳤으며, 조그마한 평지 같은 경우에는 밭을 일구었다.[36] 작물로는 조, 수수, 옥수수, 메밀, 콩, 팥, 기장 등 밭곡식들 외에도 간혹 다랑논이나 밭에 심는 쌀[水稻(논벼)와 山稻(밭벼)]도 있었다. 또 극심한 가뭄에도 농사가 가능했던 감자, 고구마 등의 구황작물(救荒作物)도 심었는데, 특히 서늘한 산골 기후에 잘 자라는 감자의 경우, 1820년대 이후 교우들이 심었으나 이내 이익이 많다고 농민들이 이것만 심고자 하므로, 정부에서 재배하지 못하도록 금지하는 바람에 1880년대에 와서야 산간 교우촌에서 자유롭게 재배함으로써 즉시 현금화할 수 있었던 식량작물이자, 상품작물이었다.[37]

한편 담배와 누에치기는 산간 교우들의 지리적 인문적 특성에 꼭 맞는 일이었다. 산간에 농토는 적었고 그에 비해 모여든 교우들의 인력은 넉넉한 편이었기에, 다른 작물에 비해 2배 이상의 노동력이 들며, 일일이 사람의 손길이 많이 요구되었던 이 일들은 교우들이 함께 협동작업을 통해서 땀 흘리며 해낼 수 있는 일이었다. 그런데 조정에서는 평야의 논에서는 담배를 심지 못하게 했으므로 산간의 교우들에게는 담배농사가 아주 안성맞춤이었다. 적어도 박해시기부터 개항 직후까지도 담배는 상품작물로서 현금을 마련하기 쉬운 환금작물(換金作物)이었기에, 산간에서 교우들이 지었던 담배농사는 땀 흘린 교

36) 김진소, 「한국천주교회의 소공동체 전통」, 『민족사와 교회사』, 한국교회사연구소, 2000, 276쪽.

37) 위의 글, 277쪽. 이하 교우들의 농사와 관계된 부분은 위의 글, 276~279쪽; 김진소, 『천주교 전주교구사 I』, 735~739쪽 참고.

우들에게 노동의 대가를 정직하게 보장해주었다. 그래서 어떤 경우에는 아예 입도선매식(立稻先賣式)으로 수확기에 거둘 잎담배를 미리 농사자금을 대주면서 심기를 권장하는 경우도 있었고, 성당 건축을 위한 자금을 마련하고자 본당 신부가 신자들을 독려하여 담배농사를 하게 한 경우도 있었다.[38]

전라도 고산, 진안, 장수 등의 산간 고지에 산재했던 교우촌 교우들이 많이 재배했던 담배농사로 유명한 이는 순교자의 후손으로서 교우들의 모범적인 지도자였던 진안 어은동 모시골의 이학수 회장, 부안 등룡리의 김양배 회장 등이다. 이들의 경우 교우촌 신자들의 노동을 효율적으로 관리 조직하고, 함께 협동작업을 하여 상당한 돈을 벌고 그 수입의 일정량을 교회 공동체를 위해서 봉헌하면서, 교우촌 구성원들에게도 골고루 이익을 분배하였을 것으로 여겨진다. 이들은 교회와 어려운 이웃을 위해 매우 헌신적으로 봉사했다고 한다. 따라서 박해시기 이래 개항기까지 산곡 교우촌 교우들은 밭곡식을 재배하는 화전이나 담배농사 등을 통해서 여전제식 생산과 소비의 공동체를 이루고 살았을 것임을 짐작할 수 있다.

2) 옹기장이 교우촌의 공동노동과 공동분배,
그리고 그들이 조직한 교우촌 네트워크

1801년 신유박해로 향촌사회에서 쫓겨난 천주교 신자들은 깊은 산

---

38) 김진소 신부에 의하면, 전주본당 보두네 신부가 담배장사를 하여 전동성당의 건축기금을 마련하는 데 큰 도움을 받았다고 한다. 위의 책, 737쪽.

곡으로 들어가 화전 등 농사를 짓고 살기도 했지만, 다수의 신자들은 옹기를 굽고 살았다. 현대 한국 천주교회의 대부로 불릴만한 김수환 추기경의 조상들도 옹기를 구워 생계를 꾸려갔다고 한다. 예전부터 천주교 하면 옹기장이가 연상될 정도로 천주교와 옹기점은 불가분의 관계가 있었다.[39]

필자가 병인박해를 전후한 19세기 중후반에 기록된 신자들의 증언 록인 「병인치명사적」에 나오는 기록을 토대로 천주교 신자 옹기장이들의 출신지역별 분포를 조사해본 결과에 의하면, 충청도 출신의 옹기장이들이 압도적으로 가장 많아서 87%이상이었고 그 다음 경기도, 전라도 순이었다.

표 3. 천주교도 옹기장이의 출신지역별 분포 : "병인치명사적"에 기재된 118명 대상[40]

지역	충청	경기	전라	강원	황해	합계
인원 (%)	103명 (87.3%)	7명 (5.9%)	5명 (4.2%)	2명 (1.7%)	1명 (0.8%)	118명 (100%)

위 표에 나오는 충청도 출신 옹기장이의 과반수(54%)가 공주 국실과 관련된 인물이었다.[41]

---

39) 김진소 신부의 같은 책, 739쪽; 한편 박해시기 이후 1980년대까지의 옹기점과 천주교 신자들의 관계를 연구한 논문에 의하면, 경기권역에서는 천주교 신자가 전체 옹기장이들의 90%를 차지하였고, 충청도는 80%, 강원도와 전라도는 각각 50%를 차지한다고 보고되었다. 이동희, 「한국 옹기의 지역별 특징」, 이화여대 석사학위논문(1985년), 50~85쪽.

40) 원재연, 앞의 글(2014), 15쪽

41) 같은 곳 참고.

그 다음으로 유명했던 곳은 충청도 면천점이었다. 면천점은 충청
도의 35%, 전국의 30% 정도를 차지하는 천주교 옹기장이들이 살았던
곳이었다. 옹기장이들은 땔감과 진흙이 다 소진되면 새로운 장소를
찾아 이동해야만 했다. 그래서 병인박해 전후시기에 옹기업을 했던
천주교 신자들의 경우에도 거의 대다수가 1~2번 이주한 경력이 있으
며, 대체로는 더 깊은 산곡으로 이주하였는데, 옹기점에서 옹기점으
로 이동한 경우도 상당수 발견된다.[42] 박해시기 향촌을 떠나 산곡으
로 이주했던 다수의 신자들이 옹기업에 종사하게 된 배경으로는 다음
과 같은 특성 때문이었다고 알려진다.[43]

첫째, 당시 옹기를 제작하는 일은 조선사회에서 매우 천시되었기 때문
에, 양반출신 천주교 신자들의 경우 자신의 신분을 은폐하기에 옹기를 굽
는 일 만한 것이 없었다고 한다. 한편 옹기점은 세금이 면제되는 제역촌
(除役村)이었기에, 농토와 재산을 잃고 유랑하던 천주교 신자들이 그나마
세금 독촉에 시달리지 않고 자유롭게 종사할 수 있었던 일이었다. 또한
옹기제작에 필요한 점토나 땔나무가 소진되면, 다른 적당한 장소로 미련
없이 떠나가야 하는데 토지로부터 유리되어 일정한 장소에 집착이 없었던
천주교인들에게 적합했다는 점 등이다.
둘째, 옹기를 제작하는 일은 특별한 시설이나 도구, 또는 많은 자본이
필요하지 않고, 약간의 기술과 연료와 점토만 있으면 생산이 가능한 일이
었기에 무일푼으로 고향을 떠나 유랑하던 천주교 신자들이 종사하기에는

---

42) 『병인치명사적』에 나오는 옹기장이 천주교도들의 출신지 및 거주지 이동경로를
   도표화한 원재연, 같은 글, 10~14쪽 참고.
43) 이상에서 언급한 옹기업의 다섯가지 특성들은 김진소, 앞의 책, 739~744쪽; 원재연
   앞의 글(2014) 등을 종합적으로 참고하여 재정리한 것이다.

적당한 일이었다. 다만 뜨거운 화로 앞에서 오랫동안 땀 흘리며 작업을 해야 했고, 생산에서 판매까지 많은 노동력이 필요했고 철저한 협동작업을 해야만 가능한 일이었기에 신앙으로 한마음이 된 천주교 신자 공동체가 수행하기에 적당하였다.

셋째, 이윤 면에서 볼 때, 옹기는 5곱이 남고 유기는 6곱, 사기는 4곱이 남는다는 말처럼 비록 고된 작업을 거쳐야 하지만 그 노동의 투여량에 비례하여 결과(이익)가 상당한 정도로 노동의 수고를 보상해준다는 점에서 대단히 매력적인 직업이었다.

넷째, 프랑스 선교사들도 교우들의 옹기제작에 직접적인 도움을 준 부분이 있는데, 옹기제도에 사용된 유약인 광명단(光明丹)은 선교사들이 프랑스에서 들여와서 교우들에게 기술 지도까지 한 것으로 알려진다.

다섯째, 옹기를 팔러 다니던 사람들도 대개 교우들이 많았는데, 여자는 이고, 남자는 지고 다니면서 옹기점에서 가까운 장시(場市, 시장)뿐 아니라 다른 지역에 있는 향촌사회와 교우촌들까지 드나들면서 교우들에게 임박한 박해를 피하거나 대비하도록 미리 알려주거나 세상 돌아가는 물정, 정치 상황의 변동 등을 알려줌으로써, 교우들이 안심하고 생계와 신앙생활을 영위해 갈 수 있는 일종의 지역 네트워크(정보의 연결망)를 조직할 수 있었다. 또한 옹기굴(가마)은 외교인들에게 들키지 않도록 교우들이 그 속에 모여서 공동으로 기도를 바치던 은폐된 장소(일종의 Catacomba)였기에, 옹기굴 밖에 항상 망을 보는 사람을 대기시켜 놓았다가 수상한 사람이 나타나면 가마 아궁이에 모아두었던 불쏘시개에 불을 지펴 연기를 내어 신호를 보내서 예기치 않은 변을 막을 수 있었다고 한다.

이상과 같은 여러 가지 특성을 갖는 옹기업이었기에 박해시기 향촌을 떠나 유랑하던 천주교 신자들이 그들의 생계를 꾸려가는 데에 화전(火田)과 함께 보편적으로 종사했던 직업이 될 수 있었다. 이 옹기업 또한 제작과 판매, 그리고 연락과 물, 흙, 땔감 확보 등의 작업에 철저한 분업과 협업이 요청되었다. 즉 모든 교우촌 구성원들이 한 사람도 노는 사람 없이 함께 달려들어 협동작업을 하면서도 숙련도와 신체조건 등을 고려한 철저한 분업체계에 따라서 작업을 수행해야만 했기에 다산이 구상한 여전제 생산방식에서 필수요소였던 노동의 계획관리가 철저하게 적용되었던 일이었고, 공동생산과 공동판매 후에 모두가 공동으로 이윤을 분배하였기에 또한 여전제 생활 방식과 일치하는 점이 많았다. 다만 여전제는 일정한 토지 위에 농사를 짓는 농민들을 위한 제도였다는 점에서, 농업과는 상관없이 공업(옹기제작)과 상업(옹기판매)의 양 측면에 걸쳐있던 직업이라는 점에서 여전제와 차이가 난다.

천주교 신자들은 담배, 잡곡, 감자 등을 심는 화전이나 옹기업 외에도 앞서 언급한 바와 같이 다양한 품목의 봇짐장사(행상)나 누에치기, 벌치기, 한의업, 필경, 사냥 등을 하면서 그들의 생계를 잇고 신앙생활을 영위해갔다. 향촌사회에서 일반인들과 섞여서 몰래 신앙생활을 해가던 교우들의 경우, 교우촌 교우들과 달리, 직접 소규모의 농사를 짓거나 고공(농업노동자)으로 종사하는 경우가 많았으며, 약간의 동산과 부동산을 소유하면서 국가로부터 환곡을 의무적으로 받아서 생활하고 있었다.[44]

---

44) 이와 관련해서는 원재연, 「박해시대 천주교 신자들의 사회적 경제적 생활 -"사학한 가사즙물방매성책"의 분석을 중심으로-」, 『민족사와 교회사』, 한국교회사연구소, 2000.5 참고.

5. 한국 근현대의 변화와 교우촌의 전통

1) 1890~1900년대 공적 박해에서 사적 박해로의 전환과
   교우촌의 변화

1894년 호남 일대에서 거세게 일어난 동학농민운동의 여파와 뒤이은 의병운동과 영학당, 활빈당 등 의적운동의 흥기는 이 지역 산골짜기마다 자리 잡은 교우촌 공동체에 큰 영향을 미쳤다. 정의로운 사회를 건설하고 부당한 외세의 침략자들을 격퇴하겠다는 대의를 내세운 동학도와 의병들은 그들 자신의 생존을 위해서 일반 향촌사회와 산골짝에 자리 잡은 교우촌 공동체에 들이닥쳐서 약탈과 폭력행사를 서슴지 않았다. 당시의 서울교구연보에 보고된 호남지역 프랑스 선교사들의 보고서에는 동학도와 의병들, 그리고 도적들의 교우촌 침범에 대한 보고로 가득 차 있다.

보두네 신부는 그의 신자들이 겪은 재난에 대해 상세히 설명합니다. 이 중 가장 감동적인 것은 이 가련한 신입 교우들의 인내심과 충실함입니다. "우리 신자들은 약탈당하고 매를 맞으며 동굴 속에서 살아야 했습니다. 작은 구멍으로 겨우 빛이 들어오는 이러한 오두막에서 남녀노소 전 가족이 온통 뒤범벅이 된 채 대부분 몇 달을 보냈던 것입니다. 언제 끝날 지도 모르는 이러한 재난이 그토록 오래 계속되었으니 이들이 괴로움이야 오죽하겠습니까? 점령당한 마을, 불 질러진 마을들, 대량 학살된 주민들, 암살된 관리들의 소식과 같은 폭도들의 잔인함을, 그들 중 정보를 알고 있는 한 신자가 전해 주었을 때 이들의 불안은 얼마나 더해졌겠습니까? 그러던 어느날 신자들은 모두 학살한다는 결정적인 포고가 나붙었습니다. 때때로 몇 몇 사람들이 폭도들 손에 걸려들었습니다. 고문을 받거나 몸값으로 돈을 지불한 뒤에야 풀려 나오곤 했습니다. 때로는 배교를 강요당하기도 했습니다. 흥덕의 신자 이 씨는 무섭게 얻어 맞은 후 배교를 강요당했습니다. 이를 거절하자 폭도들은 그를 장작더미 위에 올려놓고 화형시켜 버리겠다고 협박했습니다. 그러나 그는 더욱 더 열렬히 자기의 신앙을 고백했습니다. 마침내 그를 죽이려는 사람들이 불을 붙였습니다. 이미 불길이 일어 그의 옷에 붙었을 때 다른 동료들보다 다소 인정이 잇는 동학군 한 명이 그를 화형대 위에서 끌어 내렸습니다. 이리하여 그 신자는 기막힌 학대에서 목숨만은 건질 수 있었으나 평생 불구의 몸으로 지내게 되었습니다. … 전라도 북부. 비에모 신부는 다음과 같이 썼습니다. … 거의 모든 신자들이 빈궁하고 비참한 상태에 놓여 있어서 눈뜨고 볼 수가 없을 정도이며, 그들이 겪은 고통 이야기를 들으면 가장 무감각한 자들도 눈물을 흘리지 않을 수 없을 것입니다. 우리 신자 중에 약 70명이 폭도들의 무서운 고문을 당했습니다. 여자라고해서 예외는 없었습니다. 제가 알고 있는 한 노파는 뼈들을 휘게 하는 형벌[주리틀기]을 받았습니다. 아마 산으로 피신하지 않았다면 모두 이러한 고문을 당했을 것입니다. 하지만 산에서도 역시 극도의 괴로움과 곤궁에 시달려야 했습니다. 긴 석 달을 추위와 굶주림, 그리고 절망과 싸워야 했던 것입니다. 이들은 신부들이 서울에서 구원의 손길을 보내주리라 믿고 있었습니다.45)

귀낭 신부가 맡아보고 있는 이웃 본당에서도 이러한 시련을 면하지 못했습니다. … 작년에 아산과 진천 구역에서 소란을 일으킨 것은 바로 의병들이었습니다. 용주골에서는 신자들이 다수임에도 불구하고 약탈하면서 다시 쳐들어오겠다고 위협하는 폭도들에게 저항할 수가 없었습니다. … 석덕골과 매일골에서는 음력 7월경에 도적들이 와서 모든 것을 노략질하고 남자든 여자든 어린이든 가릴 것 없이 무자비하게 구타하고 과부들을

---

45) 『서울교구연보』 I, 「1895년도 보고서」, 174~176쪽(천주교 명동교회, 1984).

강간하는 등의 일이 있었습니다. 숙골에서는 음력 3월 초엿샛날 악당들이 들어와서 늘 하던 대로 자기들의 의무인 듯이 마음에 드는 모든 것을 약탈해 갔습니다. 한 교우는 자기 아들이 죽음을 모면하게 하기 위해서 이 불청객들에게 쌀을 주었기 때문에 투옥되기까지 했습니다.[46]

이러한 수탈과 방화, 폭력으로부터 교우촌 신자들은 자신을 방어하기 위해서 나섰다. 그 결과 때로는 이웃의 향촌사회 주민들의 안전까지 책임지는 역할을 담당하게 되었다. 그것은 산골의 옹기장이 교우촌 사람들은 사냥을 부업으로 하고 있었던 경우가 종종 있었고, 선교사들에게서 성능 좋은 사냥총을 빌려서 사용하기도 했던 때문에, 이들 사냥꾼 교우들이 사회적 혼란기에 자신들의 생활 터전을 지키기 위해서 떨치고 일어났던 것이다.

2) 양주 가라삐 옹기교우촌 사냥꾼 신자들의 활약

올해도 여전히 불한당에 불과한 자칭 의병이라는 무리들이 지나가는 곳마다 약탈하고 공포 분위기를 조성하여 서울에서 60리 떨어진 양주(楊州)까지 왔습니다. … 가라삐 공소를 알고 있는 친위병들이 관리에게 고하기를, "이곳에서 10리쯤 되는 곳에 옹기도 굽고 사냥도 하는 믿을 만한 천주교 신자들이 있으니 그들이 나서면 아마도 이 곤경에서 쉽게 헤어날 수 있을 것이라고 했습니다. 말이 떨어지자 곧 실행되었습니다. 관리는 가라삐의 회장을 불러서 이 지역의 사냥꾼들을 이끄는 총사령관으로 임명하여 폭도를 물리치라 명하면서 필요

하다면 각 마을마다 가택수색까지 허가한다고 하였습니다. … 그는 자신이 천주교인이기 때문에 이러한 문제는 혼자 결정할 수 없고 이 지역 선교사와 상의할 의무가 있다고 했습니다. … 본인은 그 회장에게 관리의 명령은 곧 왕명이니 복종해야 하지 않겠느냐고 했습니다. 그리고 늘 양심과 정의만을 쫓아 행동해야 할 것이라고 충고했습니다. 본인의 대답을 전해들은 관리는 매우 만족했습니다. 그리하여 이 신자 사냥꾼들은 일주일 이상이나 마을을 지켰습니다. 반도들은 감히 이 마을을 공격할 엄두도 못 내고 뿔뿔이 흩어지고 말았습니다. 이 마을과 주변에 사는 외교인들은 그들의 구원자에게 어떻게 감사해야 할지 몰랐습니다. 이 마을에 머무는 동안 우리 신자들이 보여준 훌륭한 행위는 하나의 참된 선교 행위였습니다.[47]

100년간의 길고긴 박해의 터널을 벗어나 신앙의 여명이 동트고 있었던 개항기에 들어오자, 천주교 신자들은 당시 조선사회의 혼탁한 소용돌이에 직접 휘말렸지만, 자기들의 공동체 유지나 방어에만 전념했을 뿐 적극적인 사회참여를 통한 개혁적 의지를 드러낸 경우는 극히 드물었다. 황해도 해주와 신천, 진남포 일대에서 활동한 안중근 토마스와 그 가문 천주교 신자들의 애국계몽운동, 국채보상운동, 의병운동 등에의 참여를 제외한다면 현재까지 이와 유사한 사례로 알려진 경우는 거의 없었다. 박해시기 엄격한 신분차별적 봉건질서를 거부하고 과감하게 평등을 부르짖으며, 자선과 나눔으로 가난한 이웃들을 구제하고자 노력했던 천주교 신자들은 100년 만의 박해기를 거치는 동안 대다수의 교우들의 경우, 그들의 사회 개혁적 의지를 완전히 상실한 것처럼 보인다.

---

47) 『서울교구연보』I, 「1896년도 보고서」, 206쪽(천주교 명동교회, 1984).

3) 보부상 신자들과 옹기교우촌

옹기교우촌은 협동 노동으로 제작한 옹기를 장에 내다 팔면서 일종의 지역 신자들 간 네트워크를 구축하고서 세상에 변화하는 정보를 파악하고 이를 여러 교우촌의 신자들과 공유하였다. 19세기 후반부터 20세기 초반에는 청일전쟁, 동학농민운동, 갑오경장과 을미개혁, 그리고 아관파천에 이은 대한제국의 성립 등 조선사회에 엄청난 변혁의 움직임이 몰아쳤다. 이런 가운데 옹기장수들은 보부상이나 사냥꾼들과도 일정한 연계를 맺고 변화하는 사회에 적응하면서 신앙공동체를 지키려고 노력했다. 지역마다 약간씩 차이가 있었으나 대개의 경우 박해시기 보부상들은 천주교 신자들이 모여사는 산골 교우촌들과 평화로운 교류의 관계를 맺고 있었다.

그러나 개항기 이후에 보부상들은 그들의 협동조합을 통해서 강력한 이익집단으로 성장했고 독립협회 해산에 동원되면서 일종의 정치집단으로 변모하기 시작했다. 이 즈음부터 보부상은 천주교회와 적대적 관계에 놓이기도 했고 때로 협력하기도 하는 등 교우촌의 변화에 상당한 영향을 끼치기 시작했다.

> 온갖 부정과 재판거부를 일과로 삼는 관청에 대립해서 독립협회라는 한 단체가 조직되었습니다. 그 협회의 사명은 모든 폐풍을 고발하고 일체의 부정을 바로 잡는 일이었습니다. 독립협회는 그 다양하고 진보적인 계획 때문에 상당한 인기를 모으고 있습니다. … 그들은 법률의 개정을, 심지어 헌법까지도 개정을 요구했으며, 행정의 개혁과 자기들의 비위를 거스르는 몇몇 대신과 고위관리의 탄핵을 요구하였습니다. 이번에도 역시 (고종) 황제는 이 요구에 적어도 구두로 다 동의하였습니다. 이에 회원들

은 그 언약이 집행되기를 기다린다면서 많은 수가 여전히 대궐 앞에 머물러 있었습니다. 이때 정부는 때려부수기로 이름난 보부상(褓負商) 패들에게 도움을 요청했습니다. 보부상 패들은 이 요청에 응하여 며칠 전부터 떼를 지어 지방에서 올라왔습니다. 그날 아침 보부상 패들은 몽둥이로 무장을 하고 수많은 무리와 줄지어 와서 궁 앞에 진을 치고 있는 독립협회 회원들을 쫓아내고 그 자리를 말끔히 치워버렸습니다.[48]

뮈텔 주교는 1896년 독립협회의 결성과 이들의 활동 및 1898년 보부상 단체인 황국협회에 의한 독립협회의 해산 광경까지 지켜보면서, 이들 보부상들의 점증하는 영향력이 천주교회에 끼친 부정적인 영향력에 대해 짙은 우려를 표명했고 그 대책을 수립하는 데 부심했다.

지방 감사와 군수들의 공공연한 지원을 받는 보부상(褓負商) 조합은 우리 신자들에게 나쁜 짓을 많이 했는데, 앞으로도 더욱 더 고통을 입힐 것 같습니다. 현재의 무질서 상태 속에서 재판은 흔히 정당성이 결여되고, 거의 언제나 돈에 매수되어 있습니다. 권력 남용이 허다하며 상부 관청에 청원하는 것도 어려운 사정입니다. <u>많은 예비신자들이 극심한 강권발동을 피하기 위해 우리 교회로 찾아옵니다. 보부상들이 우리 교회와 대적하려고 하는 것 같습니다.</u> 보부상이란 윤리적인 책임이 없는 사람들이기 때문에 난폭한 사람들의 지지를 얻어 나날이 더욱 대담해지는 것은 조금도 놀라운 일이 아닙니다.[49]

대한제국이 주한 구라파 여러 나라의 도움을 받아 일제의 강압에

---

48) 『서울교구연보』 I, 「1898년도 보고서」, 227쪽(천주교 명동교회, 1984).

49) 『서울교구연보』 I, 「1900년도 보고서」, 264쪽(천주교 명동교회, 1984).

서 잠시 벗어나 한창 그 자주적 근대화의 움직임을 이어가고 있을 때, 보부상들만큼이나 천주교회도 또한 대한제국 고종 황제로부터 인정을 받는 집단으로 변해가고 있었다. 그러자 천주교회에 적대적 대결의식을 갖던 일부 보부상들은 오히려 천주교회 안에 들어와서 자신들의 이익을 보장받으려고 했다.

> 천주교 신자들의 지위가 얼마나 올라갔던지 신자들을 괴롭히는데 절망한 보부상들이 여러 곳에서 스스로 신자가 되는 것이 가장 편안한 방법이라고 판단했습니다. 이리하여 본인(빌렘 신부)이 관할하는 (황해도) 공소 중 세 곳에서 그 지역의 보부상 우두머리를 회장으로 두고 있습니다. 불행하게도 이것이 우리로 하여금 명망 있고 세력 있는 양반계급으로의 접근을 어렵게 합니다. 그러나 본인은 항상 어느 편도 들려고 하지 않습니다. 보부상의 비위를 맞추기 위해서 양반들을 배제하지 않는 것과 마찬가지로, 보부상을 멸시하는 양반들의 마음에 들기 위해서 보부상을 배제시킬 필요도 느끼지 않습니다.[50]

옹기교우촌과 보부상은 일부에서 서로 연대를 맺게 되었고 그 연대를 통해서 적극적인 민족운동과 함께 사회적 재부를 쌓아가기도 했다. 대표적인 사례가 바로 대구교구의 초창기 후원자 서상돈의 집안이 바로 그러한 예에 속한다.[51] 향촌사회에서 버림받은 한 여인을 보부상이 옹기교우촌으로 데리고 가서 함께 신자로서 살게 되었다[52]고

---

50) 『서울교구연보』 I, 「1902년도 보고서」, 297~298쪽(천주교 명동교회, 1984).

51) 김정숙, 「영남지역의 천주교 유입과 지역사회화 과정 -대구를 중심으로 -」, 영남대학교 민족문화연구소 40주년 기념학술대회 발표문(2018.11.30.).

52) 『서울교구연보』 I, 「1903년도 보고서」, 324쪽(천주교 명동교회, 1984).

하든가, 한국인 최초의 서울대교구장 노기남 바오로 주교의 조상들 중에서 정직하고 양심적인 보부상단의 도움을 받아 납치되었다가 풀려서 교우촌으로 돌아온 분이 계신다[53]는 사실 등에서 볼 때 조선 후기에 보부상과 옹기장이 천주교도들과는 일정한 상관관계가 있었음이 분명하다.[54]

4) 여전제의 구현과 가톨릭 교회의 가르침

필자는 18세기 후반 외국 선교사의 직접적 전교활동 없이 자율적으로 출범한 한국 천주교회가 당시 향촌사회의 피폐와 문란으로 인한 경제적 고통을 일반 백성들과 함께 겪으면서 이를 극복할 대안으로서 새로운 공동체를 모색해가고 있었던 상황에 주목하였다. 당시 정조의 탕평정국에 참여하여 개혁적 관료로서 민생의 안정에 주력하고 있던 다산 정약용은 사대부 사회에 유행하던 천주교 사상의 영향을 일정하게 받고 있었다. 다산은 지주전호제의 확대로 인한 토지소유의 불균등과 이로 인해 백성들에게 닥친 극심한 가난과 기근, 유랑의 문제를 해결하고자 여전제 토지제도 개혁안을 제시했는데, 여기에는 당시 조선에 유포된 서학서(西學書)에 나오는 천주교 신앙공동체의 운영원리들이 고스란히 내재되어 있었다.

필자는 이에 대해 다산이 여전제를 언급한 그의 논설「전론(田論)」을 축조적으로 분석하면서, 그가 새롭게 받아들인 천주교 가르침이

---

53) 박도원, 『한국 천주교회의 대부 노기남 대주교』, 한국교회사연구소, 1985.
54) 이에 대한 본격적인 고찰은 차후의 과제로 미룬다.

그의 출생부터 그의 존재를 규정해왔던 유교적 사고체계 속에서 어떻게 융화되어 갔는지 나름대로 추론해보았다. 「전론」에서 주장한 여전제 개혁안의 핵심은 공동소유에 바탕을 둔 모든 사람의 노동, 그리고 계획적인 협동작업과 일한 만큼 소득을 분배하는 것 등이었다.

이러한 다산의 여전제 개혁안은 당시 조선사회에 전래되어 사대부와 민간에 광범위하게 유포되었던 한문과 한글로 번역된 서학서(천주교서)인 『천주실의』, 『진도자증』 등에 이미 제시된 내용들이기도 했다. 따라서 다산의 여전제는 서학적(천주교적) 가치와 사고를 습득한 조선 지식인들에게서 나올 수 있는 보편적인 개혁안의 범주에 속하는 것이었다고 볼 수 있으며, 비록 그가 여전제를 제안한 1798~1799년에 천주교회의 인사들과 교류가 없었음에도 불구하고, 이미 당대의 천주교 신자들의 다수가 다산이 읽었던 천주교 서적들을 많이 읽고 있었기에 다산의 여전제와 유사한 개혁안을 구상했을 가능성이 상존하고 있었다고 생각된다. 즉 다산이 고민했던 지주전호제의 확대 발전에 따른 '토지제도 문란'이란 시대적 문제를 해결하고, 조선사회가 나아갈 '억강부약(抑强扶弱)'의 원칙이 관철되는 사회개혁의 방안을 수립하는 데에 일정한 도움을 주면서, 때로는 개혁방안의 안내자겸 지침이 될 수도 있었던 서학의 가르침을 상당수의 천주교 지식인들이 잘 알고 있었던 것이다.

이 때문에 조선의 천주교 신앙공동체는 다산이 제안한 여전제의 내용에 자연스럽게 부합되는 공유(共有)와 균분(均分)의 공동체적 삶을 살아갈 수 있었던 것이다. 동시에 천주교 신자들은 다산이 「전론」과 같은 시기에 제술한 「원목」, 「탕론」 등에서 제안한 상향식 민주주의에 입각한 군주(君主, 임금)나 목자(牧者, 목민관)의 선출과, 이렇게 선출된 지도자들이 가난한 백성들에게 골고루 재화를 균분해야 한다는 사실도 익히 잘 알고 있었던 것으로 보인다. 황사영이 「백서」에서 백성의 고통을 돌보지 않는 대왕대비를 비롯한 당시 조선의 세도정치 세력들에 대한 적대감과 비판의식을 강하게 표출한 것도 바로 이같은 인식의 차원에서 해석해볼 수 있을 것이다.

19세기 초반부터 세도정치의 문란상이 대두하면서 천주교에 대한 조정의 박해가 본격화되자, 이에 대한 천주교인들의 대안(代案)으로 생겨난 교우촌(敎友村)과 공소(公所)는 그 자체가 재산의 공유(共有)에 입각한 공동생산과 균등분배(나눔)를 실현하는 일종의 사회적 경제생활 공동체였고, 세습적 신분의 차별을 지양하고 평등을 실천한 인격적 공동체였다. 교우촌과 공소는 중앙(조정)과 지역(향촌) 사회로부터 일정하게 유리되어 있었으므로, 당시 향촌사회를 지배하고 있던 성리학 이념과 가부장제 윤리의 간섭과 통제 및 차별적 신분질서가 공동체에 미치는 영향을 최소화할 수 있었고, 100여 년의 장기적 탄압 속에서도 신앙공동체의 정체성을 유지하고 시대상황에 맞게 발전해 올 수 있었다.

필자는 박해시기 교우촌, 공소가 끊임없이 소멸과 생성을 거듭하면서도 지켜온 가톨릭 신앙공동체요, 공동생산(共同生産)과 균등분배(均等分配)의 원칙이 관철된 사회생활 공동체라는 점에 주목하면서, 이를 재화의 생산과 판매, 그리고 이익의 나눔과 공익 기부, 자선의 실천 등의 측면을 구체적으로 살펴보았다.

신앙의 자유가 도래하자 산곡에 은둔하고 있던 천주교 신자들이

산 아래 향촌사회로 내려왔다. 그리고 근대화의 영향으로 각지에 도시가 발달하자, 다수의 신자들은 농촌을 떠나 도시로 몰려들었고 도시 본당의 구성원이 되었다. 그러나 소수의 신자들은 여전히 향촌사회에 머물면서 농사와 옹기, 숯, 담배, 양봉 등으로 생계를 유지하면서 도시와는 차별화된 농촌 공소에 속하였다. 이렇게 도시와 농촌으로 분화된 천주교 신앙공동체는 일제강점기와 해방이후 산업화의 급속한 영향을 받으면서 도시의 본당은 점차 성장해갔으나 농촌의 공소는 계속된 침체를 면치 못했다. 그리고 20세기 후반부터는 서구화, 공동화의 조짐을 보이며 도시의 대형 본당들도 전교의 활력이 떨어지고 교회쇄신이 제대로 이루어지지 않는 상황에서 점차 침체기에 진입하게 되었다. 바야흐로 한국 천주교회가 심각한 위기에 직면하게 된 것이다.

이러한 침체의 위기를 벗어나 새로운 활로를 모색하는 가운데 등장한 것이 바로 1990년대 이후 본격화된 '구역, 반 소공동체운동'이었다. 21세기에 들어와서 한국교회의 지도자들은 박해시대의 교우촌, 공소의 공동체적 전통이야말로 현대 한국교회 '소공동체운동'의 이상적 표본(모범)이 될 수 있음을 깨닫게 되었고[55], 이제 한국교회는 그 전통의 장점을 교회 쇄신과 전교 활성화에 어떻게 적용할 것인가를 고민하고 있다. 교우촌, 공소의 운영원리 및 전개과정에 대한 고찰은 위기에 처한 한국 자본주의의 모순을 극복하고 사회전반의 폐해를 치유하는 보완 내지 대안으로서 사회적 경제의 한국적 모델을 구축하는

---

55) 김진소, 앞의 글(2000) 참고.

데 중요한 경험과 교훈을 제공할 수 있을 것이다. 여기에 본 연구의
실천적 의미가 있다.

근현대에 들어와서 가톨릭교회의 첫 사회적 가르침에 해당된다고
보여지는 교황 레오 13세의 회칙 「새로운 사태(Renum Novarum, 1891년)」
는 19세기 후반 서세동점의 세계사적 조류 속에서 제국주의 국가들의
산업발달의 폐해로 드러난 구미(歐美) 각국의 가난한 노동자들의 비
참한 삶의 현실에 대해 주목하고, 이들 노동자들이 최소한의 인간으
로서의 품위를 지키며 살아갈 수 있도록 사회적인 대안을 마련할 것
을 촉구했다. 아울러 교황은 "자본주의의 폐해와 함께 사회주의라는
환상도 함께 경계하라"고 했다.[56]

이로부터 100년이 지난 1991년에 요한바오로 2세는 회칙 「백주년
(Centesimus Annus)」을 발표하면서 100년 전의 「새로운 사태」와는 달
리 "사회주의의 폐해와 자본주의에 대한 환상을 경계할 것"을 촉구하
면서 신자유주의와 세계화의 논리에 대응하는 '협동의 규범'을 확립
할 것을 제안했다. 이처럼 노동의 인간화, 그리고 가난한 이들의 비
참한 삶에 대한 우호적 관심과 실질적 지원은 요한바오로 2세의 회칙
「노동하는 인간(Laborem Exercens, 1981)」에서 언급한 자본에 대한 노
동의 우위, 사회적 경제적 문화적 목적을 갖는 광범한 중간조직의 활
성화, 사회적 배제의 척결과 공동선의 증진을 위한 대안으로서 '협동
조합운동'을 강조한 내용과 궤를 같이 하고 있다.

이러한 교회의 가르침에 따라 1970~80년대 제3세계에 속한 가톨

---

56) 정재돈, 「가톨릭교회의 가르침과 협동조합운동의 전망」, 『사목정보』 제5권, 2012.

릭교회들은 '소 공동체들의 공동체'로서의 교회를 구현하기 위해 '기초 공동체 운동(Basic Christian Community)'을 전개하였는데, 한국교회도 1990년대부터 이러한 제3세계 가톨릭교회의 움직임에 관심을 갖고 소공동체, 기초공동체의 중요성을 깨닫고 소공동체운동의 시행에 돌입하게 되었다. 그러나 한국인 평신도들에 의한 자율적 교회창설 이후 200년을 유지해오는 동안 100여 년 간의 기나긴 박해를 극복하고 한국의 천주교회를 유지, 발전시켜온 선교의 활력소이자 신앙생활과 생산활동의 모범이었던 교우촌, 공소에 공로에 대해서는 거의 주목하지 못하고, 아프리카의 룸코 등 외국의 소공동체 모델을 한국에 수입하여 이식하는 데에만 치중해왔다.

그러다가 21세기 이후부터 한국 교회의 지도자들도 점차 한국에 적합한 소공동체운동의 모델을 교우촌, 공소에서 찾아야 한다는 인식의 전환을 시작했다. 만시지탄(晚時之歎)의 감이 있지만 그나마 다행이라고 생각한다.

필자는 교우촌, 공소야말로 19세기 후반 이후 교황의 회칙과 교도권의 가르침에서 강조된 인간을 위한 노동, 형제애에 입각한 자선과 가난을 극복하기 위한 나눔이 벌어진 바로 그 역사적 현장이었다는 사실을 본고를 통해서 입증했다. 찬찬히 생각해보면, 교우촌, 공소로 대변되는 한국의 전통적 가톨릭 신앙공동체의 운영 원리는 19세 후반부터 본격화되는 교황청의 가르침뿐 아니라 제2차 바티칸 공의회의 선언과도 매우 잘 부합됨을 알 수 있다. 공의회의 주요문헌 중 하나인 「현대세계와 교회에 관한 사목헌장」에서는 무엇보다 인간에 대한 존중을 강조하면서 "모든 사람이 저마다 이웃을 어떠한 예외도 없이 또

하나의 자신으로 여겨야 하고, 무엇보다 이웃의 생활이 품위 있게 영위되도록 필요한 수단들을 제공하고 보살펴야 한다"고 이웃에 대한 우호적 관심과 자선, 나눔을 거듭 강조했다.

우리의 교우촌, 공소는 이미 200년 전부터 이러한 이웃에 대한 인격적 존중을 실천하면서 평등한 신앙공동체를 이루어왔고, 이웃을 위한 우호적 관심에서 끊임없이 재화와 관심의 나눔을 실천해왔다. 또한 요한바오로2세가 강조했던 '협동조합', 곧 생산협동조합이나 소비협동조합의 실시에 비견되는 효율적 생산과 수익 균분의 효과를 이미 200년 전부터 교우촌, 공소의 생활공동체를 통해 거두어왔던 것이다. 그러므로 교우촌, 공소의 중요성은 한국적 협동조합의 참된 모델을 구축하는 데에도 유익한 교훈과 정확한 방향을 제시해줄 수 있을 것으로 기대된다.[57]

본고는 몇 가지 한계점을 안고 있다. 자료적 한계 때문에 야기된 문제로서 우선, 본고는 다산 정약용의 여전제와 유사한 사회제도 개혁안 겸 대안공동체 건설을 제안했을 가능성이 있는 천주교 신자들과 그들의 개혁사상에 대한 연구를 진행하지 못했다. 또 개항이후 일제강점기를 거쳐 해방이후 20세기 말에 이르는 변화의 기간 중에 교우촌과 공소들이 어떠한 형태로 '발전 또는 쇠퇴'라는 변화의 길을 걸어

---

57) 이와 관련하여 최근 농촌의 천주교 공소들에서 경제적 자립과 자활을 돕고, 신앙공동체의 유대를 강화하기 위해 공소 신자들과 일반주민들로 이루어진 특화된 공동생산 조직의 운영에 대한 연구논문이 발표되어 주목된다. 김정숙, 「대전교구 월산공소 지도자들」, 『박해시대 이후 지역교회 발전과 평신도의 역할』, 한국순교복자성직수도회 순교영성연구소 주최, 제2회 교우촌 학술대회 "교우촌의 믿음살이와 그 지도자들", 2017.12.02.

왔는지에 대한 고찰도 제대로 하지 못했다.[58] 이는 필자가 가진 경험 부족과 논리적 역량의 한계 때문일 것이다.

따라서 향후 필자의 과제는 이러한 한계들을 극복하고 21세기 한국 사회에 적합한 '한국형 사회적 기업과 사회적 경제의 모델'을 구상하는 데 필요한 교훈과 지침, 역사적 동인(動因)들을 한국사와 한국교회사의 전개과정에서 지속적으로 발굴하고 발굴한 자료를 논리적으로 체계화하는 작업이라고 할 수 있다.

---

58) 김정숙, 「쌍호공소를 통해 본 천주교 교우촌의 성립과 변천」, 『인문연구』 57호, 영남대 인문과학연구소, 2009은 이와 같은 필자의 후속작업에 많은 시사를 던져주고 있다.

3부
살림공동체의
역사와 인천 사례

5장

협동과 포용의 긴장,
자립과 제도화의 긴장이라는 관점에서 본
공동육아 운동 40년과 인천 사례

1. 40년 역사를 살펴보는 이유

현재 한국에서 '공동육아'는 여러 가지 의미로 이해되고 있다. 1994년 신촌공동육아협동조합 우리어린이집을 시작으로 확산된 '공동육아협동조합 어린이집'과 그것이 2012년 협동조합기본법 제정 이후 전환된 '공동육아사회적협동조합'이 운영하는 어린이집들로 이해되는 것이 일반적이다. 그런데 여성가족부가 2010년 시범사업을 시작으로 전국 여러 곳에 '공동육아나눔터'를 운영하면서 최근 공동육아는 관청의 공식 용어로 이해되기도 한다. 또한 '품앗이 공동육아'처럼 어떤 제도적 형식도 갖추지 않고 여러 가구가 서로 돌아가며 아이들을 돌보는 형태들도 공동육아라 불린다. 그래서 지금 공동육아는 육아 문제를 공동으로 해결하려는 여러 방식들을 함께 칭하는 일반적 용어로 쓰이고 있다.

이 글은 지금 이렇게 널리 쓰이게 된 용어인 '공동육아'를 1990년에 처음 한국에서 사용한[1] '탁아제도와 미래의 어린이 양육을 걱정하는 모임'(이하 '어린이걱정모임'으로 줄임)의 기원이 되는 운동 그룹 혹은 운동 흐름이 1978년에 시작되었다는 점에 주목하여 그 용어 자체보다 더 긴 역사인 40년을 공동육아 운동의 역사로 간주한다.

용어의 최초 등장 시점인 1990년이나 그 용어를 명칭으로 채택한 협동조합의 최초 탄생 시점인 1994년보다 더 긴 역사를 '공동육아 운동의 역사'로 간주하는 이유는 첫째, 현재 '사단법인 공동육아와공동체교육'(이하 '공공교'로 줄임)에 참여하는 회원단체들의 다양성을 이해할 수 있기 때문이다. 공공교에는 협동조합 어린이집들뿐만 아니라 초등방과후, 지역아동센터, 대안학교 등도 회원단체로 가입되어 있다. 둘째, 제도화된 어린이집이나 정부의 사업 명칭으로 국한되지 않는 공동육아 운동 전체를 포괄할 수 있기 때문이다. 셋째, 살림공동체의 운동성 혹은 지속성을 담보할 수 있는 두 가지 긴장관계인 협동과 포용의 긴장 및 자립과 제도화의 긴장이라는 관점에서 공동육아 운동의 역사를 조망할 수 있기 때문이다.

1994년 이후 공동육아는 부모들이 '협동'하여 어린이집을 만들거나

---

1) 야학 교사로 해송보육학교 창립부터 참여해 40년간 공동육아 운동을 주도해온 한양대 인류학과 교수 정병호의 증언에 따르면 그러하다. (사)공동육아와공동체교육, 『1970~1990년대 보육현실 인식과 공동육아운동 –2016년도 구술자료수집사업』, 공동육아와공동체교육, 2016, 122쪽.

육아 품앗이를 하는 것으로 이해되는 경향이 크다. 하지만 공동육아 협동조합 어린이집의 운영원리와 교육철학은 돌봄과 교육으로부터 소외된 저소득층 어린이들을 '포용'하기 위한 어린이운동을 통해 마련되었다. 이 어린이운동은 1978년에 설립된 미인가 보육교사 양성 기관인 해송보육학교에서 시작되었다. 그리고 해송보육학교 1기 졸업생들을 교사진으로 하여 1980년에 해송유아원이 설립되었으며, 이후 수많은 실험과 우여곡절을 겪으면서 오늘날의 여러 공동육아 기관들이 성립되었다.

이렇게 수많은 어려움들을 극복하면서 성립되었기에 공동육아를 통해 형성된 공동체들은 최근 사회적 경제, 마을공동체 등이 제도화로 인한 위기를 겪고 있는 상황에서도 '자립'과 '제도화'의 긴장관계를 비교적 잘 견뎌내면서 지속되고 있다.

2. 저소득층 어린이의 인권과 교육을 위한 포용의 노력
: 해송보육학교와 해송유아원

공동육아 운동의 씨앗은 1970년대에 대학생들이 정규 학교를 다니지 못하는 젊은 노동자들을 대상으로 교육을 진행한 미인가 야간학교에서 마련되었다. 현재의 양천구에 있었던 '신정야학'의 대학생 교사들이 주축이 된 '어린이걱정모임'은 경마 용어인 "헤드스타트"의 문제의식을 갖게 되었다. 헤드스타트란 저소득층 아동들이 학교에 입학하기 전 유아기의 사회화 과정에서 이미 뒤처지기 쉬우므로 동일선상에서 출발할 수 있게 하기 위해서는 그들을 위한 교육운동이 필요하다는 것이다. 그래서 어린이걱정모임은 야학에서 성인 및 청소년 대상 교육뿐 아니라 어린이운동도 시작하기로 한다.[2]

이들은 본격적인 어린이 교육을 시작하기 전에 먼저 보육교사를 양성해야 한다는 문제의식으로 1978년 신길동에 '해송보육학교'라는 야학을 설립한다. 해송은 소파 방정환 선생과 함께 일제 강점기에 어린이운동을 했던 동화작가 마해송 선생의 이름에서 따온 것이다. 그 명칭에서 드러나듯이 공동육아 운동의 출발점은 어린이 인권 운동의 문제의식, 즉 어떤 가정환경에서 태어났다 하더라도 학교생활과 사회생활에서 뒤처지지 않을 수 있는 인격으로 성장시키겠다는 '포용'의 문제의식이었다.

해송보육학교 1기생 8명이 2년간의 교육을 받고 졸업하던 1980년 봄, 서울시 관악구 신림동의 산비탈 달동네인 난곡에 '해송유아원'이 설립된다. 해송보육학교 졸업생들과 교사들, 그리고 여러 후원자들이 직접 지은 천막 건물에서 8명의 교사가 7세 아동 160명을 오전과 오후의 4개 반으로 나누어 가르치고 돌보았다.[3]

해송보육학교와 해송유아원의 재정은 어린이걱정모임이 별도로 운영한 기금부를 통해 마련하였다. 대학생들과 대학원생들이 중심인 기금부는 과외방, 양장점 등을 통해 돈을 마련했다고 한다.[4]

그런데 난곡의 해송유아원은 원래의 설립 주체들에 의해서는 2년도 채 운영되지 못했다. 군사쿠데타로 정권을 잡은 전두환 대통령의

---

2) 위의 자료집, 69쪽 정병호의 구술 및 194쪽 이기범의 구술 녹취.
3) 위의 자료집, 262~263쪽 이말순의 구술 녹취.
4) 위의 자료집, 73~74쪽 정병호의 구술 녹취.

부인 이순자는 소문을 듣고 해송유아원을 방문해 괜찮은 사회복지사
업 모델이라고 판단하게 된다. 그래서 소외지역 아동 돌봄 사업인 새
마을유아원 사업이 해송유아원을 모델로 시작된다.

그런데 새마을유아원은 위탁운영권을 법인단체에만 주었다. 그래
서 해송유아원의 운영권은 YWCA에게 넘어가게 된다. 이 과정에서
해송보육학교 출신의 해송유아원 교사들 중 일부는 제도화된 유아원
의 교사로 남게 되고, 다른 일부는 이런 방식의 제도화를 거부하게
된다. '자립'과 '제도화' 사이의 긴장이 시작된 것이다. 후자의 교사들
중 일부는 나중에 전개될 본격적인 공동육아 운동의 주역이 되며, 오
랜 세월이 지난 후에 자립을 전제로 한 제도화 과정에 들어가기도 한
다.5)

3. 창신동 해송아기둥지와 부모 협동의 시작

해송유아원의 운영권이 넘어간 후 단절되었던 어린이운동은 1984
년 해송아기둥지를 설립하면서 재개되었다. 해송아기둥지는 무허가
주택 밀집지역이었던 서울시 종로구 창신동의 낙산성곽 바로 아래에
마당이 딸린 단독주택에서 문을 열었으며, 원장에 해당하는 초대 둥
지장은 어린이걱정모임과 해송보육학교 설립을 주도했던 정병호가

---

5) 해송보육학교 1기 졸업생인 이말순은 난곡 해송유아원 교사를 그만둔 후 새로운
자립 시도인 1984년 창신동 해송아기둥지의 둥지장을 지내고 이후에도 계속 공동육
아 현장에서 일했으며, 현재는 공공교가 위탁 운영하는 서대문구립 푸른숲어린이집
원장이다.

맡았다. 아기둥지에 상주하면서 하루 14시간 보육을 책임진 교사 대표는 해송유아원 교사로 재직하다가 그만 둔 후 다시 자수노동자로 일하고 있었던 이말순이 맡았다.

해송아기둥지 운영에서 주목할 것은 '공동육아'라는 명칭을 쓰지는 않았지만 부모 참여를 통한 초보적 협동이 시작되었다는 것이다. 그리고 이후 공동육아 교육철학의 핵심이 되는 나들이 중심 생활교육, 잘 갖춰진 교구나 교재를 통한   '놀이 아니라 필요에 따라 만들어서 노는 교육이 시작되었다는 것   "자연과 일과 놀이가 결합된 생활"과 "교사와 부모를 교육의 ┌제로 보는 인식"이 시작된 것이다.6)

이러한 시도가 이루어진 것에는 몇 가지 계기가 작용한 것으로 보인다. 창신동의 부모들은 맞벌이 노동자들이 많았다. 그래서 해송아기둥지는 대표교사가 상주하면서 장시간 돌봄을 할 수밖에 없었고, 이로 인해 부모들은 큰 고마움을 느끼면서 주말 시간 등 여유 시간에 둥지 운영을 돕기 위해 보다 적극적으로 참여하게 된다. 그리고 천막교실과 달리 작지만 마당이 있는 단독주택에 둥지를 마련했고 그 주변이 돌아다니기 좋은 환경이었기 때문에 나들이 활동이 늘어났다. 또한 해송유아원 시절과는 달리 운영 주체들이 '헤드스타트'의 강박관념에서 벗어나서 자연스러운 생활 교육을 지향하게 되었다.

그 중에서도 특히 주목할 것은 부모들이 해송아기둥지의 소식지를 만드는 데 직접 참여하고 운영위원회도 구성했다는 것이다. 맞벌이

---

6) 「부모와 교사, 지역사회가 함께 아이를 키우 사'에서 공동육아 시작」, 『시사인천』 기획 연재, 2015.9.16. http://www.isisa.net/news/articleView.html?idxno=32006

직장생활로 인해 돌보기 힘든 아이들을 급식비만 받고 14시간 동안 돌보아주는 아기둥지에 대한 고마움을 저녁시간과 주말시간을 활용한 참여와 협동으로 보상한 것이다. 초기 상주 교사였고 나중에 둥지장을 맡기도 한 이말순은 다음과 같이 회고한다.

　"그때 부모들은 굉장히 고마워하고 감사해했기 때문에, 왜냐면 애들이 돈을 조금내고 여기서 종일 지내고 가기 때문에, 부모들이 조금만 와서 청소하고 잔치에 참여하고 그래도 너무너무 우리가 고마워하고 그러니까 그거 자체를 고마워하고. 부모들하고 관계는 굉장히 좋았고, 마을에서 개원잔치다 이런 거 하면은 아이디어 내고 들어오고 이랬었어요. 김치 담가오고, 요리해서 가지고 오고, 그렇게 많이 했었어요. 부모들도 재밌었지"[7]

　물론 이러한 협동은 나중에 이루어질 협동조합 어린이집에서의 협동과는 달리 부모들이 스스로 운영 주체가 되는 협동은 아니다. 하지만 교사와 부모가 함께 협동하여 아이들을 돌보며 지역사회의 많은 이웃들이 이 돌봄을 응원한다는 공동육아의 문제의식 혹은 사회적 돌봄의 문제의식은 창신동에서 구체화되기 시작했다고 볼 수 있다. 이말순은 부모 참여와 나들이 중심 교육, 그리고 필요한 교구들을 사기보다는 직접 만드는 문화가 1994년에 창립한 최초의 공동육아협동조합인 신촌 우리어린이집으로 이어졌다고 평가한다.

---

7) 『1970-1990년대 보육현실 인식과 공동육아운동 -2016년도 구술자료수집사업』, 공동육아와공동체교육, 2016, 276쪽 이말순의 구술 녹취.

4. 제도화를 위한 영유아보육법 제정 논의와
   '공동육아연구회'의 탄생

1990년 영유아보육법 제정 논의가 시작되자 '어린이걱정모임'은 '탁아제도와 미래의 어린이 양육을 걱정하는 모임'으로 다시 발족한다. 이 모임에는 야학 운동에서 출발한 사람들뿐 아니라 학계의 여러 인사들이 결합했다. 특히 연세대 교수 조한혜정을 비롯한 '또하나의 문화' 그룹이 참여해 보육 정책에 대한 풍부한 의견을 마련하였다. 정병호는 이 모임의 진행과정에서 '공동육아'라는 용어가 처음 사용되기 시작했다고 회고한다.[8]

1991년 영유아보육법이 다소 실망스럽게 제정된 이후, 걱정모임은 1992년에 '공동육아연구회'로 이름을 변경하여 공동육아 철학 및 정책 수립과 구체화를 위한 노력을 계속한다. 공동육아연구회는 1996년에 사단법인 인가를 받아 '(사)공동육아연구원'으로 법인화되며, 2001년에는 '(사)공동육아와공동체교육'으로 개칭하여 현재까지 공동육아 운동의 중심기관 역할을 하고 있다.

비록 그들의 의도와 달리 계층 차별적인 보육 정책과 영리화 및 관료화 문제를 낳는 영유아보육법이 제정되고 말았지만, 공동육아 운동이 법 제정 논의에 적극 참여했다는 것은 주목할 만하다. 법적 제도화 이전에 미인가 시설로 유아원, 아기둥지 등을 자립적이고 자율적으로 실험했던 운동이 한국의 모든 영유아 돌봄과 관련된 법의 제정

---

8) 위의 자료집, 122쪽 정병호의 구술 녹취.

에서 적극적인 역할을 한 것이다. 보다 넓은 포용을 위해서는 '제도화'를 활용할 수밖에 없다는 판단을 한 것이다.

해송아기둥지 또한 1980년대 후반 '지역사회탁아소연합'(이하 '지탁연'으로 줄임)에 주도적으로 참여한다. 그리고 2005년에는 제도화된 지역아동센터로 전환하게 된다. 이 또한 저소득층 어린이 돌봄의 보편화를 위한 노력이었다고 볼 수 있다.

5. 부모협동의 본격화, 공동육아협동조합 어린이집의 탄생과 급격한 확산

영유아보육법 제정 논의 과정에서 걱정모임은 이미 공동육아의 문제의식을 뚜렷이 갖고 있었다. 보육을 그저 민간 영리시설이나 국공립 시설에 맡겨버리는 것이 아니라 부모, 교사, 지역사회, 국가 등 사회 전체가 아이 돌봄을 '공동'의 과제로 삼아야 한다는 문제의식을 뚜렷이 한 것이다. 어린이집이 개인 혹은 관에 의해 일방적으로 운영되는 것이 아니라 부모와 교사는 물론이고 사회의 여러 관련자들이 협동하여 운영해야 한다는 문제의식을 가진 것이다. 이 문제의식이 제도화 과정에서 좌절되자 스스로 협동조합 방식의 어린이집 운영을 시도한다.

1994년 마포구 연남동에서 문을 연 '신촌공동육아협동조합 우리어린이집'이 그 첫 출발이다.[9] 우리어린이집은 부모들과 교사들이 모

---

9) 이후 성산동으로 옮기게 되며, 성산동 일대가 오늘날 서울의 대표적인 마을공동체인

두 동등한 조합원으로 참여함으로써, 해송아기둥지에서 이루어진 부모협동의 경험이 기본 운영원리가 된다. 그리고 생활교육의 경험들에 더하여 친환경 먹거리 원칙 등이 추가됨으로써 공동육아 어린이집의 모델이 형성된다.

공동육아협동조합 어린이집 설립은 1994년부터 몇 년 사이에 급속도로 확산된다. 이기범의 구술에 따르면, 공동육아 어린이집이 설립된다는 기사가 한겨레에 처음 나갔을 때 공동육아연구회에는 하루 100여 통의 전화가 걸려올 정도로 당시의 부모들에게 공동육아는 인기가 높았다. 당시의 보육시설들 중에서 맞벌이 부부가 퇴근시간 이후까지 안심하고 아이를 맡길 수 있는 곳은 거의 없었기 때문이다. 우리어린이집 초기 조합원이었던 유창복은 다음과 같이 회고한다.

> "어린이집도 있고 유치원도 있었지만 이들은 그곳에 아이들을 맡길 수 없었다. 비용이나 시설 면에서 안전하고 안심할 만하다는 국공립 육아시설은 거의 없었고, 있어도 한참을 대기해야 들어갈 수 있었다. 또한 유치원들은 하나같이 인지교육 편향의 획일적인 교육 방침 아래에서 운영되고 있었고, 어린이집 역시 별반 차이가 없었다."[10]

여기서 주목할 것은 공동육아가 그 용어를 만들어낸 사람들에게는 어느 정도 '이념'의 성격 혹은 '가치'의 성격을 가진 것이었다면, 협동조합 설립에 참여한 부모들에게는 절박한 '필요'였다는 점이다. 그리

'성미산마을'로 불리게 된 출발점이기도 하다.

10) 유창복, 「나의 마을살이 10년 -이제 마을하자!」, 『진보평론』 제43호, 2010, 57쪽.

고 이렇게 절박한 필요를 느낀 맞벌이 부부들은 1980년대 학생운동
의 경험을 가진 중산층 고학력인 경우가 많았다. 그래서 이 필요는
협동조합의 발전 과정에서 새로운 '가치들'을 창출한다. 유창복의 글
에는 '필요'도 이야기되고 있지만 "인지교육 편향의 획일적인 교육 방
침"을 싫어하는 그들의 교육철학도 함축되어 있다.

또한 1990년대 초중반에는 농약과 항생제 등이 들어간 먹거리가
농민들의 건강을 위협할 뿐 아니라 아이들의 아토피 등 각종 질환을
불러일으킨다는 이야기가 한참 확산되던 때였다. 그래서 공동육아협
동조합 어린이집들에서는 친환경 농산물을 이용한 급식을 시작하며,
이것은 자연스레 조합원들의 여러 가지 '녹색' 가치를 위한 실천으로
이어진다. 공동육아협동조합 조합원들은 각자의 지역에서 소비자생
활협동조합 창립을 주도했고 여러 가지 개발반대 운동, 환경운동 등
의 주역이 된 경우가 많다.

공동육아협동조합은 어린이집의 형태로만 확산된 것은 아니다. 맞
벌이 가정의 경우 아이들이 초등학교에 진학한 이후에도 방과후에 돌
보아줄 곳은 매우 절실한 '필요'이다. 그래서 1999년 성미산마을 '도
토리방과후'와 경기도 과천시 '우리튼튼방과후'를 시작으로 어린이집
과 연결된 협동조합 초등방과후가 설립되기 시작했다. 이후에는 이
런 초등방과후 중 일부가 어린이집과 별개의 독립된 협동조합으로 운
영된다. 2002년에 설립되어 현재까지 지속되고 있는 과천 두근두근
방과후가 대표적이다. 또한 2000년대 초에는 성미산학교, 과천 무지
개학교, 부천 산학교 등 도시형 대안학교들도 잇따라 설립된다.

공동육아를 경험한 부모들은 아이들이 커가면서 생기는 여러 가지

살림의 필요와 녹색 가치에 따라 소비자생활협동조합, 마을식당, 마을카페, 마을극장, 독립서점, 공동주택 건설, 카셰어링 등 수많은 사업들을 계속 추가해나가면서 오늘날 대도시 속에서 수많은 '마을공동체'를 형성하는 주역이 된다.

6. 공동육아의 교육철학 정립

최초의 공동육아협동조합 어린이집 개원 10주년이 되는 해인 2004년에 공공교 주최로 열린 국제학술대회에서 이부미는 공동육아의 교육 실천이 네 가지 개념으로 교차 구성된다고 발표한다.[11]

첫째는 "생태교육(생태적 능력)"이다. 나들이, 먹거리, 텃밭 가꾸기를 통한 농사짓기 등을 통해 생태적 능력을 획득하는 교육이라는 것이다. 공동육아협동조합에서 정착된 텃밭 가꾸기, 생태 나들이 등은 2000년대 들어 여러 민간 보육시설들도 따라하게 되었다.

둘째는 "생활문화교육(기본적인 문화 또는 민속적 능력)"이다. 이를 위한 대표적 교육활동은 "어린이들의 놀 권리를 보장하는 자발적인 놀이, 전통문화를 재구성하려는 전래놀이, 세시절기 교육, 옛이야기 들려주기, 감수성을 드러내는 다양한 표현활동, 기본생활 습관 등"이다. 공동육아협동조합들이 활성화된 지역에서 지금도 해마다 단오마당이 열리는 것은 바로 이러한 교육 개념의 확산 결과이다.

---

11) 이부미, 「만들면서 만들어가는 실천적 교육과정」, 공동육아와공동체교육 10주년 기념 제1회 국제학술대회 자료집 『참여보육과 생태적 성장』, 2004, 141~144쪽.

 셋째는 "관계교육(소통의 능력)"이다. 공동육아협동조합에서는 자연과 인간의 관계, 부모와 아이의 관계, 교사와 아이의 관계, 부모와 교사의 관계, 조합원들과 지역사회의 관계 등 다양한 관계에서 소통 능력을 높이는 교육이 이루어진다. 그 중에서도 특히 흥미로운 것이 '반말문화'와 '별명' 사용이다. 어른들끼리는 존댓말을 쓰지만 아이들과 어른들 사이에는 서로 반말을 사용함으로써 아이들의 활발한 소통을 유도한다. 또한 부모들과 교사들이 모두 누구 아빠, 누구 엄마라는 호칭 대신 '진달래', '코뿔소', '사슴', '자전거', '구름빵', '코난', '토토로' 등 아이들이 부르기 쉬운 별명을 사용함으로써 친밀한 관계 형성이 쉽게 이루어진다.

 넷째는 "통합교육(차이와 연대의 능력)"이다. 여기서 '통합'은 통일이나 획일화가 아니다. "차이의 공존을 모색"하는 것이며, "다름에 대한 인정"을 뜻한다. 구체적으로는 연령별 분리 교육이 아니라 연령 통합 활동을 중심으로 하는 것, 양성간의 상호 인정을 위한 교육, 장애아 통합교육, 다양한 계층 및 문화를 가진 가정들이 함께 어울리는 조합 생활 등이다. 그런데 공동육아협동조합 어린이집에서 장애아 통합교육은 시설과 전문인력의 부족으로 인해 제한적으로만 이루어지고 있다. 이를 극복하기 위해 장애아 교육시설과 정기적인 통합교육을 실시하는 모범사례에 관해서는 인천지역 사례에서 다룰 것이다.

 이부미의 발표를 통해 정립된 공동육아 교육 실천의 네 가지 개념은 지금도 이어져서 생태교육, 생활문화교육, 관계교육, 통합교육의 네 가지 "공동육아협동조합의 교육철학"으로 불리고 있다.[12)]

7. 개별 공동육아협동조합의 한계와 공공교와
어린이어깨동무를 통한 포용 노력

공동육아협동조합 어린이집들은 1994년 1개, 1997년 16개, 2000년 28개, 2003년 58개 등으로 급속하게 확산되고 각 어린이집마다 국공립에 못지않게 많은 등원대기자들이 생길 정도로 높은 인기를 누리게 된다. 그런데 적게는 300만원에서 많게는 1000만원에 이르는 출자금[13], 기본 보육료 외에 추가로 부담해야 하는 월 조합비 등으로 인해 저소득층 가구가 공동육아협동조합에 가입하기는 어려웠다.

이러한 '높은 문턱' 문제를 해결하기 위해 많은 공동육아협동조합들이 '차등 출자금' 혹은 '차등 보육료' 등의 제도를 도입하였다. 또한 어린이집 운영 이외에 지역아동센터 지원 사업 등 지역사회의 저소득층 어린이 돌봄을 후원하는 경우, 공공적 기여에 대비한 공적 기금을 정립하는 경우[14] 등 공동육아협동조합들은 조합 형식으로 인해 불가피한 폐쇄성을 극복하고 공동육아의 출발점인 어린이운동의 문제의

---

12) 서울연구원, 『서울시 공동육아협동조합 활성화를 위한 민관협력방안』, 2013, 43~46 쪽. 이 보고서는 (사)공동육아와공동체교육 전문위원 3인(이경란, 정성훈, 김정욱)에 의해 작성된 것이다.

13) '영구터전'이라 불리는 자가 소유의 건물을 갖고 있지 못한 경우 최근에는 1000만원을 넘어선 경우도 많다.

14) '공적 기금' 제도를 처음 도입한 과천공동육아사회적협동조합 열리는어린이집은 그 명칭인 '열리는'에 이미 조합의 폐쇄성을 극복하고자 하는 의도가 담겨있다. 초기 조합원들의 증언에 따르면 우리 아이들만 잘 키우는 것이 아니라 사회로 열리는 어린이집, 모든 아이들을 향해 열리는 어린이집을 지향하자는 의미로 이런 명칭을 택하였다고 한다.

식 혹은 사회적 공공성에의 기여를 위한 노력을 하는 경우들이 많다.

그럼에도 이러한 내부의 제도 마련이나 여러 가지 노력은 한계를 가질 수밖에 없다. 2000년대 이후 개별 조합들의 총회에서는 몇몇 조합원들이 우리도 적자 운영하고 있는데 어떻게 남을 돕느냐, 공공교 회비를 내지 말거나 줄여보자 등등의 주장이 제기되어 왔다. 그리고 2005년 영유아보육법의 개정으로 '부모협동'이 어린이집의 한 유형으로 제도화된 이후에는 공공교의 회원단체가 아닌 개별 조합으로만 존재하는 부모협동 어린이집들이 생겨났다. 이들 중에도 저소득층 아동 지원사업 등에 관심을 갖는 경우가 없지는 않지만, 그 폐쇄적 형식 자체로 인해 중산층 가구들만의 공동육아에 머물게 되기 쉽다. 금전적 부담을 줄인 경우에도 공동육아가 고학력 맞벌이 가정들을 중심으로 시작된 탓으로 인해 비가시적인 문화적 문턱도 존재한다.

그래서 공동육아협동조합들에 대해 많은 외부인들이 '너네 애들만 잘 키우려고 하는 것 아니냐', '중산층 고학력 집단 이기주의' 등의 혐의를 제기하기도 한다. 터전 마련과 지속을 위해 높은 출자금을 유지할 수밖에 없는 개별 협동조합이 이러한 혐의로부터 자유롭기는 쉽지 않다.

하지만 공동육아 운동은 협동조합 어린이집들에 한정된 것은 아니다. 공동육아협동조합들이 회원단체로 가입해 있으며 현재 가구당 월 2만원의 회비를 정기납부하는 사단법인 단체인 공공교에는 공동육아협동조합들만 속해 있는 것이 아니다. 부모협동의 모태가 된 해송아기둥지의 후신인 '해송지역아동센터'를 비롯한 9개의 지역아동센터들이 '지역공동체학교'라는 내부 명칭으로 소속되어 있으며, 이

러한 저소득층 중심의 보육기관과 교육기관을 후원하기 위해 공공교
의 회원들은 매년 2천만 원 내외의 '저소득기금'을 납부하고 있다.15)

또한 공동육아 운동의 초기 주도자들이자 현재도 공공교 이사진으
로 참여하고 있는 정병호, 이기범 등의 주도로 1996년부터 북녘 어린
이 돕기 운동을 펼치기 시작한다. 이 운동은 1998년 '사단법인 남북어
린이어깨동무' 창립으로 이어졌으며, 현재는 '(사)어린이어깨동무'로
명칭을 변경하여 대북지원사업 등 해외의 어린이들을 돕기 위한 활동
을 꾸준히 펼치고 있다. 공동육아협동조합을 거쳐 간 많은 사람들이
어린이어깨동무의 회원 혹은 후원자가 되었다.

그밖에도 공동육아 운동의 주역들은 '평화디딤돌' 창립을 주도하고
다문화 포용을 위해 서울 신월동의 '한누리지역아동센터'를 운영하는
등 협동조합 어린이집을 다니기 힘든 어린이들을 포용하기 위한 노력
을 진행하고 있다.

개별 공동육아협동조합을 거쳐 가는 모든 사람들이 자신들의 조합
이 이러한 모든 포용 노력과 연결되어 있음을 잘 알고 있는 것은 아니
다. 그럼에도 그들이 내는 회비 혹은 후원금이 이러한 활동에 기여하
고 있다. 또한 조합 활동을 적극적으로 한 사람들은 자기 아이들이
졸업한 후에도 공공교 평생회원 가입, 저소득기금 납부, 어린이어깨
동무 후원 등을 통해 1978년 해송보육학교에서 시작된 어린이운동의
문제의식을 이어가고 있다. 즉 포용의 문제의식을 공유하고 있다.

---

15) (사)공동육아와공동체교육의 2018년 3월 정기총회 자료집인 『공동육아와공동체교
　　육 2017-2018』 및 홈페이지(http://www.gongdong.or.kr)의 전국공동육아 현황 참조.

그럼에도 공동육아 운동의 중심이자 공공교 회원 단체의 다수를 차지하고 있는 협동조합 어린이집의 '높은 문턱' 문제는 공공교의 끊임없는 고민거리였다. 2007년 3월 정기총회에서 공공교는 "공동육아는 중산층운동인가라는 질문에 답해야 한다"는 문제제기를 한다. 그리고 사업계획에서 "공동육아운동의 제도화"를 통해 "공동육아의 다양화"를 모색하겠다고 말한다.[16] 조합원들이 직접 출자해 터전을 마련하는 방식 외의 다양한 공동육아 형태를 모색하겠다는 뜻이다. 이런 모색은 국공립어린이집과 직장어린이집을 위탁받아 공동육아 방식으로 운영하는 등 다양한 성과를 낳았다. 그리고 보다 본격적인 공동육아 다양화는 제도화의 도움으로 최근에 이루어지고 있다.

8. 제도화를 통한 확산 노력과 자율성 약화의 위험

공동육아협동조합 어린이집은 2005년에 60개소를 넘어선 후 그 증가 추세가 둔화되어 현재도 70여 개에 머무르고 있다. 이러한 확산의 정체 이유를 공공교는 2013년 서울연구원 보고서를 통해 다음과 같은 다섯 가지로 분석하고 있다.

① 부동산 가격 상승과 여러 가지 법적 제약으로 새로운 어린이집을 만드는 일이 너무 힘들어졌기 때문

---

16) (사)공동육아와공동체교육, 「제12차 공동육아와 공동체교육 정기총회」, 2007.3.10., 64쪽.

② 관의 차원에서 공동육아협동조합의 공공성을 제대로 평가하지 않으며 그 설립을 용이하게 할 수 있는 법적, 제도적, 정책적 지원을 소홀히 했기 때문

③ 최근 관에서도 공동육아협동조합에 대한 관심은 높아졌지만 그에 대한 관의 이해수준이 아직 낮기 때문

④ 민간 차원에서 공동육아협동조합을 설립하려는 능동적인 주체가 부족하기 때문

⑤ 공동육아협동조합 어린이집의 장점 중에서 친환경 식단, 나들이 중심의 생태교육, 부모와 교사의 활발한 소통 등이 일부 국공립어린이집이나 일부 민간어린이집으로 확산되면서 예전보다 차별성이 약화되었기 때문[17]

이런 한계들을 극복하기 위해 공공교는 이미 2005년 영유아보육법 개정 과정에서부터 능동적으로 관과 제도를 활용하기 위해 노력했다. 공동육아 운동의 자율성을 훼손하지 않으면서도 관의 관리 하에 한국의 모든 보육기관들의 질을 높이는 길, 그리고 공동육아협동조합의 자율성을 유지하면서도 관의 재정적 및 행정적 지원을 받는 길을 모색했다.

자체적인 공동육아 인증 제도를 마련하는 등 어린이집 시설 기준을 개선하기 위한 공공교의 노력은 2005년 모든 어린이집에 적용되는 평가인증 제도 도입에 큰 기여를 하였다. 2006년에는 "비조합형 공동육아 어린이집 시범 운영사업"[18]을 시작해 2008년에 대전 대덕

---

17) 서울연구원, 『서울시 공동육아협동조합 활성화를 위한 민관협력방안』, 2013, 6~10쪽.
18) (사)공동육아와공동체교육, 「제12차 공동육아와 공동체교육 정기총회」, 2007.3.10.,

테크노밸리 안의 직장어린이집인 '뿌리와 새싹'을 위탁받아 운영함으로써 출자 등의 재정 부담이 적은 부모협동형 어린이집이 탄생한다. 이것은 "문턱이 낮은 공동육아", "조합의 경계를 넘어서는 실천방안을 마련"[19]한다는 2007년 정기총회에서 설정한 제도화 및 다양화 목표의 첫 번째 성과이며, 이후 2009년 서울시 마포구의 구립성미어린이집 위탁 운영 등 여러 국공립 어린이집 위탁 운영으로 이어진다.

그런데 이러한 제도화 노력들은 자율성 약화의 우려를 동반할 수밖에 없다. 공동육아 운동은 2012년부터 몇 년 동안 누리과정 도입, 사회적협동조합 전환, CCTV 설치 등의 문제로 긴 시간의 내부 논의와 대외적 운동을 펼치면서 힘겹게 자율성을 지켜내었다.

2012년 만 5세, 2013년 만 3~4세에 도입된 누리과정은 정부 지원을 통해 보육료 부담이 줄어드는 긍정적 측면을 가졌지만, 그와 함께 공동육아 철학에 어긋날 수 있는 획일화된 교육 과정이 관철될 수 있다는 우려를 불러일으켰다. 공공교는 2011년부터 누리과정연구모임을 구성하는 등 누리과정 도입에 적극적으로 대응하였고[20], 우려와는 달리 시행된 누리과정이 인지교육 중심의 커리큘럼으로 구성되지 않아서 공동육아협동조합 어린이집들은 누리과정을 수용하여 재정 부담을 덜 수 있게 되었다.

67쪽.

19) (사)공동육아와공동체교육, 「제12차 공동육아와 공동체교육 정기총회」, 2007.3.10., 64쪽.

20) (사)공동육아와공동체교육, 「제18차 공동육아와 공동체교육 정기총회」, 2013.3.9., 13쪽.

2012년 12월에는 협동조합기본법이 발효됨으로써 공동육아협동조합들은 기본법에 따른 일반 협동조합 혹은 사회적협동조합으로 전환하지 않으면 몇 년간의 유예기간 후에는 더 이상 '협동조합'이라는 명칭을 쓸 수 없는 상황에 처하게 되었다. 협동조합기본법은 그간 법적으로 보장받지 못했던 공동 소유 형태를 보장받을 수 있게 해준다는 점에서 긍정적이었지만, 협동조합들을 영리단체로 간주되는 '일반'과 비영리단체로 간주되는 '사회적'으로 양분함으로써 기본법 제정 이전부터 협동조합으로 운영되어 온 단체들을 곤란하게 만들었다.

공공교는 협동조합기본법 TFT를 구성해 전국적 논의를 거쳐 "법인화의 방향을 '사회적협동조합'으로 의견을 모았다."[21] 하지만 사회적협동조합으로의 전환이 실익이 없다는 이유, 전환 과정에서의 행정업무 부담 및 전환 이후 공시 등의 행정업무 부담 등의 이유로 인해 아직까지 일부 공동육아협동조합들은 사회적협동조합으로 전환하지 않고 있으며, 몇몇은 불가피한 이유들로 인해 일반 협동조합으로 전환하였다. 그럼에도 다수가 전환하였기 때문에 공공교는 2018년 사업계획에 "(가)공동육아사회적협동조합연합회 설립"[22]을 명기했으며, 현재 준비위원회를 꾸린 상황이다. 그래서 앞으로 사회적협동조합으로 전환해 연합회에 소속된 공동육아 단체들과 그렇지 않은 단체들 사이에 어떤 차이가 생길 것인지 지켜볼 필요가 있다.

2015년에는 인가를 받은 모든 어린이집들에 대해 공동육아 운동이

---

21) (사)공동육아와공동체교육, 「제19차 공동육아와 공동체교육 정기총회」, 2014.3.8., 13쪽.

22) (사)공동육아와공동체교육, 「공동육아와공동체교육 2017-2018」, 2018.3.10., 62쪽.

결코 받아들일 수 없는 법적 조치가 내려진다. 여러 민간 어린이집들에서 일어난 보육교사에 의한 아동 학대 문제를 예방하기 위해 국회가 CCTV 설치를 의무화하였기 때문이다. 교사들과 부모들 사이의 소통과 신뢰를 강조하며 대부분의 경우 동등한 권리를 갖는 조합원인 공동육아협동조합으로서는 '불신의 제도화'를 받아들일 수 없었다. 공동육아 어린이집들이 CCTV 설치 의무화 반대 운동을 펼쳤지만, 보육교사들에 대한 불신이 극에 달한 여론에 힘입어 의무화 조치는 시행된다. 다행히도 모든 부모가 '미설치 동의'를 한 어린이집에 대해서는 예외가 허용되었고, 공공교 소속의 모든 협동조합 어린이집들과 2곳의 국공립어린이집이 부모들의 서명을 받아 CCTV 미설치 동의를 결의하였다. 공공교는 이 성과를 "서로 믿고 함께 키우는 어린이집 운동"으로 규정하였다.[23]

이렇듯 제도화를 통해 관의 지원을 받아 이루어지는 공동육아 운동의 확산은 자립성과 자율성을 훼손할 우려가 있다. 자립성이 훼손된다는 것은 관의 재정적 지원이 중단될 경우 공동육아를 위한 협동이 중단될 수 있음을 뜻하며, 자율성이 훼손된다는 것은 공동육아협동조합의 교육철학이 위축되거나 변질될 수 있음을 뜻한다.

2005년 보건복지부의 평가인증 제도 도입 이후 공동육아협동조합 어린이집의 교사 조합원들은 평가인증에 대비한 서류 작업이나 터전 꾸미기 등을 위해 몇 주씩 야근을 하는 경우가 많다. 또한 누리과정

---

23) (사)공동육아와공동체교육, 「제21차 공동육아와 공동체교육 정기총회」, 2016.3.12., 28쪽.

지원금이나 지자체의 지원금을 받는 경우 공동육아협동조합 이사회에는 회계보고를 위한 업무 부담이 늘어났으며, 사회적협동조합으로 전환한 경우 총회 때마다 새로운 임원을 등기하는 작업 등의 부담이 커졌다. 이런 일들은 모두 실질적인 아이 돌봄 및 부모 협동을 위한 에너지를 갉아먹는 효과를 갖는다.

이 때문에 공동육아협동조합들 중 극히 소수의 조합들은 지금까지도 평가인증제도를 거부하고 있으며, 일부는 사회적협동조합으로의 전환을 시도하지 않고 있다. 그런데 이런 어린이집들은 관의 지원을 받기 힘들기 때문에 출자금과 조합비를 계속 인상할 수밖에 없어서 '문턱'이 높아질 수밖에 없고, 따라서 신입 조합원 가구를 충원하기 어려워진다. 이렇듯 제도화는 확산과 포용을 가능하게 하는 반면 내부의 협동과 그 협동의 힘으로 가능한 자립을 훼손할 수 있다.

9. 건강한 긴장관계를 유지하며 포용을 위한 통합교육의 모범 사례를 제시한 인천좋은공동육아사회적협동조합

인천의 공동육아 운동 역시 20년 이상의 역사를 갖고 있다. 인천 최초의 공동육아협동조합 어린이집은 1998년 3월 계양구에 문을 연 해맑은어린이집이며, 1998년 8월 부평구 십정동에 문을 연 희망세상어린이집, 2001년 남구 문학동에 문을 연 너랑나랑어린이집, 2012년 3월 검단신도시 인근 왕길동에 문을 연 감자꽃어린이집 등 네 개의 공동육아 어린이집이 운영되고 있다. 그리고 오랜 역사를 가진 해맑은어린이집과 희망세상어린이집으로부터 각각 해맑은방과후와 하제누리방과후가 생겼다. 2015년 기준으로 인천지역 공동육아의 현황과 각 어린이집 및 초등방과후에 대한 소개는『시사인천』의 기획연재 '마을에서 건강하고 안전하게 아이 키우기」에 잘 나와 있다.

여기서는 인천의 공동육아협동조합들 중에서 앞에서 살펴본 협동과 포용의 긴장 및 자립과 제도화의 긴장을 잘 견지해온 살림공동체 형성 사례이자 장애아 통합교육의 새로운 모범 사례를 제시하고 있는 '인천좋은공동육아사회적협동조합'을 다루겠다. 인천좋은공동육아사회적협동조합은 1998년 8월에 문을 연 희망세상어린이집과 2011년 3월에 문을 연 하제누리초등방과후를 운영하고 있다. 또한 부평구에서 안전한 마을 만들기 사업, 초등돌봄센터 운영 등 여러 가지 마을공동체 및 마을기업 사업도 진행해왔다. 2015년에는 협동조합기본법에 따라 사회적협동조합 창립총회를 열고 보건복지부의 인가를 받았다.

아래의 서술 내용은『시사인천』기사, 그리고 필자가 2018년 10월 12일 오후에 인천학연구원 남승균 상임연구위원과 함께 인천좋은공동육아사회적협동조합을 방문하여 이성윤 이사장 및 류부영 재정이사(전이사장)와 두 시간 남짓 진행한 인터뷰를 기초로 한 것이다.

희망세상어린이집은 인천지역 시민단체와 노동운동단체 활동가들의 자녀 양육을 위한 보육시설로 시작했다. 그 설립 동기는 다음과 같다.

"여성 활동가들이 육아로 인해 활동에 어려움을 겪자, 노동운동단체 사무실 한 쪽에 놀이방을 만들고 부모들이 품앗이를 하며 아이를 키웠다. 이중 몇몇의 여성 활동가가 아이를 제대로 키워보자는 마음을 먹고 보육교사 자격증을 획득하고 1998년 8월 정식 인가를 받아 시작한 것이다."24)

이 설립 동기에서 우리는 1990년대 중후반 서울 등 다른 지역에서 생겨난 공동육아협동조합들보다 더욱 절박한 '필요'를 느낄 수 있다. 독자적인 어린이집 터전을 마련하기도 전에 사무실 한 구석에 놀이방을 만들어야 했을 만큼 절박했으며, 정식 인가를 받을 때도 자격증을 가진 보육교사를 고용한 것이 아니라 엄마들인 여성 활동가들 중 일부가 스스로 자격증을 취득한 것이다. 물론 부모들 중에서 직접 보육교사가 된 곳은 1990년대 후반에 생겨난 다른 지역의 공동육아협동조합들에서도 간혹 볼 수 있다. 하지만 희망세상어린이집은 그 후에도 오랜 기간 공공교 회원단체 가입의 필요를 느끼지 않을 정도로 스스로 교사 역량을 키워낸 보기 드문 곳이다.25)

희망세상어린이집은 1999년부터는 지역사회와 함께 키우는 공동육아의 문제의식을 더욱 뚜렷이 내세우면서 '좋은 어린이집을 만들기 위한 인천시민협동조합' 설립을 추진해 2000년 4월 창립하며, 십정동(현재의 부평3동)에 영구터전을 개원했다. 그리고 이러한 협동조합 설립 정신은 이후 지역사회와 함께하는 여러 가지 사업들로 이어졌고, 그것들 중에는 관의 지원을 받은 경우도 있다.

인천지역의 대표적 기업인 대우자동차에서 대량 해고가 일어난

---

24) 『시사인천』, 2015.10.07. "초등방과후, 공동육아에서 마을을 고민하다", http://www.isisa.net/news/articleView.html?idxno=32135
25) 하제누리방과후는 일찍이 공공교 회원단체로 가입했지만 희망세상어린이집은 자체적인 신입교사 교육 역량에 한계를 느끼게 된 2018년에야 회원단체로 가입하였다.

2001년에는 5월에 협동조합은 '어깨동무 내 동무'라는 어린이날 큰잔
치를 열고 7월에는 '실직가정 자녀를 위한 여름학교'를 열었다. 2011
년부터 2년간은 부평구의 마을기업 지원 사업에 선정되어 '둥구미초
등돌봄센터'를 운영하면서 조합원 가구가 아닌 지역의 아이들을 돌보
고 간식을 제공하는 사업을 하였다. 이 사업은 지원이 종료된 후에도
자체적인 노력으로 2년간 지속되었지만 안타깝게도 경영난으로 결국
중단되었다.

　더 많은 어린이들을 포용하기 위한 사업뿐 아니라 어린이집이 위
치한 마을을 안전하게 만들기 위한 노력도 펼쳤다. 부평3동은 2010
년 무렵 재개발이 지연되면서 동네가 다소 황폐화되어 아이들과 지역
주민들의 안전이 우려될 정도로 어둡고 칙칙한 곳으로 변해갔다. 그
래서 조합원들은 부평3동 주민자치위원회에 적극 참여하고 여러 가
지 마을 만들기 사업들을 통해 부평3동의 생활환경을 개선하였다.
2013년에는 도시가스 설치를 위한 마을위원회 구성에 참여했다. 그
리고 '아이들이 안전한 마을 만들기' 사업, '부평3동 여성아동의 안심
안전 프로젝트', '부평3동 신나는 골목, 안전한 마을' 사업 등이 인천
시와 부평구의 마을공동체 만들기 지원 사업에 선정되어 지금까지도
꾸준히 밝고 깨끗한 골목을 만드는 활동들을 진행하고 있다. 특히 어
린이집 바로 앞 골목은 '무지개 희망길'로 가꾸었는데, 각 집의 담을
각각 다른 색의 벽화로 꾸며 골목 풍경을 개선하였다. 이 과정에서
비조합원 가구들과의 협조가 잘 이루어져서 희망세상어린이집과 하
제누리초등방과후는 이웃들에게 좋은 평가를 받고 있다. 백운역에서
어린이집 터전으로 이어지는 길은 이제 재개발이 완료된 신축 아파트

들 뒤편으로 무지개 희망길이 이어지면서 예전보다 훨씬 화창해졌다.

　인천좋은공동육아사회적협동조합의 조합원들은 하제누리초등방과후 어린이들이 주로 다니는 학교인 신촌초등학교 운영위원회와 학부모회에도 적극 참여하고 있다. 그래서 신촌초의 방과후 프로그램들 중에는 다른 학교들에 비해 마을과 연계하여 진행하는 프로그램들이 많다.

　이렇듯 조합원들만의 폐쇄적 협동이 아니라 지역사회로 열리는 포용적 공동육아 운동을 펼쳐온 협동조합은 다른 지역에서도 찾아볼 수 있다. 하지만 인천좋은공동육아사회적협동조합의 희망세상어린이집이 특별히 모범적인 부분은 '장애아 통합교육'이다. 앞서도 지적했듯이 통합교육은 공동육아 운동의 핵심적인 교육철학 중 하나이다. 어린 시절부터 장애아와 비장애아가 함께 어울려 놀면서 '다름' 혹은 '차이'를 인정하면서 '공존'하고 '연대'할 수 있는 사람으로 성장시키는 것이 통합교육의 지향이다.

　그런데 장애아 통합교육의 경우 3~40명 규모의 어린이집에서는 제대로 이루어지기는 어렵다. 특히 청각장애 등 장애의 정도가 큰 아이들과의 통합교육에는 상당한 전문성이 요구되며 위험부담도 따른다. 그래서 공동육아 운동 내부에서는 공동육아 교육철학 중 통합교육이 위축되는 것에 대한 우려가 커지고 있다.

　희망세상어린이집은 독자적으로는 실행하기 어려운 장애아 통합교육을 부평구의 청각장애 및 언어장애 교육기관인 '성동학교'와의 정기적인 교류를 통해 실현하고 있다. 성동학교의 유아들과 희망세상 유아들이 공원에서 만나 함께 나들이를 하고 어울려 노는 프로그램, 성동학교 운동회에 희망세상 아이들이 참여하는 프로그램뿐 아니라 희망세상 아이들이 1년에 몇 주간 성동학교에서 통합생활을 하는 프로그램 등 여러 가지 통합교육 프로그램들을 진행하고 있다.

희망세상에서 아이를 키운 부모들 중 인터뷰에 응한 한 부모는 청소년이 된 자신의 아이가 장애인에 대한 편견이 없고 다양한 친구들과 잘 어울려 노는 것이 성동학교와의 통합교육 프로그램 덕분인 것 같다고 말한다. 장애아 통합교육을 적극적으로 하는 다른 공동육아협동조합 어린이집들이 10% 이내의 인원으로 가벼운 장애를 가진 아이들과의 통합교육만 실현하고 있다. 그에 반해, 희망세상은 모든 생활을 함께 하지는 않지만 정기적인 교류 프로그램들을 통해 아이들이 청각장애와 언어장애를 가진 친구들과도 어울려 노는 법을 가르치고 있다. 이 때문에 희망세상에서 성장하는 아이들은 사람들 중에는 듣지 못하는 사람, 보지 못하는 사람 등등 다양한 사람들이 있으며 그들과 함께 놀고 함께 사는 법을 배우고 있다. 이러한 장애아 통합교육 방식은 다른 공동육아협동조합 어린이집들뿐 아니라 여러 보육기관들에서 따라 배울 필요가 있는 모범 사례이다.

표 1. 인천지역 공동육아와공동체교육 회원단체 현황

종류	기관명	주소	설립년도	비고
어린이집	감자꽃	인천시 서구 고산후로 174번길 22(원당동)	2012	검단지역공동육아 사회적협동조합
어린이집	너랑나랑	인천시 미추홀구 소성로 318번길 23-7(문학동)	2001	푸른생협 조합원들의 주도로 설립
어린이집	해맑은	인천시 계양구 계산동 971-4	1998	1997년 준비모임 구성, 인천 최초의 공동육아

어린이집	희망세상	인천시 부평구 창휘로 10번길 22	1998	인천좋은공동육아 사회적협동조합
초등방과후	하제누리	인천시 부평구 창휘로 10번길 22	2011	인천좋은공동육아 사회적협동조합
초등방과후	해맑은	인천시 계양구 계산동 979-1 덕수상가 4층	2010	해맑은어린이집 내부의 방과후로 운영되다가 2010년에 분리

10. 협동과 포용의 긴장, 자립과 제도화의 긴장, 포용과 자립의 긴장, 협동과 제도화의 긴장

　공동육아 운동 40년 역사에서 드러나는 기본적인 긴장관계는 '협동과 포용의 긴장', 그리고 '자립과 제도화의 긴장'이다. 해송유아원 설립 당시 어린이운동이라는 포용의 노력으로 출발한 후 해송아기둥지를 거치면서 부모와 교사의 '협동'이라는 새로운 모델이 탄생했으며, 이후 어느 정도 폐쇄성과 문턱이라는 한계를 가질 수밖에 없는 공동육아협동조합들이 탄생하면서 협동과 포용은 긴장관계에 놓이게 된다. 물론 공공교와 어린이어깨동무 등 다양한 연대와 보완의 노력을 통해 이 긴장관계는 건강하게 유지되고 있지만 항상 위기에 처할 수 있는 긴장관계이다.

　공동육아협동조합들만으로는 한국 사회의 모든 어린이들을 포용할 수 없다는 사실은 공동육아 운동으로 하여금 적극적인 제도화에 나서도록 만들었다. 그런데 포용을 위한 제도화는 다시 자립과 협동을 약화시킬 수 있는 위험성, 더구나 CCTV 설치 의무화 사례에서 드러나듯이 공동육아의 기본 '가치'까지 훼손할 수 있는 위험성을 내포

한다. 또한 관의 간섭은 협동의 에너지를 위축시킬 수 있으며, 관의 지원에 대한 의존성은 자립의 동력을 훼손할 수 있다. 그리고 이런 과정은 필요에서 시작해 정립한 생태교육, 생활문화교육, 관계교육, 통합교육이라는 가치를 훼손할 수 있다.

그런데 어느 정도의 '긴장'은 살아있는 모든 것들을 건강하게 자라게 하는 동력이다. 공동육아 운동 40년을 통해 살펴본 여러 긴장관계들은 그 자체로 제거해야 할 문제가 아니라 살림공동체 형성이 계속 견지해야 하는 것들, 즉 끊임없는 운동을 통해 이어나가야 할 것들이다. 예를 들어, 장애아 보육을 위한 제도적 시설 기준을 충족할 수 없는 상황에서 통합교육의 가치를 견지하기 위해서는 인천좋은공동육아사회적협동조합처럼 다른 보육기관과 연대하는 적극적인 노력을 해야 한다. 또한 관계교육의 가치를 지키기 위한 CCTV 설치 의무화 반대 운동을 통해 알 수 있듯이, 협동과 포용을 방해하는 제도화를 막고 정부와 지자체가 올바른 제도화로 나아갈 수 있도록 노력할 때 건강한 긴장관계는 지속될 수 있다.

이러한 긴장관계들은 공동육아 운동에만 중요한 것이 아니라 모든 살림공동체 형성에서 중요하다. 한편에서는 협동의 힘으로 자립성을 획득하지 못한 채 관의 지원에만 의존하는 사회적기업들이 늘어나고, 다른 한편에서는 더 이상 확장되지 못한 채 자족적 협동에 머무는 원조 협동조합들이 남아있는 상황에서, 공동육아 운동이 지난 40년간 팽팽하게 붙잡고 있는 여러 긴장관계들이 갖는 의의는 크다.

표 2. 공동육아와공동체교육이 걸어온 길

연도	주요 사항	보충설명
1978	'어린이걱정모임' 구성 '해송보육학교' 설립	해송보육학교에서 4년간 20여 명의 교사 양성
1980	서울 관악구 신림동 난곡 '해송유아원' 설립	오전 오후 4개반 160명의 아동을 돌봄
1982	해송유아원이 YWCA 위탁 새마을유아원으로 전환	제도화로 인한 어린이걱정모임의 운영권 상실
1984	서울 종로구 창신동 '해송아기둥지' 설립	부모참여 시작, 나들이 중심 보육 시작
1990	'탁아제도와 미래의 어린이 양육을 걱정하는 모임'으로 재발족	영유아보육법 제정 논의
1992	'공동육아연구회' 설립	공동육아 형태의 새로운 육아방식 연구와 실천
1994	서울 마포구 연남동 '신촌공동육아협동조합 우리어린이집' 개원	최초의 협동조합형 공동육아 어린이집
1995	'공동육아연구원'으로 조직 개편	이사장 조형, 원장 정병호 취임
1996	'(사)공동육아연구원' 인가	
1998	부설기관 '해송어린이둥지공동체' 설립	저소득지역 아동을 위한 방과후
1999	지역공동체네트워크 결성 서울 마포구 성산동 '도토리방과후' 설립	초등방과후협동조합 설립이 이어짐
2001	'(사)공동육아와공동체교육'으로 조직 개편 어린이문화공간 '별난놀이터' 운영	이사장 조은, 사무총장 황윤옥 취임 (재)서울여성과 공동운영
2004	10주년 기념 국제학술대회 '참여보육과 생태적 성장' 개최, 〈보육권리선언〉 발표	공동육아 철학 정립
2005	영유아보육법상 보육시설 분류에 '부모협동시설' 추가	제도화의 혜택
2008	11월 대전 대덕 '뿌리와새싹 커뮤니티센터' 개소 및 '뿌리와새싹 어린이집' 위탁 운영	직장보육시설을 통한 공동육아, 비조합형 공동육아 시작

2009	마포구립 성미어린이집 위탁 운영	국공립어린이집 위탁 운영을 통한 공동육아 시작
2012	서울시 '공동육아활성화 지원사업' 시작	
2013	서울 서대문구립 '푸른숲어린이집' 위탁 운영 서울시 '공동육아 활성화를 위한 민관협력방안' 제출	관의 지원을 받는 다양한 공동육아 모델 마련
2014	서울 서대문구립 '산마루어린이집' 위탁 운영 20주년 기념 학술대회 '위기의 사회, 공동체와 성장' 개최	
2015	협동조합기본법에 따른 공동육아사회적협동조합 첫 인가	2013년 법 시행 후 쉽게 이루어지지 않았던 첫 번째 사협 인가
2016	경기 시흥시립 '배곧어린이집' 위탁 운영 공동육아교육연구원 발족	공동육아 전문연구기관 발족
2017	서울시 '마포구 마을방과후 체계구축 사업'	
2018	12월 9일, 달동네 공동육아에서 마을공동체 40년 기념 '함께크는우리 더불어콘서트'	주최 서울시, 주관 공공교로 서울시청 다목적홀에서 열림

6장
인천지역 사회적경제의 현황과
협동조합의 사례

1. 협동과 포용의 공동체를 위한 사회적경제

1) 인천의 도시 문제 해결을 위한 포용도시

세계화가 진행되면서 지구 인구의 절반 이상이 도시에 사는 시대가 되었다. 아시아의 도시화율은 57%(2017년 기준)이며 한국은 1960년대 27.7%에서 2015년 82.5%까지 도시화가 진행되었다. 도시는 경제적 번영과 정치적 자유, 사회적 다양성의 상징이지만 오히려 도시화가 진전되면서 빈곤과 차별, 배제와 박탈, 불평등의 심화 등 다양한 사회 문제가 대두되었다. 이에 대한 해결의 방안으로 포용도시, 우정사회, 빅 소사이어티, 인권도시, 문화도시, 창조도시 등 다양한 정책적 대안이 제시되고 있다.

거대한 도시가 탄생되면서 소외와 배제, 세계화에 따른 인종, 종

교, 성의 정체성 문제는 문화적 충돌의 양상으로 나타나고 있다. 이
러한 문제들을 해결하기 위한 방법으로 소통과 통합, 다양성 포용의
방법론이 제기되었다. 인천은 개항 이후 다양한 인종과 문화가 충돌
하는 다문화 지역이다. 해양과 바다, 하늘을 연결하는 지정학적 요충
지로서 교류 관문의 도시이고, 서해 바다를 두고 남북 간 접경지역으
로 인한 분단의 문제가 내재되어 있는 도시이다. 그리고 도시와 농촌
이 공존하는 도농복합도시이며, 나아가 원도심과 경제자유구역 신도
시의 개발문제, 세대갈등 등 도시화로 인한 대한민국의 모든 문제를
갖고 있는 대표적인 도시이다.

　도시가 농촌에 비해 전체적으로 풍요로운 것은 사실이지만 경제적
불평등은 상대적으로 도시에서 더욱 심각하다. 이는 결혼과 출산, 주
택마련, 육아 등 일련의 생애 주기에서 지속적으로 소외되거나 배제
되는 현상을 빗대고 있기 때문이다. 이처럼 어떤 개인이나 집단이 각
종 자원의 배분으로부터 소외되고, 의사결정과정에 참여하지 못하
며, 여러 가지 정치·경제·사회·문화적 관계에서도 배제되는 현상을
'사회적 배제(Social Exclusion)'라고 한다.[1]

　위와 같은 다양한 문제에 대한 대응으로 국제사회는 사회적경제와
포용도시(The Inclusive City)라는 개념으로 접근하기 시작하였으며,
유엔 인간정주계획(UN-Habitat)과 OECD, 세계은행, 아시아개발은행
등 다양한 기관과 단체에서 "포용적 도시"를 국제적 의제로 다루고
있다.

---

1) 박인권(2015). 「포용도시와 UN-Habitat III 회의」, 세계와 도시, 12호, 7쪽.

한국에서는 서울시가 상당한 연구를 진행하였다.

UN-Habitat Safer City Progrmme의 도시 포용성을 보면, 원칙은 이해 관계자들 사이에서 다양한 수준의 포용적인 도시 개발에 대한 정책적 이행, 포용을 용이하게 하기 위한 참여, 정책 형성, 책임성, 서비스에 대한 보편적 접근, 공간계획, 포용성장을 달성하기 위한 국가·지방정부의 보완적 역할에 대한 인식을 포함하고 있다. 새로운 도시의제 이행 전략으로 포용적 경제성장을 증진하는 도시경제, 포용적 오픈 스페이스, 안전하고 건강하고 지속가능한 환경으로 하고 있다. (UN-Habitat 2015)

포용도시의 정의는 의사결정과정에 모든 사람들의 참여를 보장할 뿐만 아니라 사회의 모든 영역에서 실질적인 참여가 가능하도록 하는 상태와 과정으로 정의할 필요가 있다. 도시 비전이자 규범적 모형으로서 포용도시는 모든 사람들이 정치·경제·사회·문화 등 모든 삶의 영역에서 실제적인 배제뿐만 아니라 배제 받고 있다는 느낌을 갖지 않고 참여할 '권능'과 '실질적 능력'을 가지고 있는 도시라고 할 수 있다.[2]

---

2) 박인권(2015). 「포용도시 개념과 한국의 경험」, 한국공간환경학회, 공간과 사회 51권.

그림 1. 포용도시(The Inclusive City) 개념도

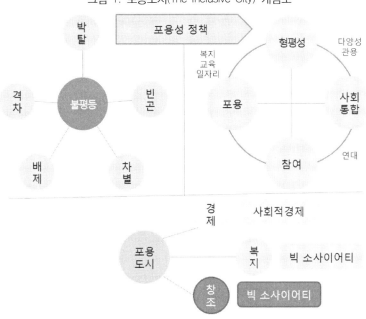

출처 : 조권중(2017)의 재가공 정리

2) 영국의 빅 소사이어티 정책

영국의 빅 소사이어티(Big Society) 정책은 2010년 영국 보수당 정부 출범 직후 실행되었다. 이는 민관협력을 통해 사회적 문제를 해결함 으로써 공공부문의 예산 부족과 서비스 비효율성 문제에 대응하고자 영국 캐머런 총리가 제시한 새로운 자본주의 모델이다. 빅 소사이어 티 정책은 구성원 스스로가 국가의 통제가 아닌 사회적 책임 의식을 원동력으로 지역사회 문제를 함께 해결하는 데 의의가 있다. 이러한 정책 하에서는 정부의 역할은 축소되고 개인, 전문가, 시민, 기업의

적극적인 역할이 요구된다.

빅 소사이어티(Big Society) 정책은 구성원들의 책임 의식, 사회적 투자은행(Big Society Capital, 이하 BSC[3])과 사회성과연계채권(Social Impact Bond, 이하 SIB[4]) 등 임팩트 투자를 통해 경제적·사회적 임팩트를 추구한다는 관점에서 사회적 가치와 경제적 가치를 동시에 추구하는 사회적경제와 연계할 수 있을 것이다.

따라서 빅 소사이어티 정책의 주요 의제는 공공 서비스 분야의 개혁과 사회문제의 해결, 정치 분야에 대한 신뢰를 얻는 것이다. 따라서 영국 정부는 빅 소사이어티 정책을 추진하기 위해 ① 지역사회에 더 많은 권한 부여, ② 지역사회의 시민활동 활성화, ③ 중앙 정부에서 지방 정부로 권력 이양, ④ 협동조합, 자선단체, 사회적기업과 같은 조직 지원, ⑤ 일반 시민 대상 행정 정보 공개 등 전략을 제시하였다.

특히, 영국 정부는 사회적기업(Social Enterprise) 및 소셜벤처(Social Venture)에 자금을 조달하는 기능을 하는 사회적 투자시장 육성정책을 강화해 사회적 서비스를 확대하고 사회적 문제를 해결하고자 하였다.

---

3) 사회적 투자은행(BSC)는 사회투자시장 및 민관공동출자사업(제3섹터)의 육성을 목표로 설립된 금융기관.

4) 사회성과연계채권(SIB)는 투자자들로부터 자금을 받아 사회적 성과를 낼 수 있는 곳에 투자를 한 뒤 약속한 성과를 달성하면 정부로부터 수익금을 받는 사회성과연계채권.

3) 포용도시를 위한 사회적경제

사회적경제의 등장배경에는 단순한 경제적 결핍의 문제는 고용을 통한 소득의 보존으로 해결 가능할 것처럼 보였으나, 현재의 사회적 배제는 일을 하고 있으면서도 빈곤에서 벗어나지 못하는 근로빈곤층 (working poor)의 확대와 이에 따른 사회적 문제를 심화시키고 있다. 또한, 교육·문화·보건·주택 등의 사회적 서비스로부터 배제되어 사회적으로 고립화하는 사회 심리적 병리 현상까지 확대되고 있다. 이런 점에서 그 심각성은 더해가고 있는 가운데 그 대응으로서 나타나게 된 것이 바로 사회적경제이다.

이러한 모순 속에서 신자유주의 경제위기가 가속화됨에 따라 더 이상 지속이 불가능하다는 공론이 나타나게 되었다. 이에 따라 신자유주의를 대체할 수 있는 대안적 경제이론을 멀게는 로버트 오언, 가깝게는 칼 폴라니로부터 진행되어 온 협동조합과 호혜의 경제, 공동체 운동 등 사회적자본, 사회적경제, 연대경제, 협동경제, 자본주의 4.0 등의 다양한 논의들로 나타나고 있다.

드푸르니(2000)에 의하면 사회적경제를 '이윤이나 자본보다는 사람을 중심에 놓으며 자율적이고 민주적인 운영을 가치로 삼는 협동조합, 상호공제조합, 민간단체를 포함하는 것'이라고 포괄적으로 정의하고 있다. 이는 이윤의 축적보다는 구성원들 혹은 지역공동체에게 서비스를 제공하는 일차적 목적, 공공프로그램과 다른 자율적인 운영, 민주적 의사결정, 자본과 이윤의 분배보다는 사람과 노동의 우선 등을 경제의 기본적 목적으로 설명하고 있으며, 사회적경제는 호혜와 우애의 인본주의 정신을 바탕으로 작동되는 경제로 정의되고 있다.

장원봉(2006)은 이러한 경제의 정의에 따라 사회적경제는 '자본과 권력을 핵심자원으로 하는 시장과 국가에 대한 대안적인 자원 배분을 목적으로 하며, 시민사회 혹은 지역사회의 이해당사자들이 그들의 다양한 생활세계의 필요들을 충족하기 위해서 실천하는 자발적이고 호혜적인 참여경제 방식'이라고 정의하고 있다.

따라서 포용도시의 전략적 정책으로써 사회적경제가 갖는 함의는 매우 높게 나타날 것이다.

사회적경제가 빛을 발하기 시작한 것은 오랜 역사 속에서 검증되고 있지만 흔히, 2008년 세계금융공황 이후에 더욱더 빛나기 시작했다. 그것은 전반적으로 국가 경제성장률은 급격한 하향곡선을 그리고 있는데, 그에 비해 특정한 지역을 중심으로 전혀 그렇지 않은 사회적, 경제적 현상이 나타난 것이다. 그곳은 바로 사회적경제가 왕성한 지역이나 협동조합이 왕성한 지역에서 나타나는 공통된 현상이었다. 그러한 나라가 스페인의 몬드라곤, 캐나다의 퀘벡, 이탈리아의 에밀리에 로마냐 등의 지역에서 나타나는 사회현상이었다.

이런 사회현상은 역사적으로 거슬러 올라가면 경제가 어려울 때마다 연대와 협동의 방식으로 나타났으며, 이러한 역사적 경험은 오랜 공동체의 역사에 내재 되어있는 방식이었다. 유럽의 경우 이러한 역사적 기원을 길드에서 찾고 있으며 한국의 경우 두레, 계, 향약 등에서 기원을 찾고 있다.

따라서 사회적경제의 영역에서 협동조합은 사회적경제 영역에서 가장 긴 역사를 가지고, 가장 큰 비중을 차지하고 있다. 이는 세계적으로도 그럴 뿐만 아니라 우리나라에서도 동일하다.

하지만 어디까지를 협동조합이라고 할 것인가? 현재 큰 규모를 자랑하는 협동조합들이 사회적 경제의 가치에 대해 얼마나 동의하며, 어느 정도의 실천과 기여를 하고 있는가? 라는 질문에 대해 답하기는 쉽지 않다.

협동조합은 애초에 사회적 경제를 표방하며 출발하였다. 역사적 경험을 쌓아가며 협동조합은 일반 영리기업으로 변질되기도 했고, 안정된 경영구조에 매몰되어 버리기도 했으며, 새로운 운동 방식을 찾아내기도 했다. 기존 협동조합의 문제점만을 지적하며 새로운 사회적 경제의 모델을 추구하려는 움직임은, 그 시도가 성공한 후에도 지속적으로 운동성을 견지하지 못하면 현재 비판받는 기존의 협동조합과 다를 바 없게 된다.

4) 한국의 사회적경제 관련 법률과 사업

한국에서의 사회적경제영역과 관련된 법률들을 살펴보면, 사회적경제관련 법률은 1999년 '국민기초생활보장법'이 제정되면서부터이다. 보건복지부는 취약계층의 자립을 목적으로 한 자활공동체 사업을 추진하였다. 그리고 2007년 1월 3일 '사회적기업육성법'을 제정하고 시행은 그해 7월 1일로 하였다. 광역지방자치단체는 자체적으로 조례를 제정하여 운영하고 있는 상황이며, 대부분은 2009년에 사회적기업육성에 관한 조례를 광역자치단체들이 입법조례를 하면서였다.

협동조합은 세계협동조합의 해인 2012년 1월 26일 제정하였으며 그해 12월 1일 시행하도록 하였다. 협동조합기본법은 새로운 경제사회 발전의 대안으로 인식되고 있는 협동조합을 활성화하기 위해 제정

하였다. 그리고 마을기업은 행정자치부(당시 행정안전부)가 지역자립
형공동사업으로 2010년에 시범사업으로 추진하였다가, 2011년에 마
을기업이라고 명칭을 변경하여 추진했다.

농어촌공동체회사는 지역주민이 자발적으로 참여해 기업경영방식
을 접목하여 지역의 인적·물적 자원을 활용함으로써 지역의 일자리
와 소득을 창출하고 지역사회 발전에 기여 하는 조직으로 정의하며,
이는 2004년 3월 '농림어업인 삶의 질 향상 특별법' 제정 이후 2010년
우수사업 지원을 포함한 '농어촌공동체회사 활성화 방안'을 발표하면
서 추진되는 사업이다.

이에 인천에서 사회적경제의 현황을 파악하고, 사례 분석을 통하
여 협동과 포용의 살림공동체의 함의를 찾아보고자 한다.

2. 인천광역시 사회적경제의 현황

인천광역시의 사회적경제조직인 사회적기업, 협동조합, 마을기업
의 현황을 2016년 5월 말과 2018년 10월 말 두시기를 비교하여 살펴
보면, 사회적경제조직은 전체는 475개에서 639개로 164개가 증가하
여 34.5%의 증가율을 보였으며, 사회적기업과 예비사회적기업 포함
148개에서 176개로 28개 증가하였고, 협동조합은 274개에서 402개
로 128개가 증가하였으며, 마을기업은 53개에서 61개로 증가하였다.

구·군별로 보면 남동구가 86개에서 116개로 증가하였고, 부평구
78개에서 106개, 남구 76개에서 101개 증가한 것으로 나타났다. 사회

적협동조합을 보면, 부평 7개에서 13개, 서구 5개에서 7개로, 남구
4개에서 7개, 계양구가 2개에서 8개 증가하였고, 남동구는 2개에서
5개, 연수구도 2개에서 5개 증가하였다. 일반협동조합은 남동구 52
개에서 72개, 부평 47개에서 63개, 남구 37개에서 52개, 서구는 20개
에서 43개, 연수구도 20개서 30개로 각각 증가하였는데 계양구는 29
개에서 24개로 5개가 감소하였다. 협동조합은 총 353개로 전체 사회
적경제조직의 639개 중에서 55.2%의 비중을 차지하고 있다.

　구·군별 사회적경제조직의 구별 비율을 살펴보면 남동구가 18.2%
로 비중이 가장 높고, 부평구 16.6%, 미추홀구 15.8%, 서구가 11.3%
로 나타나고 있으며 가장 낮은 곳은 옹진군 3.3%로 나타났다.

　2016년과 2018년 구별 증감율을 비교하여 보면 가장 많이 증가한
곳은 서구로 무려 67.4%나 증가하였고 다음이 옹진군이 61.5%, 강화
군 44.4%, 연수구 43.9%로 나타났으며 동구의 경우 -10% 감소하였
고, 협동조합의 경우 옹진군이 125%의 증가를 보였고 서구가 115%,
중구 76%, 연수구 50%의 증가율을 보였고 계양구의 경우 -17.2% 감
소하였다.

그림 2. 인천광역시 사회적경제조직의 현황

기준년도 2016년 5월 / 2018년 10월

구분	사회적 기업				협동 조합				마을 기업		구별 합계		구별 비중		16'→18'
	인증		예비		사회		일반		16'	18'	16'	18'	16'	18'	증감율
	16'	18'	16'	18'	16'	18'	16'	18'							
계양구	5	12	10	5	2	8	29	24	4	6	50	55	10.5	8.6	10.0
미추홀	23	21	7	16	4	7	37	52	5	5	76	101	16.0	15.8	32.9
남동구	13	22	13	10	2	5	52	72	6	7	86	116	18.1	18.2	34.9
동 구	10	9	3	0	0	0	12	14	5	4	30	27	6.3	4.2	-10.0
부평구	10	17	5	4	7	13	47	63	9	9	78	106	16.4	16.6	35.9
서 구	10	14	5	5	5	7	20	43	3	3	43	72	9.1	11.3	67.4

연수구	7	9	5	7	2	5	20	30	7	8	41	59	8.6	9.2	43.9
중 구	6	8	9	5	0	3	13	23	3	4	31	43	6.5	6.7	38.7
강화군	2	5	4	4	0	1	18	23	3	6	27	39	5.7	6.1	44.4
옹진군	0	2	1	1	0	0	4	9	8	9	13	21	2.7	3.3	61.5
인천시	86	119	62	57	22	49	252	353	53	61	475	639	100	100	34.5

출처 : 인천광역시 사회적경제지원센터 자료 가공

사회적경제조직들의 구별 규모와 인구규모 등에 따라서 객관적 비교분석을 위해 구별인구대비 비율을 살펴보면, 인천광역시 전체의 평균은 2016년 인구 일만 명당 1.6개로 나타났었고 2018년에는 2.2개로 나타나 인구 일만 명당 0.6개 증가한 것으로 나타났다. 그리고 옹진군이 인구 일만 명 당 9.9개로 가장 많고 다음이 강화군으로 5.7명, 동구 4.0명, 중구 3.5명, 미추홀 2.7명, 남동 2.2명 순으로 나타났다.

2016년 대비 증감률 살펴보면, 서구가 67.4%로 가장 높은 증감률을 보였고 다음으로 옹진군 61.5%, 강화군 44.4%, 연수구 43.9%, 중구가 38.7% 순으로 나타났다. 절대적 비중이 높았던 남동구의 경우 34.9%, 부평구는 35.9%, 남구는 32.9%의 증감율로 나타났다.

협동조합을 살펴보면 2016년 인천광역시 전체 인구 일만 명당 0.9개에서 2018년 1.4개로 0.5개 증가하였으며, 인천광역시 전체 비중에서도 인구 일만 명당 사회적경제조직의 개수와 비교를 하여도 2016년 56.2%의 비중을 차지하였고, 2018년 63.6%로 그 비중이 7.4%나 증가하였다. 이는 협동조합이 사회적경제조직에서 차지하는 비중이 확대되고 있으며 이는 인증에서 간편한 절차와 관계가 있는 것으로 분석되었다.

구·군별로 협동조합을 분석하면 2016년 274개에서 2018년 402개로 128개 증가하였으며 비율로는 46.7%의 증가율을 보였다. 각 구별 인구 일만 명당 개수를 보면 옹진군이 4.3개로 가장 많고 서구가 0.9개로 가장 작다. 평균 1.4개 이며 2016년 대비 증감률을 살펴보면, 옹진군 123.1%, 중구 89.9%, 서구가 86.3%로 나타났으며 가장 낮은 증감률은 계양구로 31개에서 32개로 증가하여 3.2%의 증감률로 나타났다.

2018년 협동조합현황에서 인천광역시 소비자생활협동조합의 개수가 20여 개 파악되었으며, 20여 개를 넣어서 보면 총 422개의 협동조합이 있으며, 그 중 일반협동조합은 353개, 사회적협동조합은 49개, 소비자생활협동조합은 20개로 파악되었다.

협동조합은 5명의 발기인으로 구성이 가능하고 법률에 따라 일반협동조합과 사회적협동조합으로 나누어지며, 일반협동조합은 절차에 따른 신고만으로 가능하지만 사회적협동조합은 지역주민들의 권익·복리 증진과 관련된 사업을 수행하거나 취약계층에게 사회서비스 또는 일자리를 제공하는 등 비영리 목적으로 설립가능하고 기재부의 승인을 받는다. 또한 사업의 40% 이상은 공익사업이어야 하며 관계부처의 인가를 받아야 한다. 그리고 조합원 배당이 금지되며 잉여금의 30%를 적립해야 하고 경영공시자료를 결산일로부터 3개월 이내에 기획재정부 혹은 연합회 홈페이지에 게재해야 하는 차이가 있다. 따라서 49개의 사회적협동조합의 경우 보건복지부 승인이 18개로 가장 많고 교육부 14개, 환경부와 기재부가 각각 4개씩 있으며 고용노동부 3개, 산업통상자원부와 국토교통부, 문화체육관광부 각 2개씩 있는 것으로 파악되었다.

우리나라는 특별법에 따른 협동조합으로 국내는 농림수산업(농협, 수협, 산림조합, 엽연초생산조합), 금융(신협, 새마을금고), 상공업(중소기업협동조합), 소비생활(생활협동조합)하여 8개의 협동조합이 있다. 이 중에서 인천의 소비자생활협동조합만 분석하였다.

구·군별로 보면 미추홀구가 4개, 연수구 4개, 남동구 2개, 부평구 3개, 계양구 2개, 서구 3개, 강화군 1개, 옹진군 1개로 나타나고 있으며, 2016년에는 소비자생활협동조합이 18개에서 2018년 20개로 늘어났다. 이는 부평구와 남동구에서 각 1개씩 증가하였다. 소비자생활협동조합의 20개 현황을 보면 총 67,894명이 가입하여 활동하는 것으로 파악되고 있으며 인천광역시 전체 인구 대비 2.3%의 비중을 차지하고 있는 규모다.

그림 3. 인천광역시 사회적경제조직의 구·군별 분포현황

구 분		계양	미추홀	남동	동구	부평	서구	연수	중구	강화	옹진	인천
2016	사회적기업	15	30	26	13	15	15	12	15	6	1	148
	인구비율	0.5	0.7	0.5	1.8	0.3	0.3	0.4	1.3	0.9	0.5	0.5
2018	사회적기업	17	37	32	9	21	19	16	13	9	3	176
	인구비율	0.5	0.9	0.6	1.3	0.4	0.4	0.5	1.1	1.3	1.4	0.6
증감율		13.3	23.3	23.1	-30.8	40.0	26.7	33.3	-13.3	50.0	200.0	18.9
2016	협동조합	31	41	54	12	54	25	22	13	18	4	274
	인구비율	0.9	1.0	1.0	1.7	1.0	0.5	0.7	1.1	2.7	1.9	0.9
2018	협동조합	32	59	77	14	76	50	35	26	24	9	402
	인구비율	1.0	1.4	1.4	2.1	1.4	0.9	1.0	2.1	3.5	4.3	1.4
증감율		9.5	40.0	40.2	27.0	48.7	86.3	48.4	89.9	30.8	123.1	44.8

구 분		계양	미추홀	남동	동구	부평	서구	연수	중구	강화	옹진	인천
2016	마을기업	4	5	6	5	9	3	7	3	3	8	53
	인구비율	0.1	0.1	0.1	0.7	0.2	0.1	0.2	0.3	0.4	3.8	0.2
2018	마을기업	6	5	7	4	9	3	8	4	6	9	61
	인구비율	0.2	0.1	0.1	0.6	0.2	0.1	0.2	0.3	0.9	4.3	0.2
증감율		50.0	0.0	16.7	-20.0	0.0	0.0	14.3	33.3	100.0	12.5	15.1
2016	구별합계	50	76	86	30	78	43	41	31	27	13	475
	인구비율	1.5	1.9	1.6	4.1	1.4	0.9	1.3	2.7	4.0	6.2	1.6
2018	구별합계	55	101	116	27	106	72	59	43	39	21	639
	인구비율	1.8	2.4	2.2	4.0	2.0	1.3	1.7	3.5	5.7	9.9	2.2
증감율		10.0	32.9	34.9	-10.0	35.9	67.4	43.9	38.7	44.4	61.5	34.5

출처 : 인천광역시 사회적경제지원센터 자료 가공

3. 협동조합을 중심으로 한 인천지역 사회적경제의 사례

1) 오랜 경험과 인내가 만들어 낸 '미추홀중식협동조합'

'미추홀 중식협동조합' 선철규 대표는 3년 동안 예산은 0원에서 출발하여 70평 된 사무실, 봉고 1톤 탑차 마련, 최초의 중식신문발행 등 자산 2,500만원, 회원 9명, 매출액 11억 6,804만원의 결실을 이루었다.

아래의 서술 내용은 필자가 2019년 1월 21일 오후에 '미추홀 중식협동조합'을 방문하여 선철규 이사장과 진행한 인터뷰를 기초로 한 것이다.

'미추홀 중식협동조합'을 하기 전에 미추홀중식협회를 먼저 기획하여 4년 동안 운영하였다. 협회의 과정을 보면 너무 열악한 소상공인 중국집 사업주에게는 실절적인 도움이란 피부로 못 느끼는 현실이었다. 각자 호주머니에 십 원이라도 줄 수 있는 일은 없을까? 고민에 고민을 하다가 찾은 해법이 협동조합이었다. 대한민국에서 최초로 중식협동조합, '미추홀 중식협동조합'을 만들고 미추홀이란 도메인을 선점하고 발기인을 모집하고 출자금을 모아 출발하였다.

처음에는 중국집에 가장 보편적이고 필수적인 재료 젓가락, 새우, 랩, 춘장 정도만 가지고 출발해도 무난하지 않겠나 생각해 10여 일의 시험가동을 해 보니 결과는 영 신통치 않았다. 3~4가지 재료만을 가지고는 도저히 타산이 맞지 않았다. 이러한 운영은 소상공인 중국 집 오너에게 큰 도움을 줄 수 없었고 협동조합의 운영과 발전의 속도, 미래비전에도 맞지 않다고 판단되었다. 그래서 모든 공산품, 젓가락, 해물, 단무지, 만두, 고기 등 일체의 잡화 냉동식품 100여 가지를 공장에서 직거래로 유통을 구축하여 하나하나 갖추기 시작했다.

물론 본래 거래하던 회사 관계자와 만나 "공급 좀 해 주십시요!" 하고 이야기할 때 인천에 기존 거래처가 있어서, 거래처 사장 눈치가 보여서, 압력이 와서 등 많은 기피를 할 때 당당하게 이야기했다고 한다. "지금 거래하고 있는 회사가 돈이 얼마나 많이 있고, 얼마나 도움이 되며, 얼마나 비전이 있을지 모르지만, '미추홀중식 협동조합'은 인천의 모든 중국집을 상대로 공유하며, 나부터 중국집 사장으로서 재료에 대한 정보와 중식의 가치를 선도하는 기업으로 소상공인을 위해 설립한 협동조합이다라고 설득하고 접근하니 조합의 비전을 듣고 거의 모든 업체에서 거래를 터주기 시작하더라고요." 한다.

'미추홀 중식협동조합' 선철규 대표는 20년간 중식업에 종사한 전문가로 경험을 토대로 중식업의 어려움과 비전에 대하여 확신하고 있었으며, 다양한 이야기 속에 협동조합의 의미와 원칙의 중요성을 확신하고 있었다. 또한 '미추홀 중식협동조합'은 마케팅의 일환으로 매월 조합소식지를 발행하여 관할 모든 중국집에 보내기 시작했으며, 인천만 하던 구역을 부천, 서울(일부 지역)까지 추가하여 연매출 14억, 고용인원 5명, 잠재적인 성장기업으로 성장하고 있었다. 알고 보니 2015년 설립, 2016년 1월 사업개시, 2016년 우수협동조합, 2017년 장관상 표창을 받았다고 한다.

중식체인점 사업을 확대하고자 "쪽 짜장 짬뽕"을 선정하여, 공정거래위원회에 12월 등록완료 등 가시적인 평가는 좋지만 운영하는 사람으로서 다져야 할 일, 나아갈 방향 등 할 일은 지금도 너무 많이 산적되어 있다고 한다. '미추홀 중식협동조합'과 정보를 공유하는 업체는 1,530여 개 업체이고, 거래를 하는 준 조합원은 400여 개 업체이다.

'미추홀 중식협동조합' 선철규 대표에게 사업을 하면서 보람을 물어보니 "조합원 업체는 10% 마진으로 재료를 배송하지만 조합에 가입하지 못한 업체의 현실은 기존의 외상값에 물려서, 오랜 지인관계로 조합보다 대략 20% 이상을 비싼 값에 쓰고 있습니다. 물론 저희 조합 물건을 쓰면 많은 금전적인 혜택이 있지만, 못쓰고 있는 업체도 '미추홀 중식협동조합'이 있기에 다른 업체에서 재료값을 마음대로 올리는 횡포를 할 수 없는 구조입니다."라고 자랑을 한다. 선대표는 '미추홀중식협동조합'이 있기에 인천, 부천, 서울(일부지역)의 중국음식업체에 유형, 무형의 절감된 재료비가 연 25억 정도로 추정하고 있다.

또 사회적경제기업으로서 설날에 장애인단체 무료 짜장면 행사를 하고, 추석에는 장애인, 노인계층에 기부금을, 중국음식업체 자녀에게는 장학금을 주고 있으며, 평소에도 매월 2곳의 장애인단체에 쌀을 기부하고 있다고 한다.

저희 '미추홀 중식협동조합'의 운영 마인드는 1. 모든 중식재료의 플랫폼 2. 원스톱 경영 : 전화 한 통으로 모든 재료를 구입 할 수 있다.(유일한 업체) 3. 중식산업의 가치를 선도하는 기업이라고 당당히 이야기 한다.

선대표가 이야기하는 중식협동조합을 통해 인천의 협동조합에 대한 이야기를 몇 가지 정리하면 다음과 같다. 먼저 매우 안타깝게 생각하는 것은 인천 하면 짜장면이다. 인천의 명물을 명물답게 만들어야 한다고 지적했다. 따라서 짜장면을 인천에서 관심을 가지고 인천 브랜드로 육성, 지원할 수 있는 취지는 충분하다고 평가했다. 정말 지역적 자원 즉, 내발적 발전의 이야기를 너무 현실적으로 지적하고 있었다.

둘째 "저는 열정으로 그 열정을 실천하고자 노력했던 4년차 조합으로서 이야기하고 싶습니다. 각 조합의 특성에 맞게 전담컨설팅을 수시 사용 할 수 있는 제도개선이 있어야 된다고 봅니다."라고 한다. 그렇다. 모든 업종이 다르고 동종의 업종이라도 각 업체마다도 다를 수 있다. 다양성을 인정하고 다양성에 적합한 대응의 주문과 사회적 기업가 협동조합 리더의 항목으로 열정을 꼽았다.

셋째, "협동조합 간의 '상생의 장'을 활성화 방안으로 검토해 볼만 하다고 봅니다. 협동조합 '상생의 헌장'이라도 만들어서 필요한 부분의 역량을 소비자가격보다 싼 가격으로 거래 할 수 있게 만들고 싶습니다." 이는 협동조합 간 연대가 중식업을 하시는 분이 피부로 느낀 부분을 지적했다.

넷째, 비전으로 "조합의 비전만 검토, 운영자의 자세만 보고 판단해 집중적 지원을 해야 조금이나마 성과를 거두리라 봅니다. 문턱이 낮아야 쉽게 치고 올라갑니다. 이것저것 다 따지면 정체뿐입니다." 제도가 오히려 발전을 막을 수 있는 경우를 지적했다. 제도가 협동조합이 잘 되는 방향으로 지원해 주는 근본적 취지에서 오히려 발목을 잡는 경우를 지적했다.

다섯째, "장기적 포석으로 협동조합 타운 조성 프로젝트도 구성했으면 합니다. 조합이 모여 있으면 시너지효과는 이루 말 할 수 없을 것입니다." 협동조합의 왕성한 교류가 실제 이루어지는 대안으로 협동조합 타운 조성을 대안으로 제시하며 조합 간 연대의 시너지에 대한 강조를 하였다.

2) 생명과 지역을 살리는 '푸른두레생활협동조합'[5]

인천에서의 생활협동조합은 1992년 icoop인천생활협동조합을 시작으로, 1993년 푸른두레생활협동조합, 1996년 인천평화의료생활협동조합, 1998년 참좋은두레생활협동조합, 2004년 ICOOP계양생활협동조합 등이 만들어 지면서 시작되었다.

이 중에서 본 글에서는 '푸른두레생활협동조합'을 간략하게 소개하

---

5) 이 글의 내용은 필자가 2019년 1월 18일 오후에 심형진 이사장을 방문하여 진행한 인터뷰를 기초로 한 것이다.

고자 한다. 푸른두레생활협동조합은 1993년에 설립을 하였으며 이제 26주년이 되는 해이다. 초기 정착할 때에 150명의 조합원으로 시작하였으니, 소비자생활협동조합의 특성상 절대적으로 조합원이 부족하였고 수익을 올리기가 매우 어려웠다. 적자는 늘어나고 그때 당시 상무이사와 부장, 총무 세 명이 일을 했지만 이들에게 직원 월급(활동비)을 줄 수 없을 정도로 어려웠다. 이러한 어려움을 당시 이사들이 그때까지의 출자금을 모두 없는 것으로 결정하고, 그 만큼 다시 출자를 해서 월급을 지급했다. 이러한 고난의 시간들이 지나가면서 다행히 조합원 수가 늘고, 친환경유기농에 대한 인식과 식품안전에 대한 인식이 널리 퍼졌고, 멜라닌분유사건이 터지고 유전자변형식품에 대한 위험성 등이 매스컴에서 대대적으로 다루어지면서 대안으로 생활협동조합이 떠오르게 되었다.

이때부터 협동조합의 살림살이가 나아지기 시작하고, 매년 적자였던 수지가 흑자로 전환되어 잉여금을 어떻게 처리할지 논의를 하게 되었다. 그때 배당금을 주느냐 마느냐로 이사회에서 논의할 때 나름 조합의 존재가치를 인정받게 된 것 같아 매우 기뻤다고 한다. 지금은 23,000세대가 조합원으로 있으니 설립 당시와 비교하면 괄목할만한 성장을 한 것이다.

협동조합에서는 매출이라는 용어보다는 조합원이 이용한다고 해서 이용고라고 하는데, '푸른두레생활협동조합'의 이용고는 무려 150억 원에 달하고 있다. 초기에는 전화 주문과 인터넷으로 주문을 받아 공급[6]했으나 최근에는 무점포라는 용어를 사용하기도 한다. 현재는 13개의 점포와 무점포로 운영하며, 이사 11명으로 이사회가 구성되어 있다. 그리고 조합원이 참여하는 각종 위원회 활동과 지역 단위로 활동하는 마을모임과 취미활동을 함께 하는 동아리, 지역과의 연대를 위해 '나누미복지기금'과 콩세알도서관 등을 운영하고 있으며, 직원은 60여 명이 있다. '푸른두레생활협동조합'은 3명의 상근직원으로 시작했으나 무려 26년간 20배나 늘어난 것이다.

'푸른두레생활협동조합'의 초기 시작할 때 고민을 들어보면, 인천의 광장이라는 시민단체가 시민과 만날 수 있는 기회를 많이 가질 수 있는 사업을 구상하면서, 당시 새롭게 등장하고 있는 도시민의 안전한 먹을거리를 아이템으로 생각하게 되었다고 한다. 이는 먼저 시작하고 있는 생활협동조합들이 있었기에 가능했던 사업이고, 당시 농촌에서 친환경유기농으로 지은 농산물이 판매처가 없어 곤란을 겪고 있다는 사실과 결합되어 있었다. 협동조합을 설립하려고 한 주체나 초기에 함께 한 조합원들은 대개 농촌활동 등을 통해 농촌의 현실을 어느 정도 알고 있는 대학생 출신이거나, 80년대 민주화 운동을 통해 형성된 시민—인천지역사회운동연합의 시민대학 출신—이 주축이 되었다. 설립 슬로건은 "이웃과 더불어 자연과 더불어"였다. 이는 자연을 살리겠다는 환경운동과 지역의 시민운동을 함께 하겠다는 의지를 담은 표어다. 따라서 초기에는 주로 친환경 농산품이 대부분이었다.

'푸른두레생활협동조합'의 사업 및 본 사업을 통한 사회혁신 또는 사회문제 해결의 방향을 살펴보니, 생활협동조합의 사업은 기본적으로 농촌의 농민과 연계되어 있다. 설립당시에는 친환경 농산품이라

---

6) 일반 기업에서는 배달 또는 배송이라고 하는데 생활협동조합은 공급이라고 한다.

는 말 자체가 생소하고 낯설었기에, 존재 자체를 도시민은 거의 알지 못하고 있었다. 따라서 판로는 거의 없었고 비료와 농약을 뿌리는 관행농사에 비해 노력은 배가 들지만 수확은 적은 이러한 농법을 고집하는 농민들이 직접 어려움을 해결하는 것은 지난한 일이었다. 그래서 당시 농촌사회에서 친환경 농법을 고집하는 농민들에게 판로는 매우 중요한 문제였으며, 사회적 문제로 대두되었다. 이들의 판로를 해결하는 것은 이러한 친환경 농법을 지속시키는 것이고, 나아가 농업에서 농약과 비료로 죽어가는 토지와 환경을 지키는 일이었다.

따라서 생활협동조합 사업 자체가 하나의 사회혁신운동이라고 할 수 있다. 판로를 확장하는 것이 곧 소비자의 친환경 먹거리에 대한 의식을 높이는 일이고, 의식이 높아져야 상품의 외관은 볼품이 없는 농산물의 가치를 깨닫고 조합원이 되어 구입을 할 수 있었다. 이를 통해 도시 이웃이 건강하게 될 수 있으니 이 또한 우리의 살림살이를 더욱더 건강하게 하는 사회혁신운동이며, 나아가 도시와 농촌을 유기적으로 연결하는 공동체운동이었다. 설립 초기에는 친환경 유기농 생산품을 도시 어디에서도 구입할 수 없었다. 오직 생활협동조합이 운영하는 곳이 아니면 어려웠던 시절과 비교하면 지금은 동네 가게에만 가도 있을 정도가 되었다. 결국 생활협동조합의 친환경 먹거리 운동은 도시와 농촌, 도시민 간의 포용과 협동을 통한 사회혁신을 이루었다고 말할 수 있다.

관계자는 "협동조합의 생존 자체가 사회혁신이라고 할 수 있을 만큼 사업체로서의 협동조합은 사업 아이템을 잘 찾았다고 생각합니다."라고 이야기했다. 초기에는 조합원들이 아파트 등을 찾아가 시식

6장 _ 인천지역 사회적경제의 현황과 협동조합의 사례

회를 열고, 어린이집이나 유치원, 학교 등에 찾아가 환경과 먹을거리에 대한 교육을 많이 했다고 한다. 교육과 홍보를 통해 친환경유기농의 필요성과 환경과 먹거리의 중요성을 알렸다. 조합원을 늘려 조합의 사업을 안정화시키기 위한 활동이었지만 이것이 바로 환경 교육이되었다.

조합원이 모여 교육하고, 활동할 수 있는 공간을 마련할 수 있게되자 지역주민과 조합원을 대상으로 각종 강좌를 열었다. 90년대에는 문화강좌 같은 것이 거의 없어서 생활협동조합에서 하는 월례강좌에 많은 주민들이 모였다. 좁은 공간을 빼곡히 채운 시민들로 열기가매우 뜨거웠고 이러한 시민들의 요구를 받아들여 '푸른두레생활협동조합'은 공간을 늘리고 지역민을 위해 도서관을 설립하게 되었다. 그게 바로 현재 남동구에 있는 콩세알도서관이다. 여기에 더해 수익이발생하자 기금을 모아 지역의 시민단체 등이 시행하는 프로젝트에 자금을 지원하기 위한 기관으로 '나누미 복지기금'을 설립하여 매년 시민단체의 사업을 지원하고 있다. 그리고 어린이집 지원사업이라든가공정무역, GMO 반대운동 등 협동조합의 사업과 연계된 사회 이슈등에 대응하여 시민사회와 연대하여 활동하고 있다.

그렇다면 앞에서도 언급했듯 초기에는 규모의 경제가 이루어지지않아 자금압박과 지속가능성에 대한 고민이 가장 큰 어려움이었다는데, '푸른두레생활협동조합'이 이러한 어려움 딛고 성장하는 과정에서 어려움을 극복할 수 있었던 '푸른두레생활협동조합'만의 원칙은무엇이었을까? 그것은 협동조합 정신으로 똘똘 뭉친 조합원들의 주인의식이다. 조합원 수가 적은 만큼 조합에 대한 충성도가 높아 협동의 정신이 잘 구현될 수 있었다고 한다. 협동조합의 주인은 조합원이라는 주인정신이 충만하고 조합원 간에 잘 구현되어 조합원 전체가 자원봉사자로 활동하여 마케팅 사원의 역할을 했다. 어디에서도 들어 볼 수 없었던 친환경농산물이라는 말을 대중화시킨 것은 다 이러한 조합원의 역할이다. 이런 역할을 통해 조합원 가입이 늘면서 재정문제는 해소되었다.

그러나 2000년도에 들어서면서 식품안전에 대한 사회의 관심도가 높아지고 미디어에서도 이를 대대적으로 다루면서 조합원이 늘었지만, 조합원이 늘수록 조합에 대한 충성도가 낮아지고 초기의 구심력보다는 원심력이 늘면서 조합원의 참여를 늘리는 문제가 생활협동조합 활동에 주된 어려움이 되었다. 이 문제는 지금도 가장 큰 어려움이다. 150명이 조합원일 때의 참여도나 23,000명이 조합원일 때의 참여도가 같을 수는 없다. 이런 문제를 직원 고용으로 해결하는데도 한계가 있어 앞으로 생활협동조합의 지속가능한 성장에 한결같은 고민이라 한다.

'푸른두레생활협동조합'은 초기부터 농촌문제를 도시민의 문제와 연결 지었듯, 지역사회를 위한 활동과 협동조합의 활동을 분리하지 않는 전통이 활동 속에 그대로 원칙처럼 살아있다. 이는 우리 협동조합과 교류하고 있는 일본의 사이타마 팔시스템 협동조합에서도 놀라워하면서도 부러워하는 점이다. 우리 조합의 활동을 보고 배워 자기 조합에서도 이제 사회문제에 관심을 갖게 되었다고 할 정도다. 일본과 한국의 문화 차이가 만든 일일지는 모르지만 규모에 있어 10배 이상 큰 일본조합도 못하고 있는 일을 하고 있다는 자부심이 있다. 나누미복지기금과 콩세알도서관의 운영은 '푸른두레생활협동조합'이 지역사회와 함께하고자 하는 사업의 한 예이다.

　관계자는 지역사회와 함께하는 협동조합으로 나아가기 위해 협동조합에 대하여 '한 개인이 할 수 없는 일을 하기 위해 모인 조직'이라고 한다. 이 말을 바꿔 말하면 협동조합 하나만으로는 어떤 일을 잘할 수 없다는 말이라고 한다. 협동조합 하나에도 수많은 사람과 분야가 협동을 해야만 일이 진행된다. 이를 확장하면 협동조합의 연합이 필요하기도 하고 연대가 필요하기도 하다. 지역과의 연대는 당연히 협동조합이 가지고 있는 사회개선을 위한 결사체적 성격을 구현하는 데 필수적인 사항이며, 협동조합을 지속가능하게 하는 첫걸음이다. 안으로는 조합원의 수준을 높여 조합의 발전을 꾀하는 일과 밖으로는 가능한 모든 연대를 통해 연대경제를 실현하는데 일조하는 일이다.

　'푸른두레생활협동조합'의 활동을 통하여 우리는 지역사회와 포용하는 방법, 생활의 기초인 먹거리를 통하여 도시안의 공동체와 농촌의 생산자와 연결되는 공동체가 어떻게 이루어지는 가를 살펴보았다. 결국 '푸른두레생활협동조합'은 도농의 먹거리만 연결하는 것이 아닌 환경을 살리고 시민운동을 확산시키는 협동조합임을 알 수 있다. 또한 조합원들의 수준을 높이는 교육을 통하여 의식 있는 민주시민으로 지역사회와 소통하는 협동조합임 알 수 있다.

3) 교육으로 소통하는 연수구마을교육공동체[7]

연수구의 마을교육공동체는 2010년 7월, 마을작은도서관 활동가, 인천여성회 마을활동가 학교 선생님 등 지역공동체를 일궈왔던 분들이 '교육'을 의제로 실천모임을 제안하면서 시작되었다. 같은 해 8월 "자기주도적 학습법"을 주제로 한 경인여대 이춘행 교수 강의와 10월 "사유하는 교육, 줏대 있는 부모교육"을 주제로 한 성공회대 고병헌 교수 강의, 2011년 1월에는 무상급식토론회, 교육경비관련 연수구청장 간담회 등을 기획하면서 지역주민들을 만나고 활동을 확대하였다. 이런 활동을 기반으로 같은 해 5월 연수구교육희망네트워크가 설립되었다.

연수구교육희망네트워크가 설립하기까지 과정은 "아빠 어디가?" "줏대 있는 부모교육" "부모가 먼저 배우는 우리 역사 —역사의 필요와 역사인식" "우리동네 골목지기 마을교사 양성과정" "아동과여성이 안전한 마을만들기" "어른이 먼저 배우는 청소년노동인권" "미추홀 옛이야기 들려주기" 등 다양한 내용의 교육을 아빠(남성), 여성(엄마), 어르신 등 여러 계층의 지역주민들을 만나고 교육소모임을 만들어왔다.

교육소모임을 통해 일어난 배움은 단순히 배우는 것에 머무르지 않고 '배운 것을 나누는 것'으로 이어졌다. 이러한 움직임을 기반으로 마을 역사 지킴이 북아트 연구회 '소금꽃[8]'이 설립되었으며 '소금꽃'

---

7) 이 글은 필자가 2019년 1월 21일 오전에 마을교육공동체 사무실을 방문하여 안미숙 선생님과 진행한 인터뷰를 기초로 한 것이다.

8) 소금꽃은 염전에서 물기가 증발하고 엉긴 소금결정을 비유적으로 이르는 말이며 여기서는 인천이 옛날에 염전이 발달되었고 바다와 연관이 있는 인천을 사랑하는

은 동춘동, 선학동, 옥련동(능허대), 청학동(백제우물터, 수인선)을 동(洞)을 중심으로 마을역사를 북아트로 제작하는 등의 활동을 펼쳤다.

'소금꽃'은 마을과 학교를 연결하는 것을 목적으로 하였으며 2013년 동부교육지원청 마을연계 지원사업을 통하여 마을역사북아트 프로그램을 기반으로 하여 초등학교 4·5·6학년 우리고장알기 수업과 연결, 송도초등학교, 청학초등학교 등 7개 학교에서 아이들을 만나는 등의 활동을 펼쳤다. 또한 어르신들로 구성된 '미추홀 옛이야기들려주기 개구리네 한솥밥' 모임은 학교도서관과 연계해 연수구, 인천에 전해져 내려오는 옛이야기를 각색하고 그림자극으로 직접 만들어 아이들을 만났다. 전래놀이 연구모임 '놀이나무'는 마을 작은 어린이공원에서 '별난놀이터'라는 행사를 기획, 부모님들과 아이들이 함께 즐기는 전래놀이로 주민들을 만났다.

2015년 5월에는 마을에서 교육을 의제로 각자의 영역에서 활동해온 지역주민들이 한자리에 모였다. "마을교육 공동체의 의미"를 주제로 진행된 워크숍은 진안 교육협동조합 "마을학교" 이야기를 시작으로 그동안 연수구에서 실천해왔던 마을교육활동에 대해 서로의 경험을 공유하고 연대하는 결과를 만들었다. 이 자리에서 '연수구마을학교'가 만들어졌고, 마을학교에서 활동하는 분들을 '마을교사'로 부르기로 했다.

마음에서 지었다고 함. 연구회 오송원 대표는 소금을 만들던 인천 소래지역의 염전은 인천의 갯벌, 수인선 등과 연관하여 개항기에 겪었던 많은 변화들과 깊은 관련이 있다고 하였다. 또 일상생활에서 없어서는 안 될 완전 소중한 존재 그래서 '작은 금' 이라는 뜻으로 '소금'이라고 이름을 지었다고 한다.

연수구마을학교는 마을교사들을 위해 비폭력대화, 성평등교육, 청소년노동인권, 회복적 정의 등 마을교사들이 가지고 있는 재능을 기초로 우리 동네 아동청소년을 만나기 위해 많은 것을 배웠다.

2016년 4월 혁신학교로 선정된 선학중학교와 연수구교육희망네트워크 연수구마을학교가 '마을방과후학교' 사업으로 MOU를 맺어 '연수구마을교육공동체'의 새로운 첫발을 내딛었다. 이는 방과후 11개, 자유학년제 7개 프로그램으로 시작된 교육공동체는 마을과 학교의 만남이었으며 지역주민이 마을교사가 되어 우리 마을 아이들을 만나게 된 시작이었다. 시간이 지나 1학년 때 첫 인연을 맺었던 선학중학교 아이들이 올해(2019년) 졸업을 하였으며 졸업식에 마을교사들이 초대되어 소중한 시간을 함께했다.

2017년 7월 연수구마을학교는 우성2차 아파트 마을공동체와 '마을돌봄'으로 MOU를 체결, 방학기간동안 아파트 아이들을 돌봄교실을 진행했다. 엄마들이 일하는 집에서 아이들 방학은 일하는 시간에 연속 울려대는 휴대폰, 그 휴대폰을 통한 잔소리를 동반한 통제, 친구집에 가고 싶고 놀고 싶은 아이들, 엄마들의 끼니 걱정 등의 문제가 존재한다. 이러한 문제점을 함께 해결하고자 문을 연 돌봄교실에서는 점심도 같이 먹고 기타, 풍물, 전래놀이, 책놀이 등 수업을 하고, 애들이 낮에 전화를 안 해서 좋다는 부모님들과 함께 저녁에는 '나도 모르는 우리 아이 성'을 주제로 교육을 진행했다. 아이들에게는 교육만이 아니라 밥도 같이 먹는 밥상공동체를 경험하는 시간이었고, 마을에서 부모로 이웃이 만나는 시간이었다.

돌봄교실이 시작된 지 얼마 안 되어 인천 송도신도시의 극지연구소에 다니는 직장인 여성들이 1달에 한 번 점심시간을 이용하여 책 읽는 모임을 하고 싶다는 뜻밖의 요청이 들어왔다. 이에 따라 마을교사가 활동을 시작했고 일하는 엄마들의 마음을 이해하는 시간을 가지게 되었다. 이렇게 다양한 영역으로 마을교육공동체가 나아가고 있었다.

또 하나의 새로운 인연인 뚝딱이 마을공방은 마을기업으로 시작되었으며 협동조합이다. 연수구마을학교와 관계를 맺으면서 아이들 목공교실을 해오고 있었는데 결국은 재정적 어려움으로 문을 닫아야하는 상황까지 왔다. 이 소식을 들은 선학중학교에서 고마운 제안을 해주었다. 창고로 쓰고 있는 공간이 좁기는 한데 어려운 고비를 이곳에서 넘겨보면 어떻겠냐고 하였다. 뚝딱이 공방은 공간에 관한 협약을 맺어 당장 이사를 했고, 1층은 목공기계 등 작업장을 차리고 2층은 교육공간으로 사용하면서 선학중학교 아이들과 안정적인 수업을 하는 것은 물론 주민들을 위한 목공강좌도 진행하고 있다.

이렇게 모아진 마을교육공동체 활동이 '주민이 마을교사 되어 방과 후 학교, 자유학기 수업 참여'(시사인천), '우리 아이들 풍성한 배움터 마을연계학교'(인천일보) 등 지역 언론에 소개되기 시작했다. 또 마을교육공동체 모범사례로 여기저기 불려가 발표를 하면서 활동을 알렸고, 2018년 2월 함께 했던 단체와 마을교사들이 모여 '연수구 마을교육공동체 어제 오늘 그리고 내일' 토론회를 진행했다.

또한 마을교육공동체 수다에서는 마을이 무엇일까, 교육이 무엇일까, 공동체가 무엇일까, 마을교육공동체 활동을 하면서 내가 나를 알게 된 것은 무엇이고 지역주민으로서 나는 어떤 성장을 했나 등을 주제로 토론활동을 진행하였다.

　연수구마을학교에서 정리한 마을교육공동체 정의는 "사람과 사람을 연결해주는 마을에서, 배운 것 경험한 것을 나누고 실천하는 삶의 공동체"다. 누구의 이론도 아니고 참여하는 주체들이 현장 속에서 경험을 토대로 스스로 찾아서 만들어 낸 개념이기에 그야말로 살아 움직이는 말이라고 볼 수 있다.

　선학중학교 성기신 선생님의 말에 따르면 선학중학교가 동부교육청 관내 최고의 경쟁률, 학생들이 가장 오고 싶어 하는 학교로 변한 까닭은 혁신학교 나아가는 학교 안에서의 노력과 마을교육공동체와 만난 3년의 결실이라고 했다.

　마을교사로 교육공동체 활동 소감 나눔에서는 동네 거리에서, 분식집에서, 시장에서, 또 어떤 날은 늦은 귀가를 하는 골목길에서 아이들을 만나 서로 아는 체하고 안부를 물으면서 '아 내가 마을교사구나…' 생각했다고 한다. 이렇게 생활에서 삶으로 이어지는 공동체가 만들어지고 있었다.

　본 사례를 인터뷰한 안미숙 선생님은 "지금까지 온 10년의 과정은 마을교육공동체를 온 몸으로 깨닫는 시간이었고, 배움은 학교에서만 일어나는 것이 아니라 마을에서도 일어나고, 교육의 문제는 학교만의 책임이 아니라 마을이 함께 책임지고 가야 하고 그래서 마을과 학교는 만나야 한다." 더불어 "마을주민에서 마을교사로 성장하는 과정은 주체적으로 살아가는 민주시민으로 성장하는 시간이었다."고 소감을 전했다.

　10년의 발걸음을 모아 2018년 10월 '연수구마을교육공동체협의회'

를 구성한다. 무려 17개9) 단체가 가입하였다. 연수구마을교육공동체
는 계층과 지역을 넘어 청소년노동인권네트워크와 남동마을교육공
동체와의 연계를 통하여 지역을 넘어 연대를 실천하고 있다.

마을교육공동체 활동을 하면서 가장 어려운 것, 혹은 바람이 무엇
이냐고 안미숙 선생님에게 물었다. "지역 공동체 활동의 시작은 조금
더 살기 좋은 마을, 많은 사람이 행복한 사회를 만들고자 하는 의지입
니다. 그렇지만 본인의 의지와는 다르게 가보지 않은 투박한 길이고
힘겨움, 재정적 어려움을 만나면서 활동을 멈추기도 하고, 멈췄다가
다시 오기도 하고, 힘든 것을 알고도 지인을 데리고 와 함께 한 10년
이었습니다. 이제 세상이 좋은 쪽으로 변해가고 있고, 지금까지의 방
향이 '교육공동체'가 가야 할 맞는 길이었다면 이제부터는 마을교육
공동체 활동이 몇몇 마을활동가들의 열정과 의지에 의해서가 아니라,
제도가 만들어져 좀 더 많은 아이들이, 선생님들이, 지역주민들이 함
께했으면 좋겠다."라고 한다.

연수구마을교육공동체 2019년 목표는 연수구교육혁신지구를 시작
으로 마을교육공동체가 형성되고 확장되는 것이고, 마을학교활동이
체계를 갖추고 안정화 되는 것, 마을교사들의 전문성 향상 그리고 연

9) 연수평화복지연대(1996년), 돌봄과배움의공동체짱뚱이도서관(2003년), 늘푸른어린
이도서관(1997년), 청학동공부방 늘푸른교실(1999년), 인천여성회연수구지부(2005
년), 청담고등학교, 선학중학교, 청소년창의문화센터 미루(2014년), 인천발도르프학
교, 참좋은아이지역아동센터, 인천자치문화연구소, 전교조인천지부초등동부지회,
전교조인천지부중등동부지회, 뚝딱이마을공방(2014년), 연수평화도서관(2016년), 인
천영유아통합지원센터 시소와그네(2014년), 청소년노동인권네트워크 인천교육희망
네트워크.

수구 마을역사 교과서 만들고 싶다고 했다.

차근차근 실천을 모아 온 10년의 과정 이야기를 들으면서 공동체의 큰 힘을 볼 수 있었다. 10년 동안 변함없이 자리를 지켜 온 사람들, 사람들을 신뢰하고 소통하면서 주변과 연계를 만들어 낸 협동의 공동체가 지역을 기반으로 자리 잡고 있었다. 마을교육공동체를 중심으로 모여있는 마을교사, 17개 주민조직 그리고 돌봄을 향한 다양한 프로그램, 마을을 넘어 다른 마을과의 연대, 작은 마을에서 시작하는 교육공동체의 희망을 보았다.

4) 교육을 통한 세상 바꾸기 '체인지 메이커' 인어스 협동조합

인어스 협동조합은 '교육은 느리지만 확실하다.'는 모토를 가지고, 교육을 통하여 세상을 바꾸어나갈 '체인지 메이커'를 양성하고자하는 조합이다. 현재 인어스 협동조합은 사회적경제, 진로체험, 기업가정신, SW코딩교육, 안전교육 등의 교육 콘텐츠를 기획하여 실제 현장에서 교육을 진행하고 있다. 이외에도 학교에서 원하는 교육콘텐츠가 있다면 직접 교육기획을 진행하고 학교와 함께 인어스 협동조합만의 독자적인 교구를 활용한 교육콘텐츠들을 통해, 교육대상자들이 즐거운 교육을 받을 수 있도록 지원하고 있다. 그리고 인어스 협동조합은 청년들로 구성된 청년 협동조합으로 인천대학교 창업동아리 구성원들이 주축이 되어 교육으로 세상을 조금씩 변화시키고자 하는 청년교육공동체이다.

아래의 서술 내용은 필자가 2019년 1월 23일 오후에 인어스 협동조합 방문하여 강진명 이사장과 진행한 인터뷰를 기초로 한 것이다.

인어스 협동조합은 개인사업으로 4년, 협동조합으로 3년차이다. 처음 창업은 서울에서 시작했다. 체육학부 방과후 배드민턴 강사로 아르바이트 겸 활동을 시작하였다. 그런데 생각보다 청년 방과후 학교 강사가 없었다. 청년 대학생이 수업을 진행하니 아이들의 만족도가 올라가고 좋아하였다. 그래서 청년 방과후 학교 강사 연합을 준비하였다.

이 분야는 특히 사범대 학생들이 교직 이수와 함께 방과후 학교 강사로 활동하면 그 기간이 선생님이 될 때 경력으로 인정되어 호봉이 올라간다는 장점이 있다. 또 사범대 학생들은 방과후 학교 활동을 통하여 단기간에 끝나는 교생실습보다 현장에 대한 경험이 상당할 것이라 판단되었다. 그래서 사회적기업과 협업을 통하여 청년 방과후 강사 연합을 실제로 구상하게 되었다.

당시를 회상하면 대학생들의 편의점 알바 시간당 급여보다 전공을 살려서 이런 일을 하면 시간당 5만원 정로 높고 자기 전공도 살리고 하는 장점이 있을 것이라 판단되어 시작을 하였다. 그래서 사회기업과 협업을 결정하고 이화여대와 성신여대 미대, 한국체육대 체육학과, 건국대와 국민대 체육교육학과, 중앙대 성악과 등 학생과 학회장, 지인들을 통해서 학과에 공지하고 청년들의 이력서 받았다. 200여 명이 신청을 하였고 그 중 80명 선발하여 '한국청년방과후연합회'를 꾸렸다. 당시 규모 있는 업체가 한 학교의 방과후 수업 전체를 위탁하는 방향으로 진행되고 있었기 때문에, 우리는 개인사업자라 학교와 계약이 어려워 기존의 사회적기업과 협업을 하였다.

그러나 22살의 어린 청년이 사회적 계약관계 등 꼼꼼히 챙겨야 하는 창업의 기본을 잘 몰라서 사회적기업과 매출 5:5 계약을 관계에 의한 구두 계약을 하고 진행했다. 이 때문에 강사의 배당에서 개인 사업자인 회사의 이윤을 다시 쪼개야 하는 상황이 생기면서, 양심상 그렇게 하는 것은 옳지 않다는 판단으로 사업을 사회적기업 쪽으로 넘기고 개인 강진명은 조용히 빠져나왔다.

젊은 나이에 사회의 쓴맛을 보았다고 생각했지만 막상 정리하고 내려오니 22살의 나이에 너무 막막했다. 군대나 가야겠다. 이런 생각을 하고 내려오니 인천대학교가 창업선도대학으로 지정되어 '인천대학교 안에서 기회가 생기지 않을까?' 하는 생각으로 인천지역 방과후학교를 알아보았는데 기회의 장이 보였다. 교육부에서 대학주도형 방과후 학교 예산지원을 해주고 경쟁을 통한 위탁을 받아야 하는데 수의계약을 하도록 했다. 확인한 결과 인천대학을 통하여 이미 업체가 선정되어 진행하고 있었다. 그러나 그 업체는 학교와 많은 마찰 끝에 교육부에서 승인이 취소되었다.

그래도 인천대, 인하대, 가천길대 학생들을 모아서 교육 콘텐츠를 만들어 갔다고 한다. 그러나 서울과 인천의 명확한 차이점은 청년강사에 대한 학교의 인식 차이였다. 서울은 청년강사에 대한 신뢰가 있었고 인천은 청년강사에 대한 신뢰가 형성되어 있지 않았고 그런 분위기조차 찾기가 어려웠다.

교육기부 형태로 천천히 진행하고자 인천대학 해등실어린이집 원장과 협의를 통하여 어린이집에서 교육기부를 쌓았고, 인천대학교 교수님의 도움을 받아 동춘초등학교와 연결되어 7개 방과후 교실을 운영했다. 당시 밴드 운영을 통하여 부모님들이 수업의 진행과 과정을 볼 수 있도록 하여 인어스의 차별화를 시도하였다. 이런 과정은 학부모들에게도 매우 인기가 좋았다. 그러나 동춘초등학교에서 사업을 정리할 수밖에 없었다. 그것은 젊은 청년들이 무료교육에 차별화된 관리는 다른 방과후 수업 선생님들의 반발을 사고 말았다. 그 분들에게는 생존의 문제였던 것이다. 그래서 우리의 원칙이 하나 만들어졌다. 현지에서 자리 잡은 분들의 업종은 뺏는 일은 하지 않는다는 것이다. 이렇게 인어스협동조합도 함께 살아가는 방법, 서로 상생하는 지역공동체를 지향하는 마인드가 생겼다. 그래서 충돌을 최대한 피하여 방과 후 진로교육, 창업교육, 안전교육, 코딩교육, 교육 콘텐츠 사업으로 정리했다.

처음 사업할 때는 13명이 있었으나 지금은 8명이다. 능력위주로 사람을 뽑아 왔다. 피피티를 잘하면 같이하자고 했고 강의능력이 뛰어나면 같이 하자고 했다. 그리고 사람을 뽑을 때 이 사업은 지금 매출이 있는 것도 아니고 돈도 없으며 이일을 우선순위로 두지 않아도 되고 스펙으로 생각해도 괜찮다고 했다. 보완할 수 있는 부분을 같이하자는 식으로 팀원들을 모았다. 그랬더니 하나의 일을 위해, 결과물을 위해 여러 사람이 움직여 한 작품이 나오는데 사람들이 이 일에 대해 중요하게 생각하지 않으며 잘못되는 상황이 자주 연출되었다. 이런 상황에서 원인을 모르는 체 2~3년 매출이 없어서 사업을 그만두어야 될 상황이 되었을 때 쯤 '꿈꾸는 문화놀이터 뜻'의 정윤호 이사장을 만났다. 정말 진정한 멘토링 받았다. 정윤호 이사장에게 꿈이 무엇이냐? 처음 이런 질문을 받았다. "저는 청년들이 아이들과 소통하는 교육을 하고 싶다."고 했다. 정 이사장은 좋은 마음이고 그 마음이면 충분하다고 했다. 그 말을 듣고 정말 큰 힘이 되었다. 지금까지는 강진명 이사장은 멘토에게 통과되는 성과물, 그들에게 인정받고 싶은 결과물로 움직였다고 스스로 고백하였다.

그리고 난 다음 먼저 팀원들을 떠올렸다. 그리고 '내가 누구와 함께 일할 것인지? 어떤 철학과 비전을 세울 것이지?'에 대한 고민을 정리하고 한 사람 한 사람을 다시 만났다. 팀원들이 어떤 결정을 하던 서로의 상황을 존중했으며 이사업을 위해 2년의 시간이 필요함을 설득하였다. 그리고 강 이사장과 한 사람이 남았다. 그리고 새로 일할 사람을 찾으러 다녔다고 한다. 인하대의 지인으로부터 도움을 받아 사업설명회를 하고자 인하대학에 갔다. 나름 철학과 비전을 세웠다고 했는데 이야기를 하니 자신감이 없어지고 늘 그랬던 것처럼 이사업은 지금 매출이 있는 것도 아니고 돈도 없으며 이일을 우선순위로 두지 않아도 되고 스펙으로 생각해도 괜찮다고 했다. 인하대 아동학과 학생 중 한분이 질문을 했다. 우리들은 미래의 교육자가 되기를 꿈꾸는 사람들이다. 봉사시간, 보수를 주는 것에 관심이 없다. 우리교육이 교육현장에서 가능성이 있는지 알아보고 싶은 사람이다. 그런 현장을 우리에게 줄 수 있는가? 그때 심장이 뛰기 시작하였다. 이런 사람과 일을 해야 하는구나. 그래서 그분들과 일을 하면서 많은 것을 깨달았다.

그리고 다른 팀원은 대학을 졸업하고 취업할 곳을 알아보는 사람이 있었다. 강의를 듣고 교회에 가서 저랑 만나는 이야기를 했는데 그 사람이 꼭 만나고 싶다고 했다. 이런 회사에서 같이 일을 하고 싶어 한다는 것이다. 연락처를 주어서 전화로 제가 생각한 것을 말하니 만나자고 하여 만났는데 한 달에 10만 원의 활동비만 주어도 회사를 키우는 과정을 같이하고 싶다는 것이다. 너무 큰 행운이 찾아 왔다는 생각밖에 없었다. 개인의 기량으로 할 수 없는 영역들이 생기고 있다는 생각을 했다고 한다. 과정의 어려움과 헤쳐 나가는 원동력에 대하여 강 이사장은 "제가 사업을 한지 2~3년 동안 사업적인 철학과 팀빌딩이 없었다."고 어려움을 이야기한다.

그리고 힘들 때마다 힘이 된 것은 한 중학교에서 진로캠프 토크 콘서트에 패널로 참가했을 때였다. 아이들이 둘러앉아서 자유롭게 질문하고 대화는 과정이었다. 중학교 1학년 아이의 질문은 자기는 자동차를 공부하는 것이 너무 재미있고 좋아서 어느 고등학교 ○○과에 들어가고, 어느 대학 ○○과에 들어가고, ○○회사 어떤 부서에서 일을 하고 싶다고 참 재미있게 이야기를 했던 것으로 기억한다. 그런데 질문은 무엇이냐고 물어보니 그때부터 학생은 막 울기 시작했다고 한다. 자기가 하고 싶은 꿈에 대하여 이야기하면 가족도 선생님도 주변의 모두가 행복해질 수 없으니 공무원 시험을 준비하라고 이야기한다는 것이다. 그러면서 자기가 하고 싶은 자동차를 하면 정말 행복해질 수 없냐는 것이 질문이었다. 너무 안타까워서 말을 못했다. 옆에 다른 분이 대답했다. 이때 어떤 교육을 해야겠다는 철학을 세웠다. 우리를 통해서 꿈에 바로 갈 수 없지만 꿈을 따라서 살아가는 것이 결코 불행하지 않다는 진로교육을 해야겠다는 철학을 세웠다고 한다.

힘든 일이 있을 때마다 사명감 같은 것이 있다. 제가 사랑하는 이유와 목적과 지금 제가 보고 느끼는 현장이 있을 것이다. 같이 있는 사람들과 해결해 가고 싶다. 힘든 시기마다 그런 생각을 한다. "길이

막히고 도저히 일어설 수 없는 지경에 이르면 이것이 내 사명이 여기까지구나 하겠지만 조금의 틈이나 빛이 보이는 공간이 있으면 전진해 보자."라고 힘을 낸다. 위기 상황은 많았다. 프로젝트사업에 자금 지원했던 곳에서 심사위원 브로커들로부터 선정해 주는 대가로 돈을 달라는 연락이 왔다. 갈등도 많았지만 결국 협동조합 팀원들의 의견을 수렴하고, 아니면 설득 통해서 아이들의 교구를 만드는 일인데 떳떳하지 못한 돈을 받아서 만드는 것은 아니라는 결론을 내렸고, 모두가 생각을 같이 모았다. 그래서 우리가 거절했는데 결과는 선정되었다.

인어스협동조합은 이렇게 팀워크를 만들어가면서 교육에 대한 가치와 교육을 통한 느리지만 확실하게 세상을 변화시킬 수 있다는 신뢰로 성장하고 있었다. 인어스는 2015년 매출 2,000만 원, 2016년 매출 8,000만 원, 2017년에는 2억, 2018년 4억의 매출을 올리며 가치와 성장을 동시에 하고 있다. 특히 2018년 4억의 매출은 교구에서 2억과 강의에서 2억의 매출을 올렸는데, 다양한 교구제작을 통하여 전국의 500여 개 학교와 거래를 하고 있다.

우리 사업의 중요한 분야인 코딩교육을 하고 있는데 기존의 코딩 강사 양성방식은 강사교육만 하고 후속교육과 강의 섭외 등 이루어지지 않아 방치되고 있었다. 인어스와 함께하는 코딩교육은 실제 현장에서 강의가 가능하도록 교육과 방법을 지원한다. 그래서 코딩교육 후 인천지역 학교에서 강의를 진행하고 있다. 인어스의 모델에 만족도가 높다. 캠프 단위로 확장되면서 새로운 사업모델이 되어가고 있다.

인천의 사회적경제와 협동조합에 대한 문제점 등을 질문하니 서울에서 청년혁신가교육이 있는데 청년들의 사회적경제가치를 교육하는 프로그램이라고 한다. 남동구, 부평구, 미추홀구가 청년인턴사업을 통하여 인건비 지원사업을 하였다. 사회적경제의 가치를 가진 청년이 없다는 것이다. 사회적경제의 지속가능한 발전을 위해 청년들에게 사회적경제의 가치에 대한 교육이 필요하다고 이야기 한다. 인천에는 전혀 없다고 이야기할 정도다. 청년 사회적기업가들이 1순위는 사회적경제에 대한 가치관이라고 한다. 청년들에게 청년혁신가교육을 통하여 사회적기업에 대하여 밀접하게 배우고 취업도 할 수 있으며 창업도 할 수 있는 비전교육을 하여야 한다. 청년 15개 팀 40~50명 정도의 모임이 있다. 사회적경제 조직도 있고 아닌 사람도 있다. 대부분 20대이며 자생하는 강점이 있어서 협업창업 모델 실제로 같이하고 있다. 이 모임 취지 모임에서 불만을 제시하는데 해결책을 제시하지 않는다. 그래서 비판의식 분명히 수용해야 하고 의존하지 말고 자생하는 모델을 만들고 신뢰와 팀빌딩을 하면서 다양한 사업을 실제로 공동으로 하고 있다고 한다.

인어스협동조합이 교육사업을 통하여 사회혁신의 문제를 해결하는 것은 무엇인지 질문하여 보았다. 강 이사장은 "사회문제를 해결하는 방식으로 접근해야 하는데 제가 사실 사회문제의 정의를 명확히 알지 못하지만 아이들이 꿈 없이 살아가는 것이 현실이다. 프로그램을 진행하고 아이들에게 소감문을 받아보면 친구들과 한 번도 협동해 본 적이 없다. 이번 프로그램이 그래서 너무 좋았다고 한다. 이렇게 항상 써준다." 과거에는 학교 안에서 협동의 놀이가 많았는데 이제는 체육수업도 안한다.

최근 관심분야가 '좋은 영감은 현장에 있다'라는 것이다. 학교 교육의 문제는 교사들이 잘 알고 있다. 교사들이 아이들을 위해 고민한 교구가 많다. 200~300명이 모여서 스터디를 하고 교구를 만들어서 무료로 배포하기도 한다. 그런데 확산이 안 된다. 행정업무도 많은데 언제 오리고 붙이고 코팅하고 있을 시간이 있냐? 이런 작업을 하는 것이 더 힘들다. 그래서 인어스는 감각적으로 게임과 융합하여 상품화한다. 교사들이 어려워하는 디자인과 공장섭외 등을 협업을 통하여 만들고 학교에 보내고 있다. 저희도 현장이 학교이고 교육이 살아나 다 같이 윈-윈하는 구조가 만들어지는 지역교육공동체를 만들어야 한다고 생각한다.

강진명 이사장과 만나면서 내내 무거웠다. 청년창업이 힘든 것도 문제이지만 현재의 교육상태에서 자라나는 아이들의 미래가 더욱 걱정이 되었다. 우리가 지향하는 협동조합의 공동체는 전혀 협업을 모르고 자라나는 아이들을 포용하고, 학교에만 교육을 맡기는 것이 아니라 지역사회가 적극적으로 나서 함께 아이들을 키워야 한다는 생각을 했다. '한 아이를 키우는데 온 동네가 필요하다.'는 아프리카의 속담이 생각나는 인터뷰다.

5) 마을중심의 청년문화공동체를 지향하는 "꿈꾸는 문화놀이터 뜻"

문화예술은 배고픈 삶이다. 이런 편견을 깨기 위해 꿈을 키우던 청년들이 모여 문화예술 활동을 하면서 배고프지 않고, 문화예술의 환경을 바꿀 수는 없는지에 대한 고민을 던졌다. 그래서 그들은 문화예술공동체운동을 협동조합방식으로 풀어내기로 결의하였다. 오래전부터 지역에서 활동하던 문화예술 청년들이었다. 그전부터 함께 지역에 문화예술을 활성화하기 위해 다양한 활동들을 진행해 왔다. 그리고 그 경험을 토대로 혼자서는 지역의 문화예술, 그들이 꿈꾸는 지역문화를 만들 수 없다고 생각했다. 그래서 함께 가치를 만들어 가는 회사를 만들고 싶어 했다. '꿈꾸는 문화놀이터 뜻'은 그렇게 2013년 창립하게 된다.

꿈꾸는 청년들의 목표는 마을 중심의 문화공동체를 형성해 지역 문제를 해결하고 젊은 예술인을 양성하는 것이다. 문화와 예술이 공존하는 지역과 좋은 일자리를 만들고자 하는 사업모델, '꿈꾸는 문화놀이터 뜻'의 사업이다.

아래의 서술 내용은 필자가 2019년 1월 23일 오후에 '꿈꾸는 문화놀이터 뜻'을 방문하여 정윤호 이사장과 진행한 인터뷰를 기초로 한 것이다.

'꿈꾸는 문화놀이터 뜻'의 시작은 아주 미약했었다. 고등학교 연극부 출신으로 연극부장, 단장을 맡으면서 지역사회를 알게 되었고 이후 다양한 활동을 하는 또래 문화예술 친구들을 알게 되었다. 그렇게 그냥 문화예술을 하는 친구들을 거리공연에서 만났다. 그들은 부평 문화의 거리에서 무대가 만들어지기 전부터 매주 주말이면 그곳에서 청춘의 열정을 온몸으로 춤추고 노래하며 발산하였다. 우리는 부평 문화의 거리에서 만나 청소년이 청년이 되고 청년이 되어 같이 하고 있다.

이들은 부평구 문화의 거리 대리석 무대에서 매주 토요일마다 공연을 하고 싶어 부평구와 문화의 거리 상인연합회를 찾아갔고, 그곳

에서 공간을 허락받고 공연을 통해 다양한 동아리 연합회 친구들도
만났다. 부평구청에 허가를 받고 무대를 사용해야 되기 때문에 매주
허가신청을 하면서, 공무원이 와서 보고 그곳에 번듯한 무대가 만들
어졌다는 이야기는 인천의 야사처럼 들렸다.

정윤호 대표가 꿈꾸는 문화공동체는 문화예술이 배고프지 않게 할
수 있는 환경의 변화였다.

"처음에는 내가 연극했던 사람이었고 왜 우리는 변화되지 않는 환
경에서 연극을 하고 음악을 하고, 댄스를 하고 있는가? 내가 행복해
지려면, 내 삶을 가치를 높이려면 어떻게 해야 하나? 고민하며 살아
왔습니다. 그러다가 문화예술분야의 구조적 문제는 한 작품을 똑같
이 고생하고 같이 만들어 가는데, 연출은 많이 벌고 밑에 후배들은
돈을 못 번다. 이것에 대한 문제에서 출발했습니다. 문화예술의 빈부
격차, 이런 부분에 만족도까지는 줄 수 없어도 격차를 줄일 수 있는
방법은 없을까? 이런 환경을 바꿀 수는 없을까? 먹을 것이 없어서
자살을 하는 문화예술인들의 환경을 바꿀 수는 없을까? 하는 고민으
로부터 출발을 했습니다."

이런 문제를 풀어낼 방법을 고민하는 젊은 청년예술인들은 혼자가
아니었다. 이미 중간 선배의 나이가 되어버린 그는 후배들에게도 도
움이 되는 문화예술, 그리고 내가 하고 싶어 하고 좋아하는 문화예술
을 할 수 있는 방법을 모색하다가 사회적기업을 떠올리게 된다. 그러
다 보니 지역을 되돌아보게 되고 지역 문화예술의 문제를 찾다 보니
지금도 인천의 청년들은 인서울(in seoul)을 꿈꾸고 있었다. 이것은 비
단 일반청년만의 문제가 아니라 문화예술을 하는 청년들도 대학로,

홍대로 가고 싶어 하고 있다. 이에 지역의 문화를 다시 바라보게 되었고, 지역에 다양한 문화 활동의 공간을 만들어야겠다는 결론에 도달하게 되었다. 그래서 다양한 공간이 갖춰지고 활동을 열심히 하면 시민들이 문화를 바라보는 관점이 달라지고 바뀌지 않을까 해서 사업을 시작하게 되었다. 이렇게 활동하고, 이런 뜻을 같이하는 사람들이 모였다. 그래서 그들은 내가 살고 있는 지역에 꿈꾸는 놀이터를 만들어 보자고 '꿈꾸는 놀이터 뜻'을 만들었다.

정대표의 위와 같은 생각은 이미 군대 이전부터 시작되었고, 군대에서부터 사회적기업가에 대해 공부를 시작했다. 제대 후, 2012년 한국사회적기업진흥원에서 진행한 청년 등 사회적기업가 육성사업에 선정되고 같이 고민을 하던 친구들과 함께 준비하였다. 이들은 아직도 조합원들의 의사결정 원칙을 만장일치로 정하고 있다. 당시에도 문화예술운동의 사회적기업은 주식회사 방식은 맞지 않다는 결론에 내리고 협동조합방식을 고려하던 중, 2012년 12월 1일부로 협동조합기본법이 만들어지면서 다음해 2013년 협동조합을 설립하고 마을기업에 선정되었다.

꿈은 있는데 돈은 없는 청년들이 꿈을 한번 이루어보겠다고 모였는데, 이렇게 모인 청년들이 8명이었다. 그리고 8명이 모은 돈(출자금)이 100만 원이었다. 처음에는 아주 막막했다고 한다. 그러나 '꿈꾸는 문화놀이터 뜻'은 미래에 대한 보장도 없고 매순간 순간이 어려웠지만 처음 시작한 조합원은 10명이 되었고, 모든 의사결정은 만장일치였기에 어려워도 버티며 견디어 낼 수 있었다고 한다. 함께 준비했던 마을기업, 시민축제의 공모에 선정되었을 때 정말 행복했다고 한다. 그것은 혼자서는 할 수 없는 것들을 함께 모여서 머리를 맞대고 고민하니 할 수 있다는 것을 경험했기 때문이다.

그러나 청년들에게는 기쁨도 잠시 현실적인 문제에 부딪히게 된다. 먼저 그것은 청년으로서 변변한 직장하나 구하지 못하고 돈이 안되는 일을 하고 있는 자식을 바라보는 부모님의 걱정과 반대이다. 정말 말로 다하기 어렵다. 이는 청년들의 공통된 어려움이라고 한다. 두 번째 재정적 어려움이다. 청년창업이 쉽지 않고, 재정관련 어려움은 청년창업자들에게는 매우 불리한 조건이다. 사회적기업 등에 대한 사회적 시선이 아직도 곱지 않아서 주변에 말 못하는 어려움 등으로 인해 실무를 함께할 수 없는 창업 동지가 생겨나면서 가장 힘들었던 것 같다고 한다. 그리고 처음 마을축제를 기획하면서 지역주민들과 상인분들을 설득하는 과정에서 축제에 대한 인식을 바꾸는 과정도 힘들었지만, 오히려 이런 어려움은 시민들과 소통을 위한 과정이었으므로 견딜 만 했다고 한다.

이런 힘든 과정을 거치면서 '꿈꾸는 문화놀이터 뜻'은 현재 10명의 조합원과 실무진 10명, 2014년 우수마을기업 선정, 2017년 사회적기업에 선정되었으며 매년 평균 4억~5억 정도의 매출에서, 2018년에는 9억 5천만 원의 매출기업으로 성장을 했다. 그것은 탄탄한 실무진과 기존 수의계약의 한계를 넘어서 입찰 방식으로 변화를 했고, 입찰을 통해서 공모사업에 선정되기도 하였다.

'꿈꾸는 문화놀이터 뜻'의 경영원칙 중 소통을 통한 의사결정으로 만장일치를 꼽았다. 조합원이 연극, 노래, 뮤지컬, 비보이, 디자인, 지역디자인(지역문화 활동가) 등으로 구성되다 보니 다양한 의견과 의

견충돌이 많다. 그래서 끝장 토론으로 만장일치 의사결정을 선택했고, 그런 방식이 제일 맞는 기업형식이 협동조합이었다고 한다. 협동조합의 느린 의사결정과 주식회사의 빠른 의사결정의 장단점을 이야기한 후 끝장토론 만장일치의 장점을 이야기해달라고 했더니, 우리 협동조합이 사회에서 살아남기 위해 어떤 매력 가져야 하나? 10명이 똑같은 마음으로 공유되지 않고 합쳐지지 않고서는 우리가 다른 외부 사람을 설득할 수 없다는 것이라고 한다. 그래서 1년 걸린 안건도 있는데, 그것이 사회적기업을 받을 것인지 말 것인지 라고 한다. 그리고 우리가 하는 사업의 정체성(사회의 혁신성)은 무엇인지? 그리고 우리 단체(기업)는 무엇을 하는 단체냐? 등의 토론을 매번 하고 있다고 한다. '꿈꾸는 문화놀이터 뜻'은 매년 총회 때마다 1박 2일 워크숍을 통해서 이야기하고 안건을 처리한다고 한다.

 '꿈꾸는 문화놀이터 뜻'이 해결하고자 하는 사회문제는 위에서도 이야기했지만 정리하면 1. 문화예술인, 기획자 등 지속가능한 일자리 창출, 2. 지역사회의 버려진 공간을 활용한 공간창출, 3. 마을단위의 공동체 회복과 지역주민들의 올바른 삶의 질 향상[10]이라고 한다. 이들의 비전은 꿈꾸는 문화놀이터 만들기이며 사업을 통해 지향하는 목표는 문화·예술을 통해 올바른 삶의 질을 향상시키는 것이다. 그리고 이를 통해 마을축제 만들기, 재래시장 축제, 문화예술교육, 장비 제공 등 지역사회에 헌신하는 사업을 하고 있다.

---

10) 올바른 삶의 질이란? 가치관 확립과 문화와 예술을 즐기는 여유로운 삶을 뜻한다고 한다.

문화예술인들의 포용과 공동체를 위한 환경변화를 위한 정량화된 수치를 물어보기에는 아직도 부족한 기간이지만 물어보았다. 정대표의 말을 통하여 정리하면 본인들이 무대에 서지 않고 기획과 연출을 하는 단계이며, 후배들에게 무대를 물려주었다고 한다. 문화예술을 하는 사람들은 정규직 고용을 원하지 않는 경우가 많아서 네트워크로 소통하면서 관계를 만들고, 점진적으로 지속가능한 공연을 통하여 예술가들이 정기적인 공연을 할 수 있는 시스템을 구축하는 것이라고 한다. 지금은 후배들에게 약간의 도움밖에 되지 않지만 연인원 120명 정도가 '꿈꾸는 문화놀이터 뜻'이 기획하는 행사에 출연하고 있으며 단골 출연하는 경우 연간 2,500만 원에서 3,000만 원 정도의 소득신고를 하고 있다고 한다.

'꿈꾸는 문화놀이터 뜻'은 지역사회와 끊임없이 연대하는 협동조합이다. 우수한 연대사업은 남동구 청년 사회적경제 기업과의 협업이다. 2017년 협동조합 '꿈꾸는 문화 놀이터 뜻'은 남동구 예비마을기업으로 선정된 인어스협동조합, 문화발전소 등 2개의 청년기업과 협업을 위한 정기적인모임을 통해, 남동구에 새로운 형태의 청년기업 협동조합 연합회를 추진하기 위한 준비모임을 진행하였다. 그리고 남동구의 다양한 청년 사회적경제조직들을 육성하기 위한 네트워크 조직을 결성하였다. 또한 지자체 사업들을 진행함에 있어 협업을 통해 사업들을 성공적으로 개최하였으며, 교재나 교구 등 공동브랜드 개발을 추진하고 있다. 나아가 지자체와의 협의를 거쳐 남동구 청년사회적경제기업들의 공동공유 창업공간을 제안하고 운영하고 있다. 또 오류중학교 진로교육 캠프, 다문화가정의 날 기념행사, 남동구 청년

사회적경제 창업캠프, 진주기계공업고등학교 사회적경제 캠프 등을 협업을 통해 진행하였다.

'꿈꾸는 문화놀이터 뜻'은 축제를 기획할 때, 기획 단계부터 축제가 열리면 상인들에게 무엇이 도움이 될까라는 것부터 고민하였다. 그러다가 축제화폐를 만들었다. 이는 지역화폐와 비슷한 기획이었다. 축제가 열리는 당일 다양한 경품으로 축제화폐를 지급하였다. 축제화폐를 받은 참가자가 만수6동 상가에서 사용하면 '꿈꾸는 문화놀이터 뜻'에서 지불하는 방식이었다. 주변 체험마당은 동네에서 수익사업으로 체험하는 공간이 있으면 설치하지 않고 오히려 웹 등을 통하여 홍보를 하였다. 축제화폐는 1,000원, 5,000원, 10,000원으로 구분하여 발행하였고 대략 100만 원 정도를 발행하였다. 그랬더니 주변 상가들이 좋아하고, 테이블만 깔아 놓았더니 테이블에 앉아서 주변 먹거리를 이용했다고 한다. 사람들이 모였더니 상인들이 쉬는 날인데도 가게 문을 열어 주어서 더 고마웠다고 한다. 또한 노점하시는 분들에게 그날 자리를 만들어 주는 배려도 잊지 않았다고 한다. 축제기금 마련 모금활동도 벌였으며 축제가 지속될 수 있도록 감동페이를 넣어 달라고 기부함을 마련하여 운영하기도 하였다고 한다.

기획부터 지역사회를 배려하는 기획으로 지역과 함께하고자 했으며, 만수6동 '마을교육공동체'가 구성되어서 한 달에 한 번씩 회의를 한다고 한다. 마을교육공동체에서 배움은 학교 울타리가 아니라 마을에서 일어나며, 이를 실현하기 위해 학교와 마을이 만나야 하고, 교육을 교사가 아니라 마을과 학교가 만나서 풀어가야 하는 것으로 인지하고 있다. 결국 마을 교육공동체는 실제로 학교와 마을에서 배움을 나누는 과정이다. 따라서 마을교육공동체는 마을과 학교가 연계되어 지역사회를 함께 만들어 가는 것이다. 만수6동도 남동초등학교를 중심으로 연속적인 행사를 지역주민들이 만들다 보니 학교와 마을이 연계되고 주민, 청소년, 어른들까지 참여하는 매력이 있는 공동체가 되어 가고 있다고 한다. '꿈꾸는 문화놀이터 뜻'도 함께 하면서 지역을 문화로 가꾸어 가고 있다고 한다.

'꿈꾸는 문화놀이터 뜻'은 시작할 때부터 조합의 평가는 3년 뒤 총회를 거쳐 진행하자고 뜻을 모았다고 한다. 그리고 3년 뒤 총회를 통해 조합의 지속가능성에 대한 평가를 시작하였고, 조합을 평가할 때 현실적인 문제를 가장 우선수위에 두는 것이 아니라 3년간 우리는 무슨 일을 했고, 무엇을 얻었고, 무엇을 잃었는지, 그리고 앞으로 조합 방향과 운영적인 부분을 어떻게 할 것인가 등의 소통을 끊임없이 진행하였고, 지금의 조합을 유지하고 있다고 한다. 그때 결정했던 것들을 조합원이 함께하는 초아회의체[11]를 결성 1년간의 회의를 진행하였고, 조합의 형태와 출자금증좌, 정관개정, 의사결정구조방식 변경 등 다양한 안건이 초아회의체를 통해 정해졌다.

'꿈꾸는 문화놀이터 뜻'은 조합원 모두가 함께 일하는 협동조합, 협동조합의 가치를 매일같이 공부하고 같이 만들어 가는 협동조합이다. 문화예술 공동체를 꿈꾸며 사업한 지 6년, 협동조합의 미래 비전에

---

11) 초아회의체는 '꿈꾸는 문화놀이터 뜻'의 회원들이 사용하는 단어로 초아는 '촛불처럼 자신을 녹여 세상을 밝게 비춘다.'라는 뜻이며 그래서 초아회의체는 조합원 모두 초아의 뜻처럼 하나같이 자신을 태워서 조합을 위해 뜻을 모자는 의미로 사용한다고 함.

대하여 협동조합을 통해 실천적인 활동이 중요하다고 이야기한다. 설립을 하고 실제 운영되는 협동조합이 없는 곳이 많아 안타깝다고 한다. 협동조합의 운영실태에 따른 재검증의 필요성을 주장했다. 청년협동조합 활동가로 정윤호 대표는 현재 인어스협동조합, 문화발전소 등 12개 정도의 청년협동조합 활동가들과 시범사업을 벌였고 성과를 내고 있다고 한다. 후배청년협동조합 활동가 육성사업도 같이 고민하고 있다고 하며 더 많은 협동조합들을 만나고 준비하면서 모델이 만들어지고 있다고 한다.

처음 창업 당시 어려움에 자본도 있지만 무너지는 근본적인 이유는 팀빌딩의 문제라고 진단한다. 창업한 사람들 내에서 분열이다. '꿈꾸는 문화놀이터 뜻'은 이러한 경험과 해결했던 사례를 가지고 있기 때문에 컨설팅이 가능하고 후배사업이 가능하다고 한다. 전국적으로 최근 취업도 하지만 창업이 확산되고 있다. 그러나 도전을 하려고 하는데 무너지는 팀들이 많다. 선배기업가로서 직접적인 관계를 맺고 창업과정의 어려움에 잘 자리를 잡을 수 있도록 돕고 있으며, 또 다른 협업과 네트워크가 필요하다고 한다. 현재 12개 기업이 4회째 만나고 있는데, 한 달에 한번 만나고 있으며 공동의 협업도 추진하고 있다. 이러한 과정의 최종 목적지가 아마도 '(가칭)청년기업협동조합연합회'가 될 것이라 한다.

이상의 인터뷰를 하면서 협동조합 운동이 쉽지만은 않다는 생각이 들었다. '꿈꾸는 문화놀이터 뜻'은 청년문화예술공동체를 꿈꾸며 서로 소통하고 협력하면서, 만장일치의 원칙으로 지역사회와 공감하는 협동조합으로 자리 잡았다는 느낌이다. 협동으로 문화예술인을 포용

하고, 후배협동조합들도 포용하면서 지역사회와 공동체를 나누는 청
년협동조합 활동가, 그들을 통하여 인천 협동조합의 미래를 보았다.

6) 시민이 만들어 가는 협동조합 "마중물 문화광장"

협동조합 마중물 문화광장(이하 마중물 협동조합, 이사장: 김학성)은
2017년 8월 8일 설립했다. 업종은 복합문화공간인 마중물문화광장
샘(이하 마샘)과 출판사를 운영한다. 마샘은 서점, 갤러리, 문구와 팬
시, 세미나 및 강의실 등을 갖추고 있다. 이곳에서 문화, 강의, 공연,
학습과 소통 등이 이루어진다. 마샘의 현재 직원은 11명이며 소재지
는 인천광역시 남동구 소래에 있다.

협동조합의 모체는 〈시민교육과 사회정책을 위한 사단법인 마중
물〉(이하 사단법인 마중물)이다. 2009년 창립된 사단법인 마중물은 명
칭 그대로 시민교육을 통한 세력화와 사회정책을 통한 대안정책생산
을 목표로 했고, 현재 산하에 시민교육센터, 사회정책연구소, 문화예
술센터, 선배시민지원센터, 사회공헌센터 등이 있다. 사단법인 마중
물은 2011년 6월 27일 법인 등록을 하였다.

샘을 파다: 사단법인 마중물

마중물은 혼자 힘으로 세상 밖으로 나올 수 없는 지하수를 마중하
는 한 바가지 정도의 물이다. 사단법인 마중물은 마중물이 보잘것없
는 적은 물이지만 깊은 샘물을 마중하여 세상과 소통하게 하는 위대
한 힘을 가지고 있다고 주장한다. 사단법인 마중물은 현재 한국사회
가 차이보다는 우월이, 연대보다는 경쟁이, 소통보다는 소유가 지배

한다고 본다. 이 상황
에서 지금 시민들은 분
열되어 더 소유한, 더
경쟁력 있는, 더 우월
한 타인을 부러워하거
나 그 앞에서 부끄러워
한다. 소유, 경쟁, 우월
이 우선이 된 사회에서
는 인간다운 삶과 소통
은 불가능하다. 내 생

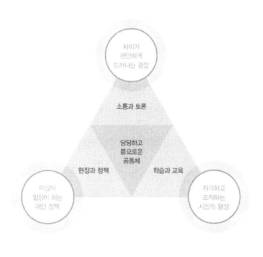

존이 우선이고, 내 말만이 진리이다. 정치는 내 이익과 상대의 제거, 그리고 권력 쟁취만을 목적으로 하고 시민들을 동원의 대상으로만 바라본다. 이 상황에서 타자에 대한 이해와 배려는 불가능하고 공동체는 파괴된다.

　이상의 현실 진단에서 사단법인 마중물은 이상이 일상이 되는 상상을 해 왔다. 사단법인 마중물은 소유보다는 소통이, 우열보다는 차이가 편안히 드러나는, 시민들이 서로에게 당당한 공동체를 꿈꾸어 왔다. 마중물 법인은 시민교육과 사회정책을 위한 한 바가지 마중물이 되고자 했다. 사단법인 마중물은 시민들이 서로에게 당당하고 누구나 인간다운 삶을 누릴 수 있는 풍요로운 조건의 형성을 학습동아리 민주주의(Study Circle Democracy)에서 찾는다. 시민들이 곳곳에서 일상적으로 모여 학습하고 소통하고, 서로가 서로에게 배우고 가르치는 차이가 편안히 드러나는 광장의 형성, 이런 학습동아리는 민주주의의 요체이다.

사단법인 마중물은 그동안 제주, 울산, 춘천, 서울, 인천, 경기 등 50여 개의 학습동아리를 여러 곳에 구성하고 운영해 왔다. 이 동아리에서 일상적으로 학습과 토론을 한 시민들이 시민사회, 노동조합, 협동조합 등에서 적극적으로 참여할 수 있도록 매개하고 있다. 특히 '북레터 상상상'은 학습동아리 안내 편지를 동봉한 한 달에 한 권씩 책배달을 하는 서비스로 학습동아리를 전국적으로 조직하고 있다. 특히 선배시민, 청소년, 장애인 등의 대상별 인문학 강좌와 조직화를 진행해 왔다. 더 나아가 시민교육전문가 아카데미와 정책전문가 아카데미를 통해 학습동아리와 민주주의를 이해하고 운영할 시민교사와 책동아리 매개자, 그리고 사회정책전문가를 양성하고 있다.

광장을 만들다: 협동조합 마중물

사단법인 마중물에 모인 사람들은 2017년 중요한 결심을 한다. 협동조합을 만들기로 한 것이다. 왜 협동조합을 상상했을까? 첫째, 사단법인 마중물 회원들의 일상적인 광장이 필요했다. 대부분 직장에 다니는 회원들은 학습과 교육의 프로그램을 계기로 주로 만났다. 좀 더 일상적인 공론장이 형성된다면 만남의 폭과 깊이가 더 풍부해질 것이라고 생각했다. 둘째, 사단법인 마중물은 문화의 중요성을 자각해 왔다. 따라서 매년 시민인문축제, 마중행(산행, 영화, 여행), 회원들의 MT 등 다양한 문화광장을 열었다. 하지만 시민과 함께 폭넓은 만남을 주선하고 문화의 폭과 질을 높일 수 있는 광장이 필요하다고 생각했다. 더 나아가 셋째, 사단법인 마중물은 자각한 시민과 세상을 변화시키는 교육가 및 조직가를 양성하고자 시민대학을 구상해 왔다. 시민대학은 방식부터가 달라야 한다고 생각해서 그 모체로 협동조합을 고민했다.

창립 당시 43명의 조합원으로 시작했다. 현재 330명으로 늘어났고 계속하여 증가하고 있다.

서점으로서의 마샘은 독특하다. 베스트셀러 서가나 광고 서가를 따로 두지 않는다. 베스트셀러가 지나치게 상업적인 측면도 있지만, 사람들 스스로 책을 발견하고 선택하도록 하자는 뜻이 있기 때문이다. 또한 서점을 이용하는 독자분들의 참여로 독서큐레이션도 진행되고 있다.

마샘은 창립 이후 다양한 문화의 광장을 열었다. 시와 음악이 흐르는 마샘 시음회, 문화공연 제르미날, 책, 영화, 정치이슈를 통해 토론하는 목요광장, 인문사회과학 강좌 깊은샘, 문화교양강좌 심미안, 지역문화예술인들이 참여하는 갤러리 미래, 추천도서 정기구독사업 '북레터 상상상', 동화책 읽어주기 '톡톡', 경력단절 여성 등이 참여하는 프리마켓, 마중물 민주시민대학 등 다양한 프로그램이 운영되고 있다.

이렇게 많은 프로그램을 진행할 수 있는 원동력은 무엇일까? 그동안 사단법인 마중물이 준비해 온 프로그램과 회원들이 있었기 때문이다. 회원들은 각자가 가진 역량과 시간을 갖고 프로그램을 운영하고 참여한다. 더 나아가 마샘에 왔다가 조합원이 된 조합원들 그리고 자발적으로 마샘과 마중물에 참여하는 시민들 덕분이다. 마샘의 이재필 대표는 말한다.

"마샘을 찾은 부모님들이 모여 자기 아이뿐 아니라 다른 아이들에게도 동화책을 읽어주면서 '동화책 읽어주기 톡톡'이 되었고, 이 모임이 발전해 함께 공부하고 인형극을 만들고 있습니다. 캘리그라피 수업을 듣는 여성들이 스스로 전시회를 열고 여기서 나온 판매수익금으로 소외계층 아동들을 후원합니다. 직업체험 프로그램을 본 한 시민이 아이들에게 재능기부로 코딩 교육을 합니다. 한화가 분은 아이들과 카드와 책갈피를 만드는 수업을 진행합니다."

이상에서 보듯이 사단법인 마중물은 협동조합 마중물을 만들었고 시민들과 함께 마중물의 정신을 호흡하고 있다. 마샘은 새로운 꿈을 꾸고 있다. 장기적으로 협동조합 방식으로 시민대학을 만들고자 한다. 마중물 협동조합은 마중물 법인의 꿈을 구체적이고 생생하게 실현할 것이다. 마중물 협동조합이 운영하는 복합문화공간인 마샘은 마중물 법인의 정신을 공유한 사람들이 모여 학습동아리 민주주의의 광장을 기획하고 실천하는 광장이기 때문이다. 시민들의 학습, 소통, 상상의 광장인 마샘은 학습동아리 민주주의의 실험실이 될 것이다.
　사단법인 마중물과 협동조합 마중물이 시민들과 함께 만들려는 세상은 차이가 편안히 드러나는 공동체로 현재 먼저 온 미래를 마중하고 있다. 즉 우리의 이상이 일상이 되도록 상상하고 실천하고 있다.

마중물의 초심과 상상
　통상 마중물이라고 할 때 사단법인 마중물과 협동조합은 마중물이 합쳐진 것을 의미한다. 참여자들은 '마중물 정신' 혹은 '마중물 철학'을 이야기한다. 특정 단체가 자신들의 정체성을 잘 정립하기 쉽지 않

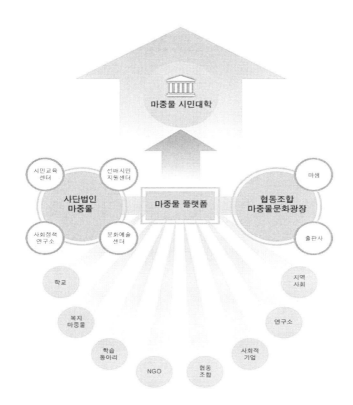

은데 어떻게 이것이 가능했을까?

마중물의 시작은 마중물세미나이다. '어떤 세력이 자신의 철학을 정책으로 관철시키는 것이 정치'라는 관점에서, 철학, 정책, 세력화, 한국사회를 카테고리로 매학기 6~8회 6시간씩 격주 토요일에 세미나를 진행했다. 마중물 세미나 토론의 방식도 흥미롭다. 2시간 참여자의 토론, 2시간 유범상 교수의 강의, 그리고 2시간 뒤풀이가 9년째 이어졌다. 강의가 아닌 토론을 하고 강의를 한다는 점과 반드시 뒤풀이가 있었다는 점이 이 세미나의 특징이다. 이 과정에서 자기 말을 할 줄 아는 마중물과 함께 모여 놀 줄 아는 마중물이 생겨났다. 이 마중물이 모여 만든 것이 사단법인 마중물과 협동조합 마중물이다.

협동조합은 주식회사와 다른 점이 연대와 협동이다. 이를 위해 조합원 교육이 필수적이다. 마중물은 마중물 세미나를 통해 차이가 편안히 드러나는 광장의 학습동아리 민주주의의 마중물 정신을 익힌다.

마중물은 '손을 마주 잡되 발까지 맞추지 말자'라는 어록을 이야기한다. 손을 마주 잡는 것은 철학을 공유하는 것이다. 발까지 맞추지 말자는 것은 다양성을 존중하자는 것이다. 따라서 마중물 사람들의 또 다른 자랑거리는 참여자들의 다양성이다. 진행되는 프로그램에 참여하는 사람들이 연령, 직업, 지역 등에서 매우 다채롭다. 유치원에 다니는 아이부터 고령의 선배시민까지, 교수부터 주부까지, 서울에서부터 제주까지 모든 사람을 만날 수 있는 것이 마중물이다.

마중물은 한국사회에서 보기 드문 협동조합이자 시민단체이다. 시민단체가 중소기업 수준의 협동조합을 만든 것도 드물지만, 그 운영이 사단법인 마중물이라는 교육과 정책 중심의 시민단체가 적극적으로 결합한 것도 특이하다. 이런 점에서 협동조합 마중물은 한국사회의 새로운 길을 가고 있다. 협동조합의 창립선언문은 다음과 같이 말한다.

'협동조합 마중물은 학습동아리 민주주의의 실험실이 될 것이다. 이 실험실에서 지혜와 용기를 갖고 퀴클롭스 괴물을 물리친 오디세우스와 그 병사들, 사회적 위험을 시민들의 토론과 선택으로 함께 극복한 복지국가의 시민들, 토론하는 동료들과 함께 더 나은 공동체를 준비하면서 기다린 페이비안들을 만나게 될 것이다. 협동조합 마중물은 학습과 토론을 통해

시민들의 지혜와 실천을 모아 퀴클롭스 괴물과 사회적 위험을 물리치고, 차이가 편안히 드러나는 당당하고 풍요로운 세상을 만드는 근거가 되기를 열망한다. 오늘 마중물은 마르지 않는 깊은 샘을 파고자 한다. 이 샘에서 흘러나온 마중물은 대지를 촉촉이 적시는 풍요로운 강이 되고, 모두가 상상하고 뛰노는 바다가 될 것이다. 협동조합 마중물이 탄생하는 오늘은 역사적 시간으로 기록될 것이고, 협동조합 마중물 탄생의 이 자리는 역사적 장소로 기억될 것이다. 협동조합 마중물이 걸어갈 길은 공동체의 새로운 역사가 될 것이다.'

마샘이여, 이상이 일상이 되도록 상상하라.
마중물들이여, 우리가 걸어가면 길이 됩니다.

마중물은 마중물 정신의 초심을 갖고 불평등과 차별의 세상에 맞서 싸우는 시민교육가, 시민조직가, 시민정책가 형성을 위해 오늘도 나아가고 있다. 협동조합 마중물은 학습동아리를 거점으로 전국에 인천의 마샘과 같은 시민들의 커뮤니티 센터를 전국의 주요 도시에 만들고 싶어 한다. 더 나아가 2030년에 마중물 시민대학을 창립을 준비하고 있다. 과연 시민단체와 협동조합이 세상을 바꿀 수 있는 거점이 될 수 있을까.

4. 인천광역시 협동조합의 평가와 제언

인천에서 협동과 포용을 위한 다양한 활동이 전개되고 있다. 마을 만들기와 사회적경제 영역의 각종 조직들을 지원하는 사회적경제지원센터, 주민참여예산제 등이 있다.

공동체를 강화하는 협동조합의 평가로 첫째, 협동조합 간 연대를 중심으로 한 공동체경제 구현이다. 공동체경제에 대한 정확한 정의가 필요하겠지만 지역에서 공통된 범위의 공간에서 주민의 참여로 생산, 분배, 유통의 과정 전체를 일컫는다. 이러한 과정에서 협동조합의 역할은 매우 중요할 것이며, 협동조합 간 연대는 공동체경제를 구축하는데 핵심적인 역할이 될 것이다. 나아가 공동체경제의 구현은 바로 지역에서 공유경제를 확산하는 과정으로 정립될 것이며, 이는 미추홀중식협동조합, 인천제과점협동조합, 소상공인협동조합 등의 협동조합 생존의 외적 환경이 될 것이다.

둘째, 협동조합 연대의 중요한 매개로서 지역화폐의 도입이다. 지역 간 협동조합의 연대를 공고히 하고 나아가 협동조합 간 연대의 매개로서 지역화폐는 매우 중요한 기재가 될 것이다. 지역화폐를 통한 지역의 순환경제를 돕게 되고 나아가 골목상권 보호 등 다양한 역할을 수행하게 될 것이다. 이미 인천광역시의 지역화폐 관련 조례가 있고, 인천전자상품권 이음카드가 이미 시행하여 운영되고 있다. 그리고 서구, 연수구에서는 이음카드를 통한 지역화폐 활성화의 조례를 만들어 시행하려 하고 있고, 인천의 나머지 8개 구군에서는 인천광역시가 발행하는 지역화폐 이음카드를 사용하게 된다.

셋째, 공동체 지향의 협동조합 리더이자 역량강화사업이다. 앞에서 살펴보았지만 협동조합 운동과 사회적경제, 지역화폐 등은 자본에 보완적 역할을 하든가 아니면 대항하는 운동적 역할을 하게 될 것이다. 따라서 수익성과 생존을 위한 방법론의 접근은 자본의 논리에

벗어나지 못함으로써 역발상의 관점에서 새롭게 접근하는 리더들의
역량강화가 요구된다. 인천의 400여 개 협동조합을 포함한 사회적경
제영역의 639개 조직들의 리더그룹에게 지역경제를 살리고 사회적경
제역역의 기업 간 소통과 연대를 통한 지역 선순환경제를 만들어 내
는 과정이, 바로 협동과 포용의 공동체 사회적자본의 지수를 높여 지
역경제 활성화의 토대가 되는 사업이라는 이론과 신념을 가지고 접근
하는 교육이 매우 필요하다.

넷째, 협동조합의 지속가능성에 대한 교육이다. 리더교육을 포함
하여 확대한 협동조합인들의 협동조합에 대한 교육이다. 협동조합의
조합원을 대상으로 하는 교육은 일회성이 아니라 다양한 교안을 가지
고 조합원들이 지역경제 발전과 나를 위한 활동이 지역경제를 발전시
키고 순환이 다시 나에게 돌아오는 호혜성의 순환이 어떻게 실현되는
지를 교육을 해야 한다. 그리고 이런 교육을 통한 습득, 나아가 협동
조합연구모임 등 다양한 방법을 통한 내적자원의 발굴과 활용, 내발
적 발전의 전략 등 교육과 학습을 통한 협동조합 운동의 지속가능성
을 확보해야 한다. 이는 협동조합 '마중물 광장'과 같은 협동조합이
이미 진행되고 있고, 이미 실험하고 있는 협동조합식 교육이다.

다섯째, 내발적 발전론의 협동조합 운동이다. 내발적 발전론은 지
역 내 인적 자원과 물적 자원을 최대한 활용함으로써 지역의 발전과
협동조합 간 연대 등 내부의 힘을 우선하는 협동조합론이다. 연수구
의 목공예 협동조합 '뚝딱이 공방'이 학교와 지역사회의 협력을 바탕
으로 운영되는 사례, 학익동의 아파트공동체 '다락'은 경력단절 여성
들이 주축이 되어 벼룩장터와 공유경제 등을 실천하는 사례, 서구의

검단 맘 카페 회원들이 만들어 내는 SNS공동체가 3만여 명의 회원이 교복 나눔, 나눔장터 등 다양한 활동 사례, 이것들은 지역 내에서 서로 소통하며 자원의 적절한 배분과 나눔, 그리고 상호부조의 정신으로 지역에서 소비, 분배, 유통을 만들어 내는 방식으로 바로 내발적 협동조합의 원동력이 될 것이다.

여섯째, 지역공동체와 협동조합이다. 협동조합의 출발은 바로 자본으로부터 퇴출당한 사람들이 모여 만든 역사이다. 따라서 현재 세계적 경제 어려움으로 인천의 노동현장에서도 파업과 폐업 등으로 여전히 투쟁하는 사업장이 있다. 한국 GM은 머지않아 이러한 일이 현실로 드러날 수도 있다. 따라서 협동조합운동의 모델로 노동자지주회사 등을 지역사회와 함께 만들어 내는 방법을 생각해야 한다. 이미 우리는 경동산업 키친아트로부터 지역의 사례를 가지고 있다. 최근 투쟁사업의 유형은 장기간 투쟁사업장이 늘어나고 있는 추세로, 이는 해고 등으로 이어질 전망이다. 이에 대한 대안으로 노동자들의 자립방안인 협동조합을 만드는 것이 절실하다. 인천의 대성목재가 소비자 협동조합을 만들었던 것처럼 해고된 노동자와 지역사회가 노동자를 대상으로 수익을 올리는 협동조합을 고려해 볼 필요가 있다. 또한 지역공동체 협동조합의 사례는 마을만들기의 우수사례, 괭이부리마을의 사례, 협동조합 '마중물광장'의 사례처럼 공동체를 중심으로 사고하며, 사람의 성장과 소통 그리고 네트워크 방식의 협동조합은 경제와 의제를 동시에 살리는 시민운동적 협동조합의 모델이 될 것이다.

부족하지만 여섯 가지 사업이 서로 잘 융합되고 사업을 통한 성과를 서로 나누어 가지면서, 사회적자본의 확장이 일어나 지역에서 순환되는 과정이 누적적으로 반복될 때 인천의 공동체는 포용하는 공동체로 성장하게 될 것이다. 세계은행의 보고서에 따르면 조건과 여건이 동일할 경우 국가 신뢰지수가 10% 하락하면 경제성장률이 0.8% 하락하는 것으로 조사되었다고 한다. 따라서 사회적 자본, 사회적 신뢰지수를 높여주는 협동조합 사업과 공동체 사업은 지역의 활력과 선순환경제구조를 만들어 내는 토대가 될 것이다. 이런 일련의 과정이 반복될 때 지역 내 재투자와 소비지출이 확대될 것이다. 이 결과 소득분배의 형평성이 제고되고 고용의 기회가 확대되면 지역의 생산증대가 일어나면서 지역경제의 선순환을 통한 협동과 포용의 공동체가 확장될 것이다.

맺음말
살림인문학 시론

머리말에서도 밝혔듯이, 우리는 이 책을 함께 집필하는 과정에서 '살림공동체'에 주목하게 되었기에 이 책은 살림공동체 연구의 서론이라 할 수 있다. 그리고 우리는 살림공동체 형성을 더욱 풍부하게 연구하기 위해서는 인문학자들의 적극적인 참여가 필요하다고 생각하며, 여러 인문학자들에게 '살림인문학' 공동연구를 제안한다. 이를 위해 우리가 잠정적으로 판단한 '살림인문학'의 성격을 시론의 수준에서 제시하면서 이 책을 마무리하겠다.

첫째, 살림인문학은 '경제인문학'이다.

살림은 '살림살이'의 줄임말이다. 살림살이는 남을 살리면서 내가 산다는 뜻을 가지며, 이것은 고대 그리스에서는 '오이코스(oikos)'가 담당했다. '경제(economy)'의 어원이 오이코노미아(oikonomia)', 즉 '가정관리술'인 것에서 알 수 있듯이, 경제는 원래 살림살이의 기술과 규범을 뜻한다. 그런데 노동력, 토지, 화폐 등이 상품으로서 시장에서 거래되기 시작한 이후의 경제는 더 이상 사람들의 구체적인 살림살이를 책임지지 않게 되었다. 현대적 시장경제는 한편으로는 엄청난 물질적 풍요를 가능하게 했지만, 다른 한편으로는 시장 가격을 통해서는 관찰되지 않는 수많은 살림들을 무시할 수 있게 해주었다.

경제의 본래적 의미로서의 살림은 사람들이 살아가면서 생기는 정신적 및 물질적 필요를 충족하기 위해 유무형의 수단을 조달하는 행위이다. 그런데 오늘날 주류 경제학은 시장 가격을 중심으로 수량화 가능한 것들에만 집착하고 있기에, 살림으로서의 경제를 연구하기 위해서는 인문학자들의 참여가 필요하다. 인간성(humanity)에 관한 학문인 인문학은 현대 경제 및 경제학이 간과하기 쉬운 살림을 다시 경제 연구의 과제로 부각시키기 위해 노력해야 한다.

경제인문학으로서의 살림인문학은 우선 오늘날 살림에 주목하는 경제 영역인 '사회적경제', 즉 사회적기업, 마을기업, 자활기업, 협동조합 등에 대한 철학적, 역사적, 문학적 연구를 수행해야 한다. 그리고 주식회사 등 중심부 경제 조직들의 경영이 다수의 사람들을 살리는 방향으로 가기 위한 기업윤리에 대한 연구, 그리고 기업들의 사회공헌활동과 사회적경제 지원 활동 등이 갖는 의의를 밝히는 연구 등으로 그 과제를 확장해야 한다. 또한 현대 경제의 유력한 담당자들 중 하나인 정부의 사회적경제 지원 정책과 법제화 방향 등에 대하여 인문학적 관점에서 개입해야 한다.

둘째, 살림인문학은 '돌봄인문학'이다.

남을 살리고 내가 사는 것, 즉 살림살이에 주목하는 순간, 우리는 사람들의 삶이 타인들에게 매우 '의존적'임을 알 수 있다. 특히 한 사람의 생애에서 유소년기와 노년기, 그리고 질환이나 장애로 보내는 시기가 차지하는 비중이 얼마나 큰 것인지 생각해보면, 돌봄을 필요로 하는 의존성은 살림의 기본 요소이다. 그래서 서로 의존하고 서로 돌보는 관계인 의존관계 혹은 돌봄관계는 살림인문학의 기본적 연구 주제이다.

전통적 가족과 자연공동체가 사라지면서 돌봄은 주로 영리서비스와 공공서비스를 통해 충족되고 있다. 이런 상황에서 돌봄의 공공성을 높이는 것은 매우 중요한 사회정책적 과제이다. 그리고 사회복지학, 유아교육학, 특수교육학, 의학, 법학 등 여러 분과학문들이 돌봄의 제도화를 통해 공공성을 높이기 위한 사회정책 수립을 위해 노력하고 있다. 하지만 돌봄 관계 자체를 자연스럽게 받아들이는 공동체 형성과 생활문화 변화가 없다면, 제도화된 돌봄의 효과가 제대로 발휘되기는 어렵다. 예를 들어, 치매노인과 장애인에 대한 법적 후견제도가 잘 갖추어져 있고 이를 위한 지방정부 재정 지출이 많은 독일에서도 이 제도를 뒷받침하는 중요한 축의 하나는 지역사회의 자발적인 명예후견인들이다.

살림인문학은 돌봄 관계를 모든 인간이 살아가면서 숙명적으로 처할 수밖에 없는 기본적 관계로 파악하면서 돌봄 윤리를 제시할 수 있다. 그리고 이러한 돌봄의 과제를 관계의 문제이자 공동체 형성의 문제로 바라볼 수 있다. 공동육아 운동이 유아교육 전문가들뿐 아니라 인류학, 교육학, 역사학 등 다양한 인문학적 식견을 가진 학자들의 참여 속에서 실질적인 돌봄 공동체를 형성할 수 있었듯이, 앞으로 고령화 시대의 돌봄 정책 수립에서 인문학자들은 돌봄 관계의 해명, 돌봄 윤리의 정립, 돌봄 공동체의 구성 등을 위해 기여할 수 있다.

셋째, 살림인문학은 '공동체인문학'이다.

현대 사회에서 공동체의 실질적 의미는 서로 살리며 살기 위해 모인 자유로운 개인들의 협동과 포용 노력이다. 공동체는 이제 차이를 억압하는 거대 단일 정치 공동체의 의미로 쓰이기보다는 이러한 협동과 포용을 통해 형성되는 살림공동체를 뜻해야 한다.

기본의 공동체 연구는 정치학, 경제학, 사회학 등 각 분과학문의 관점에서 공동체 개념을 설정하고 이루어지는 경향을 가졌다. 그런데 살림공동체 형성에 관한 연구는 인간성에 관한 연구의 연장선상에 있기 때문에 무엇보다도 인문학의 과제이다.

살림은 공식 조직들과 제도들의 차원에서 보자면, 경제, 복지, 의료, 보육, 교육 등 수많은 기능 영역들로 분화되어 있다. 이 분화된 영역들은 각각의 전문기관들을 통해 인간의 살림살이를 보살피고 있지만, 그 특화된 기능들로 인해 많은 것들을 놓치기도 쉽다. 우리의 살림들은 한편으로는 제도화된 전문 영역들에 의존할 수밖에 없지만, 다른 한편으로는 이 영역들에 맞서고 보완하면서 공동체를 형성해야 한다. 살림인문학은 이러한 공동체 형성의 원리와 윤리를 제시하고, 역사 속의 공동체 형성 사례들을 발굴하고 현재의 공동체 형성에 관한 문학적 기록들을 수집하고 남겨야 한다.

넷째, 살림인문학은 '생태인문학'이다.

지구온난화, 핵폐기물, 미세먼지, 미세플라스틱 등 인류가 문명의 발전으로 인해 생태학적 위기에 처해 있다는 목소리는 도처에서 들린다. 하지만 이러한 위기에 대한 대응은 국가별, 영역별, 조직별 이해관계에 따라 이루어진다. 각 국 정부들은 국제무역의 이해관계와 국내 여론을 고려해 제한적으로만 협정에 서명하며, 기업들은 벌금을 줄이고 그린 마케팅에 도움이 되는 한에서만 오염물질 배출을 조절한다. 과학자들은 자신들의 연구결과가 미칠 생태적 영향보다는 연구 실적과 특허를 우선시하며, 언론인들은 선정적인 사진과 영상으로 주목을 끄는 정도로만 환경 문제를 다룬다.

어찌 보면 생태 문제는 문명사회를 이룬 인류에게는 해결 불가능한 일일지도 모른다. 그럼에도 사람들이 서로 살림을 위해 필요한 수준의 에너지만 사용하기 위해 노력한다면, 생태학적 대위기의 도래는 연기될 수 있을 것이다.

그간 여러 소비자생활협동조합들을 비롯한 살림공동체 운동들이 서로 살림의 관점에서 전개해온 친환경 농업과 도농 직거래, 도시 텃밭, 국제 공정 무역, 적정 기술 보급, 재생가능 에너지로의 전환 등등의 노력들은 미발전 지역과 소외 계층의 경제적 희생 없이도 가능한 생태적 실천의 모델을 제시하고 있다. 살림공동체는 그것을 둘러싼 환경과의 서로 살림을 고려할 수밖에 없으며, 살림인문학은 생태인문학으로서의 속성을 포함할 수밖에 없다.

다섯째, 살림인문학은 '생활세계인문학'이다.

현대 사회를 정치, 경제, 법, 예술, 종교, 언론 등의 전문영역들로 나누어 탐구하는 분과학문들의 발전은 현실을 고려할 때 필연적이다. 그러나 사람 자체는 이러한 전문영역들로 나누어진 존재가 아니며, 사람의 생활세계 또한 여러 영역들이 혼합되어 있다. 그래서 분화된 자연과학, 분화된 사회과학, 분화된 인간과학, 분화된 교육공학 등등의 필연성은 각 분과학문으로 하여금 사람의 삶, 살림, 생활세계 등을 전체적으로 바라보는 시각을 상실하게 만들기 쉽다.

살림인문학은 연구대상별로 나누어진 분과학문의 필연성과 현대 사회를 분화된 체계들로 바라보는 사회과학의 필연성을 존중하되, 그 필연성에 의해 망각되기 쉬운 생활세계에 대한 총체적 조망을 제공한다. 사람들이 무엇을 먹으며 어디서 일하며 어떤 것에서 행복을 느끼며 어떤 이야기를 나누는지 등등을 나누어 고찰하는 것과 동시에 생활세계의 관점에서 종합적으로 고찰하는 인문학이 살림인문학이다.

_ 참고문헌

1부_살림공동체의 이론

1. 한국 문헌

김혜경, 「'가족 이후'의 대안적 친밀성: 비혼 청년층의 공동주거 사례를 통해 본 돌봄과 우정의 공동체 실험」, 『한국사회학』 제51집 제1호, 2017.

모심과 살림 연구소, 『스무살 한살림 세상을 껴안다』, 그물코, 2006.

양천수, 「자유주의적 공동체주의의 가능성 -마이클 샌델의 정치철학을 중심으로 하여-」, 『법철학연구』 제17권 제2호, 2014.

양화식, 「드워킨의 자유주의적 중립성론」, 『법철학연구』 제16권 제1호, 2013.

유창복, 「나의 마을살이 10년 -이제 마을하자!」, 『진보평론』 제43호, 2010.

이종수, 『공동체. 유토피아에서 마을만들기까지』, 박영사, 2015.

장춘익, 「공동체와 커뮤니케이션 -그 역설적 관계에 관하여 -」, 『범한철학』 제82집, 2016.

전병재, 「공동체와 결사체」, 『사회와이론』 1, 2002.

정성훈, 「루만의 다차원적 체계이론과 현대 사회 진단에 관한 연구」, 서울대학교 철학박사학위논문, 2009.

_____, 「루만의 법이론의 위상과 법의 역설 전개 고찰」, 『법과 사회』 제48호, 2015.

_____, 「매체와 코드로서의 사랑, 그리고 사랑 이후의 도시」, 『인간·환경·미래』 제12호, 2014.

_____, 「비개연적 민주주의를 위한 비개연적 평화 -박근혜 대통령 퇴진 운동의 의미론」, 『사회와 철학』 제33집, 2017.

_____, 「현대 도시의 삶에서 친밀공동체의 의의」, 『철학사상』 제41호, 2011.

홍기빈, 『살림/살이 경제학을 위하여』, 지식의 날개, 2012.

홍기빈, 『아리스토텔레스 경제를 말하다』, 책세상, 2001.

2. 외국 저자 번역서

가라타니 고진 지음, 이신철 옮김, 『트랜스크리틱: 칸트와 맑스』, 도서출판b, 2013.

니클라스 루만 지음, 장춘익 옮김, 『사회의 사회』, 새물결, 2014.

니클라스 루만 지음, 정성훈 외 옮김, 『열정으로서의 사랑』, 새물결, 2009.

마이클 샌델 지음, 『민주주의의 불만』, 동녘, 2012.

아리스토텔레스 지음, 천병희 옮김, 『정치학』, 숲, 2009.

아이리스 매리언 영 지음, 김도균, 조국 옮김, 『차이의 정치와 정의』, 모티브 북, 2017.

칼 폴라니 지음, 홍기빈 옮김, 『거대한 전환』, 길, 2009

하르트무트 로자 외 지음, 곽노완, 한상원 옮김, 『공동체의 이론들』, 라움, 2017.

3. 외국 문헌

Dworkin, Ronald, "Liberal Community", *California Law Review 77*, 1989.

Honneth, Axel, "Posttraditionale Gemeinschaften –Ein konzeptueller Vorschlag", *Das Andere der Gerechtigkeit*, Suhrkamp, 2000.

Luhmann, Niklas, *Soziale Systeme –Grundriß einer allgemeinen Theorie*, Suhrkamp, 1984.

_____, *Die Wirtschaft der Gesellschaft*, Suhrkamp, 1988.

_____, "Sozialsystem Familie", *Soziologische Aufklärung* 5권, 2005(1판은 1990).

Tönnies, Ferdinand, *Gemeinschaft und Gesellschaft –Grundbegriffe der Reinen Soziologie*, Darmstadt, 1979.

2부_한국 천주교 생활공동체의 연원

1. 사료

『다산시문집』 제11권 논, 「전론」 1~5.

『영조실록』, 『정조실록』, 『일성록』, 『승정원일기』.

『백서(帛書)』.

『눌암기략(訥庵記略)』.

『여유당전서』 「다산시문집」.

『신명초행』.

『성경직해』.

『병인치명사적』.

『한국천주교회사』 상, 중, 하권(달레 저, 최석우·안응렬 역주, 한국교회사연구소, 1980, 1987).

『서울교구연보 I (1878~1903)』, 한국교회사연구소, 1984.

『뮈텔문서』.

『피악수선가(避惡修善歌)』.

2. 단행본(저서)

강만길 외, 『다산학의 탐구』, 민음사, 1990.

_____, 『정다산과 그 시대』, 열음사, 1986.

고승제, 『다산을 찾아서』, 중앙일보사, 1995.

금장태, 『다산실학탐구』, 태학사, 2001.

_____, 『정약용』, 성균대학교출판부, 2002.

김영일, 『정약용의 상제사상』, 경인문화사, 2003.

김옥희, 『한국천주교사상사 II -다산 정약용의 서학사상연구-』, 순교의맥, 1991.

김정숙, 『대구 천주교인들 어떻게 살았을까』, 경인문화사, 2015.

김진소, 『천주교 전주교구사 I 』, 천주교 전주교구, 1998.

박도원, 『한국 천주교회의 대부 노기남 대주교』, 한국교회사연구소, 1985.

장승구, 『정약용과 실천의 철학』. 서광사, 2001.

정병련, 『다산 四書學 연구』, 경인문화사, 1994.

정진석,『교회법 해설』, 한국천주교중앙협의회, 1993.

조 광,『조선후기 사회의 이해』, 경인문화사, 2010.

_____,『조선후기 천주교사 연구』, 고려대 민족문화연구소, 1988.

최석우 외,『다산 정약용의 서학사상』, 다섯수레, 1993.

최익한,『실학파와 정다산』, 1955.

홍이섭,『정약용의 정치경제사상연구』, 한국연구도서관, 1959.

3. 연구논문

강재언,「정다산의 서학관」,『다산학의 탐구』, 민음사, 1990.

高橋亨,「조선학자의 土地平分說과 共産說」,『服部선생고희축하기념논문집』,
        1936.

금장태,「다산의 사상에 있어서 서학의 영향과 그 의의」,『서원 방용구박사
        화갑기념논총』, 동 발간위원회, 1975.

김상일,「정다산의 자연관과 서학의 창조신앙」,『기독교사상』19권, 대한기독
        교서회, 1975.

김영수,「북한의 다산연구시각」,『동아연구』19, 서강대 동아연구소, 1989.

김용섭,「18~9세기 농업실정과 새로운 농업경영론」,『한국근대농업사연구』,
        일조각, 1975.

김정상,「다산 정약용의 서학수용에 관한 일연구:「천주실의」에 대한 이해를
        중심으로」, 인하대 교육대학원 석사학위논문, 1998.

김정숙,「대전교구 월산공소 지도자들」,『박해시대 이후 지역교회 발전과 평
        신도의 역할』, 한국순교복자성직수도회 순교영성연구소 주최, 제2회
        교우촌 학술대회 "교우촌의 믿음살이와 그 지도자들", 2017.12.02.

_____,「쌍호공소를 통해 본 천주교 교우촌의 성립과 변천」,『인문연구』57
        호, 영남대 인문과학연구소, 2009.

_____,「영남지역의 천주교 유입과 그 지역사회화 과정」, 영남대학교 민족문
        화연구소 40주년 학술대회 "19세기 이후 영남지식인의 '신학문'과의
        조우", 2018.11.30.

_____,「일제강점기 대구대목구의 유급 전교회장(Catéchistes Ambulants)
        운영」,『교회사연구』52집, 2018, 한국교회사연구소.

김진소,「한국천주교회의 소공동체 전통」,『민족사와 교회사』, 한국교회사연

구소, 2000.

나일수, 「다산 실학의 서학적 배경」, 『다산학』 3집, 다산학술문화재단, 2002.

박동옥, 「목민심서에 나타난 다산의 서학사상」, 『성심논문집』 26집, 성심여
대, 1994.

朴宗根, 「다산 정약용 토지개혁사상 고찰 -경작능력에 응하는 토지분배를 중
심으로 -」, 『조선학보』 28, 1963.

손홍철, 「조선후기 천주교 수용의 학술사적 의미 고찰 - 다산 정약용과 신서
파, 공서파를 중심으로-」, 『다산학』 9호, 다산학술문화재단, 2006.

신용하, 「다산 정약용의 여전제 토지개혁사상」, 『정다산연구의 현황』, 민음
사, 1986.

_____, 「조선후기 실학파의 토지개혁사상」, 『한국사상대계Ⅱ』, 성균관대학
교 대동문화연구원, 1976.

원재연, 「18세기 후반 정약용의 서학연구와 사회개혁사상」, 『교회사학』 9, 수
원교회사연구소, 2012.

_____, 「다산 여전제의 사회사상적 배경에 대한 일고찰」, 『교회사연구』 10,
한국교회사연구소, 1995.

_____, 「박해시대 천주교 신자들의 사회적 경제적 생활 -"사학한가사즙물방
매성책"의 분석을 중심으로-」, 『민족사와 교회사』, 한국교회사연구
소, 2000.5.

_____, 「천주교도 옹기장이의 유랑과 은둔」, 『한국사연구』 164집, 한국사연
구회, 2014.3.

유원동, 「다산의 田政論考」, 『유홍렬박사회갑기념논총』, 1971.

윤용균, 「다산의 井田考」, 『윤문학사유저』, 1933.

이동희, 「한국 옹기의 지역별 특징」, 이화여대 석사학위논문, 1985.

정석종, 「다산 정약용의 경제사상 -그의 전제개혁안을 중심으로-」, 『이해남
박사회갑기념사학논총』, 1970.

정인재, 「서학과 정다산의 성기호설」, 『다산학』 7호, 다산학술문화재단, 2005.

정재돈, 「가톨릭교회의 가르침과 협동조합운동의 전망」, 『사목정보』 제5권, 2012.

조 광, 「다산 정약용의 사상」, 『조선후기 사상계의 전환기적 특징』, 경인문화
사, 2010.

_____, 「정약용의 민권의식 연구」, 『조선후기 사상계의 전환기적 특징』, 경인

문화사, 2010.

차기진,「다산의 서학 인식배경과 서학관」,『한국정신문화연구원 한국학대학
원논문집』8집, 1993.

하우봉,「정다산의 서학 관계에 대한 일고찰」,『교회사연구』1집, 한국교회사
연구소, 1977.

한영우,「정약용의 여유당전서」,『우리 역사와의 대화』, 을유문화사, 1991.

한형조,「다산과 서학 : 조선주자학의 연속과 단절」,『다산학』3집, 다산학술
문화재단, 2001.

3부_살림공동체의 역사와 인천 사례

1. 저서와 연구논문

강종만 외,『상호금융 미래 발전전략』, 농협중앙회, 한국금융연구원/농협조사
연구소, 2004.

김기태 외,『협동조합기본법 제정에 대한 연구』, 국회사무처, 한국협동조합연
구소, 2010.

김기태,「지역농협의 역할재규정과 지역종합센터 구상」,『농업농촌의 길 2010
심포지엄 자료집』, 2010.

김영미,『그들의 새마을운동』, 푸른역사, 2009.

남승균,「사회적경제와 지역의 내발적발전에 관한 연구」,『인천학연구』23호, 2015.

_____,「지역경제이 내발적발전과 사회적경제조직에 관한 연구」, 인천대학
교 박사학위논문, 2016.

남원호,「한국의 대안기업을 이야기하다」, 모심과살림 포럼 발제자료, 2010.

박인권,「포용도시: 개념과 한국의 경험」, 한국공간환경학회,『공간과사회』
51권 1호, 2015.

_____,「포용도시와 UN-Habitat Ⅲ 회의」,『세계와도시』12호, 2015.

서울시 사회적경제지원센터,『서울 사회적경제 아카데미 - 사회적금융론 교
안』, 서울시, 2016.

유달영,『협동과 사회복지』, 홍익제, 1998.

유창복,「나의 마을살이 10년 -이제 마을하자!」,『진보평론』제43호, 2010.

이부미, 「만들면서 만들어가는 실천적 교육과정」, 공동육아와공동체교육 10
　　　주년 기념 제1회 국제학술대회 자료집 『참여보육과 생태적 성장』,
　　　2004.
장원봉, 『사회적경제의 이론과 실제』, 나눔의 집, 2006.
조완형, 「생활협동운동과 생활협동조합활동」, 모심과살림포럼 발표문, 2010.5.
조중권, 「포용도시 서울 성과와 과제」, 이슈페이퍼, 서울연구원, 2017.

2. 외국 문헌
Defourny, J. et al.. (2000). *Social Economy: North and South*. Centred
　　　Economie Sociale.

3. 단체 자료, 보고서, 언론기사 등
(사)공동육아와공동체교육, 「제12차 공동육아와 공동체교육 정기총회」, 2007.3.10.
＿＿＿＿＿＿＿＿＿＿＿＿＿, 「제18차 공동육아와 공동체교육 정기총회」, 2013.3.9.
＿＿＿＿＿＿＿＿＿＿＿＿＿, 「제19차 공동육아와 공동체교육 정기총회」, 2014.3.8.
＿＿＿＿＿＿＿＿＿＿＿＿＿, 「제21차 공동육아와 공동체교육 정기총회」, 2016.3.12.
＿＿＿＿＿＿＿＿＿＿＿＿＿, 『1970-1990년대 보육현실 인식과 공동육아운동
　　　-2016년도 구술자료수집사업』, 공동육아와공동체교육, 2016.
＿＿＿＿＿＿＿＿＿＿＿＿＿, 「공동육아와공동체교육 2017-2018」, 2018.3.10.
서울연구원, 『서울시 공동육아협동조합 활성화를 위한 민관협력방안』, 2013.
시사인천 기사, 「'부모와 교사, 지역사회가 함께 아이를 키우자'에서 공동육아
　　　시작」, 『시사인천』 기획연재, 2015.9.16.; http://www.isisa.net/news/
　　　articleView.html?idxno=32006
＿＿＿＿＿＿＿, 「초등방과후, 공동육아에서 마을을 고민하다」, 『시사인천』 2015.
　　　10.07.; http://www.isisa.net/news/articleView.html?idxno=32135
신용협동조합 2009 통계자료.
인천광역시 사회적경제지원센터 자료.
장종익, 「한국협동조합운동의 역사와 현황」, 협동조합연구소 내부자료, 1995.
(주)지역농업네트워크, 『지역과 농업의 네트워킹, 10주년 심포지엄 자료집』, 2008.

_ 찾아보기

_ 저자소개

정성훈(鄭聖勳)

1. 주요경력
2009년 2월 철학박사(서울대 철학과).
2010~2015년 서울시립대 도시인문학연구소 HK연구교수.
2009~현재 서울대 철학과 시간강사.
2015~현재 서울과학기술대 시간강사.

2. 저서
『도시 인간 인권』, 라움, 2013.
『괴물과 함께 살기 -아리스토텔레스에서 루만까지 한권으로 읽는 사회철학』,
미지북스, 2015.

3. 역서
게오르그 크네어 & 아민 낫세이, 『니클라스 루만으로의 초대』, 갈무리, 2008.
니클라스 루만, 『열정으로서의 사랑』, 새물결, 2009.

원재연(元載淵)

1. 주요경력

2000년 08월 문학박사(서울대 국사학과).

1995~2018년 서울대, 대구가톨릭대, 광주대, 방송대,

중앙대 시간강사(한국사).

2014~2017년 덕성여대 연구교수(역사문화연구소),

전주대 연구교수(한국고전학연구소).

2. 주요논저

「조선후기 서양인식의 변천과 대외개방론」, 박사학위논문.

『조선왕조의 법과 그리스도교, 한들출판사, 2003.

『서세동점과 조선왕조의 대응, 한들출판사, 2003

「천주교도 옹기장이의 유랑과 은둔, 『한국사연구』 164호, 한국사연구회, 2014년 3월.

「안중근의 인권사상과 공동체의식, 『교회사연구』 46호, 한국교회사연구소, 2015년 6월.

남승균(南昇均)

1. 주요경력

2016년 8월 경제학박사(인천대 경제학과).

2008~현재 경인여대 시간강사(경제학 분야).

2009~2010 청운대 외래교수(경영학, 경제학).

2017~현재 인천대 시간강사(경제학).

2010~2017년 인천대 사회적경제연구센터 책임연구원 및 부센터장.

2012~현재 인천대 인천학연구원 상임연구위원.

2018~현재 인천대 사회적경제연구센터 센터장.

2. 저서

『서해5도민의 삶과 문화』(공저), 보고사, 2015.

『언론에 비친 인천 산업사 연구 -1946년부터 1980년까지』(공저), 보고사, 2018.

3. 논저

「사회적경제와 지역의 내발적 발전에 관한 연구」, 인천학연구 23호, 2015.8.

「인천사회적경제 조직의 기업가역량이 수익성에 미치는 영향 연구 - 지역경제공헌의 조절효과를 중심으로」, 인천학연구 27호, 2017.8.

인천학연구총서 43

협동과 포용의 살림공동체
: 이론, 역사, 인천 사례

2019년 2월 28일 초판 1쇄

기 획 인천대학교 인천학연구원
지은이 정성훈·원재연·남승균
발행인 김흥국
발행처 보고사

등록 1990년 12월 13일 제6-0429호
주소 경기도 파주시 회동길 337-15 보고사 2층
전화 031-955-9797(대표), 02-922-5120~1(편집),
       02-922-2246(영업)
팩스 02-922-6990
메일 kanapub3@naver.com / bogosabooks@naver.com
http://www.bogosabooks.co.kr

ISBN 979-11-5516-874-5 94300
      979-11-5516-336-8 (세트)
ⓒ 정성훈·원재연·남승균, 2019

정가 23,000원